室町戦国法史論

前川祐一郎［著］

東京大学出版会

Law in Muromachi and Sengoku Japan

Yuichiro MAEGAWA

University of Tokyo Press, 2025
ISBN 978-4-13-026614-7

はじめに

本書は、一九九五年以来三十年の間に筆者が発表した、室町・戦国時代の法と慣習に関する論文七編に、新稿の論文二編を加えた論文集である。論文の数が少ないわりには、最古と最新の論文の年月の隔たりが大きく、各論文の執筆時の関心に応じて視角、テーマ設定、目的が多少異なるため、全体としての統一性・整合性を欠くと思われる。また大きく改稿した既発表論文は一部にすぎず、大半は明らかな誤りや字句などの修正にとどまっている。これらはひとえに筆者の非力と菲才によるもので、筆者自身忸怩たる思いである。

このような本書では、本来の作法からいえば「序章」を立てて行うべき研究史の整理が、牽強付会の関連研究の羅列としかならず、かえって混乱を招くことをおそれる。以下、あくまで現在の筆者の関心と視点から、本書各章に共通する「前提」といえる室町・戦国時代の法・慣習に関わる先学の研究と、本書の視角・問題関心とを若干述べるにとどめたい。

本書の第一の「前提」は、笠松宏至氏の明らかにされた、現代と大きく異なる中世の法と慣習、ひいてはそれらの母胎となった中世人の思考や論理のあり方である(1)。笠松氏は、中世における法の効力の限定性、「中央の法」と「田舎の法」の懸隔などを明らかにされ、また折口信夫の「商返し」論に注目した徳政論を展開されて、「もの」と人との関係についての中世人の独特の観念や法慣習を明らかにされた。

もう一つの「前提」は、勝俣鎮夫氏が明らかにされた、中世後期、室町時代から戦国時代にかけての法と社会の転換である(2)。勝俣氏は、戦国大名の権力意志の発動形態としての戦国法の法理やその形成過程の精緻な分析から、戦国法を生み出した戦国時代の社会の転換（村・町を基礎とする社会体制の形成、呪術的観念の支配する社会から合理主義的観念の支配する社会への移行、地域的「国家」の形成）を最も鮮明に描き出された。

右の二人の先学の研究のみをここで挙げることは、充分な研究史の整理と吟味を経ない恣意的で無批判な追随か、あるいは身の程をわきまえない不遜な態度といえるかもしれない。ただこの三十年間、右の二人の先学の研究を動かぬ「前提」と筆者が考えてきたことだけは事実である。もっとも、そのあまりにも高度な内容を筆者が十分に理解し真の意味で「前提」としえているかは甚だ心もとない。

また、本書の各章に程度の差はあれ共通する方法・視角は、まず、対象とする法や慣習を、現代人の思考や概念から一旦離れ、可能な限り当時の人々の考え方や概念に忠実に解釈し理解しようと努めたことといえる。そしてその結果得られた事実や概念にもとづく論の構成を試みた。これも右に挙げた二人の先学の研究の方法・視角に学んだといえるが、所詮は本質を理解しないうわべだけの真似事かもしれない。

さて、主観的には、右に「前提」として述べた先学の大きな研究成果とその方法・視角に学びながら、本書の取り組む問題は、以下に述べるまことに狭い範囲に限定されている。すなわち、第一部では、室町幕府の徳政令（第一章・第二章）や撰銭令（第三章）を対象に、公権力の制定法にみる社会との関係とその変化を描くことを試みている。(3)

第二部では、刑事事件・紛争に対する、戦国時代の寺院領主の対応・意識の検討（第一章）と、室町・戦国時代の紛争の和解慣習の中の刑事的要素の検討（第二章）を試みている。

第三部では、阿波三好氏の「新加制式」（第一章）と伊達氏の「塵芥集」（第二章、第三章は補論）の刑事法規を対象に、当事者の自力救済行為に対する当該期の公権力の姿勢を検討する。また、中世から近世初期にかけての公権力の制定法の盗品法を同じ視点から検討する（第四章）。第三部には特に、中世社会の一つの大きな特徴である当事者の自力救済にもとづく紛争や犯罪事件の解決を、戦国時代の公権力が、その裁判権との関係から制限・禁止するとされる学説(4)

に関係する論文を収めたことになる。

右に挙げた各部各章の分析・検討対象に対する筆者の主な関心は、多くの先学の研究と比べ、本流ではなく傍流、中心ではなく周縁に位置すると思われる。その点で本書は、これまでの多くの先学の研究成果と正面から切り結べる段階に達していないといえる。ただ、牽強付会ではあるが、問題の傍流・周縁に位置すると思われる対象に注目するのは、その検討を通してこそ主流・中心の位置づけが真に明確になるのではとの、若干の期待によるものでもある。

ところで、右のような「前提」と視角・問題設定以前に、筆者がどの論文の執筆の際にも悩み、かつ心を砕いたのは、史料の「解釈」の問題である。もちろんそのことは、本書において例えば筆者が難解な法制史料を読みこなせたことを全く意味しない。しかし、史料を作成した人々の考えを忠実に解釈・理解したいとの願いは、本書の最も古い論文の執筆時、まだ大学院生であった頃からの筆者の思いであり、それは年老いた今も増すばかりである。その点からみれば、旧稿発表時の自分の考えを、現在の自分の視点で勝手に「解釈」し「理解」しようとしたこの「はじめに」は、本書のかかえる矛盾と限界をよくあらわしているかもしれない。

（1）笠松宏至『日本中世法史論』（東京大学出版会、一九七九年）、『徳政令――中世の法と慣習』（岩波新書、一九八三年、二〇二二年に講談社学術文庫）、『法と言葉の中世史』（平凡社、一九八四年）、『中世人との対話』（東京大学出版会、一九九七年）など。

（2）勝俣鎮夫『戦国法成立史論』（東京大学出版会、一九七九年）、『一揆』（岩波新書、一九八二年）、『戦国時代論』（岩波書店、一九九六年）、『中世社会の基層をさぐる』（山川出版社、二〇一一年）など。

（3）この問題に関連して、室町時代中後期から戦国時代における法の性格とその転換をめぐっては、戦国大名の分国法が「従来法律的に対立していた公家法武家法民間慣習の三者を綜合して一となした」との中田薫氏の指摘（「古法雑観」『法制史論集　第四巻　補遺』岩波書店、一九六四年、初出は一九五二年）をはじめ、いくつかの学説と論点がある。その研究史については、松園潤一朗「室町幕府の法概念に関する覚書」（『一橋法学』一九巻一号、二〇二〇年）の整理を参照。また当該期の法の変化については、新田一郎『日本中世の社会と法――国制史的変容』（東京大学出版会、一九九五年）が、おそらく本書の扱うよりも高度な次元の一般性・抽象性の高い議論を展開している。

（4）戦国大名・織豊政権など当該期の公権力による自力救済行為の制限・禁止と、その裁判権拡大の姿勢については、近年、清水克行「戦国の法と習俗」（『室町社会史論――中世的世界の自律性』岩波書店、二〇二一年、初出は二〇一五年）および『戦国大名と分国法』（岩波新書、二〇一八年）が、主に裁判制度の実態面から、その限界性を指摘している。

室町戦国法史論／目次

第一部　室町幕府法と社会

第一章　壁書・高札と室町幕府徳政令

はじめに

中世における法の機能を論じようとするとき、法令の公布伝達の問題が一つの重要な論点となる。この問題については、三浦周行氏(1)がその積極性についてまとまった議論を展開したのに対し、笠松宏至氏(2)が中世における法の「一般性の欠如」に関連づけて、特に裁判規範的法令の公布の消極性・限定性を指摘して、現在に至っている。現在では笠松氏の指摘がほぼ通説といってよかろう。

だが、三浦氏の展開した議論の中で現在でも検討に値すると思われるのは、「壁書」や「高札」という具体的な法令の「かたち」への注目である。氏によれば、両者とも、法文を掲示して公布する形式である。まず壁書とは、「概ね木又は紙に書して、これを壁又は門抔に貼り若しくは懸け」たものであり、「張文」「押紙」「懸札」とも呼ばれていた。それは「官衙寺院等の当局者に限り」、または「汎く一般公衆に」対して示されるものであった(3)。

一方、高札は「凡そ掟、条目、禁令等を板に書して、市場要路等の最も人目を惹き易き所に掲示せるもの」であった。その中でも「主として簡単なる禁示的命令を載せたる」ものは、禁制、または制札と呼ばれたとされている(4)。制札・禁制については、戦時に軍勢の発給するもののほか、その機能や発給・掲示の形態について様々な事実が明らかにされている。[5] なお、本章では、史料用語としての「制札」や「高札」を一括して高札と呼ぶことにする。

三浦氏はこうした「かたち」の公布伝達の機能をクローズ・アップしたわけだが、その後法の「かたち」という視角は、「高札」についてはともかく、全体としては必ずしも深められていない。そこで本章では、室町幕府追加法、特にいくつかの「かたち」の用いられた徳政令を素材として、法令の「かたち」固有の性格と機能、さらには「かたち」相互の関係を把握することを試みたい。

さて、室町幕府徳政令の性格、意義をめぐっては、従来様々な議論が展開されてきたが[6]、その公布形式を含め、法令の「かたち」についてはほとんど論じられていない。どの法文がどの「かたち」であったかさえ、充分に解明されていない。だが、壁書と高札の二つの「かたち」が用いられたことは確かである。例えば、嘉吉元年（一四四一）の徳政令は最初の室町幕府徳政令であるが、現在伝わる法文には、九月十二日付で公布された「高札」[7]と、閏九月十日付で公布された「壁書」（および閏九月十八日以降の改正法）[8]の二つがある。しかもそれらは法文を全く異にし、その違いは何らかの「かたち」固有の性格と結びついていると考えられるのである。

また、室町幕府徳政令は、「天下一同」の徳政令と認識されていたが、「天下一同徳政被レ行レ之、政所被レ押二壁書一了」[9]、「天下一同之徳政被レ行レ之、制札打レ之」[10]とあるように、壁書や高札は「天下一同の徳政」と結びついた公布形式としても認識されていた。

中世の徳政については様々な側面が明らかにされているが[11]、その中でも、室町幕府の徳政令が初めにあるのではなく、それはすでに行われている「徳政」への一つの対処である、という認識はほぼ共通のものであろう。したがって、同じく「徳政」への対処として出された「徳政禁制」をも含めて考える必要がある。

以下、まず、壁書と高札との具体的な公布機能や「かたち」の性格を明らかにし、また、それぞれの形式で公布された徳政令を確定したい。その上で、「かたち」固有の機能や性格をふまえて、室町幕府徳政令像をより立体的に構成し、そこから法令の「かたち」相互の関係を明らかにすることが、本章の課題である。

一　壁　書

1　室町幕府法における壁書

室町幕府追加法には、壁書という形式の法が広く見られた。例えば、正長元年（一四二八）の「論人出対事」、「訴論人望二請権門吹挙一事」という法令[12]が「管領政所壁書」として伝えられている。享徳二年（一四五三）には、管領細川勝元が「新法十六ケ条」を定め、それは「被レ押二壁書一」たという[13]。さらに、壁書が、おそらくは掲示された部局ごとに集成されて、「政所壁書」や「管領幷政所壁書」といった追加集が成立したと考えられている。

それでは、壁書という形式をとる法は、一般にどのような形式的特徴を備えているのだろうか。室町幕府が貞治六年（一三六七）に発布した「寺社本所領事」と題する追加法[14]は、「被レ押レ侍事書」または「押二武家侍一事書」とされている。「押す」という語は、しばしば壁書としての掲示行為をあらわして用いられることから、この「寺社本所領事」という法令の「事書」は、幕府侍所に壁書として掲示されたとみられる。ただ、ここでは壁書ではなく、「事書」と呼ばれている。次に掲げるのがその法文である。

被レ押レ侍事書写レ之、　貞治六　六　廿七　御沙汰
寺社本所領事
先々有二其沙汰一、毎度雖レ被レ成二下知御教書一、曽無二遵行之実一、於二今度一者、以二別儀一可レ被二返付一之間、先山城国分、云二恩賞之地一、云二公方之料所一、将又非分押領之所々、彼是共仰二侍所一可二遵行一、若有下申二異儀一之輩上者、不レ及レ被レ成二重御教書一、就二使節注進一、所レ申無二其謂一者、於二当参奉公之仁一者、不日可二去渡一之旨、直

被レ召二仰之一、猶不レ承引一者、可レ被レ収二公別所領一、至二在国武士甲乙人等一者、差二遣官軍一可レ加二治罰一也、次

使節又緩怠者、可レ処二罪科一矣、(15)

「事書」について参考となるのは、『中世法制史料集』の編者が推定する鎌倉幕府追加法の制定から公布に至るまでの(16)過程である。それによると、鎌倉幕府追加法の法文は、「簡潔に内容を要約して「……事」という形であらわした部分と、これを説明敷衍した文章とから成り」、それはまさに当時「事書」と呼ばれたという。同時に編者は、幕府部内での追加法公布においては、「事書そのものを公示」した可能性のあることを指摘している(17)。貞治六年の「寺社本所領事」の法文は、まさにこの「事書」の形式的特徴に合致する。とすれば、室町幕府法における壁書とは本来、「事書」形式の法文を幕府部内で掲示したものだったのだろう。

2　徳政の壁書

このように、壁書の形式上の特徴の一つを「事書」形式に見出すならば、それを手がかりに、現存の徳政令の法文のうち、壁書の形式をとっていたものを指摘できる。

まず、次の徳政令の法文をみてみよう（以下本文中では、『中世法制史料集　第二巻』所収の室町幕府追加法は「室追〜」のように略記する）。

（ア）嘉吉元年（一四四一）閏九月十日付の徳政令（室追二一三—二二一）

徳政条々　嘉吉元　閏九　十

一　永領地事

任二元亨例一、過二廿箇年一者、銭主可レ領二知一、至二未満一者、可レ被レ返二付本主一、但為二凡下輩一者、不レ依二年紀一、

領主可レ相二計之一、

（七箇条中略）

一　土倉以下流質事

過二約月一者、任レ法可レ為二銭主計一、

右の法文は「事書」形式であるが、これには他に壁書として公布された証拠がある。『東寺執行日記』がこの法文を「壁書事」[18]として引用していること、『建内記』がこれをさして「此条々制符押二管領（細川持之）幷政所等一云々」[19]と記し、壁書の掲示行為をさす「押す」という表現を用いていること、また、「公名公記」でもこれが「徳政事、如レ此分条目無レ何続レ左、押二伊勢守（伊勢貞国）許一壁書」[20]とされていることなどが、その証拠である。

この法文をもとに、徳政令の壁書の法文の形式的特徴を抽出すると、「徳政条々」の書き出しで始まることと、「事書」という法文の形式をとっていること、の二点である。この特徴を備えた徳政令の法文には、次のようなものがある。

（イ）嘉吉元年（一四四一）（閏九月十八日以降）の徳政令（室追二二二―二三一）
（ウ）享徳三年（一四五四）十二月十八日付の徳政令（室追二四〇―二四九）
（エ）永正元年（一五〇四）十月二日付の徳政令（室追三二一―三三一）
（オ）永正十七年（一五二〇）二月十二日付の徳政令（室追四〇〇―四〇九）

以下、壁書とみなすべき他の史料的根拠を示しておこう。

（イ）は、つとに三浦周行氏が（ア）の改正法であることを明らかにした法文である。[21]そうであれば（ア）と同じく壁書として公布された可能性が高いことになる。

（ウ）の徳政令法文は、同年十月二十九日に公布の後、十二月十八日に一部改正されたものである。この法改正を伝える『康富記』には、「徳政大法壁書内、去十月廿九日条目三箇条被レ改レ之、今日壁書被レ押二改之一云々」[22]と記されている。したがって、（ウ）が壁書であったことは疑いない。

（エ）の法文を収めた追加集「管領幷政所壁書」には「徳政札被レ打之事者九月十二日也」との註記がある。[23] この註記は、この法文が高札として公布されたのではないことを示している。だとすれば、追加集の名称からしても、これが壁書として公布されたことはほぼ疑いないであろう。

（オ）は、公布形式をさぐるための直接的材料を欠いている。だが、これまでみた法文と形式は類似しており、壁書として公布されたものとみるべきであろう。

右に挙げたもの以外にも、壁書とみるべき徳政令の法文がある。

（カ）文明十三年（一四八一）七月十日付の「徳政禁制」（室追二八三―二八七）

（キ）長禄元年（一四五七）十二月五日付の「徳政禁制」（室追二五七―二五九）

この二つは、徳政令ではなく「徳政禁制」とされたものである。[24] 壁書とみるべき根拠は、まず、両者とも「事書」形式であることである。さらに（カ）は『山科家礼記』に「去年徳政ヘキ書」[25] として引用されている。壁書は当時「へきしょ」と呼ばれていた[26] から、これは、「去年（文明十二年）の徳政について（今年公布された）壁書」と解すべきであろう。したがって（カ）は壁書として公布されたとみてよい。

（カ）がこれまでみた壁書と異なるのは、書き出しが「徳政条々」ではなく、単なる「条々」であり、また、最後の「右」以下のしめくくりで、「於二此外惣別徳政之儀一者、禁遏之条、具不レ及レ被二書載一之」と、徳政の禁止が確認されている点である。

その上で（キ）を（カ）と比較すると、条数の多少という違いはあるものの、書き出しを「条々」で始め、しめくくりを「於二此外条々一者、惣別徳政之儀、堅禁制之間、具不レ能レ被二書載一之」として、徳政の「禁制」を確認するという構成は（カ）と同じである。とすると（キ）もまた、壁書の形式で公布されたものとみるべきであろう。

この他、形式はこれまで挙げたものと異なってはいるが、壁書の可能性のある徳政令を指摘しておこう。

（ク）康正元年（一四五五）十月二日付の「去年徳政時分壱無沙汰所々事」（室追二五五）

この法令は、前年の享徳三年の徳政令の壁書（ウ）の追加・補足の法文といえる。壁書の追加・補足であれば、同じく壁書として公布された可能性がある。

（ケ）永正元年（一五〇四）十月日付の「就㆓徳政㆒乍㆑申㆓請賦㆒徒経㆓日数㆒族事」（室追三三三）

これは「事書」形式ではなく、また、法文の一部分の可能性もある。ただ、内容からいえば（エ）の追加・補足の性格が強く、したがって壁書の可能性がある。

（コ）永正十七年（一五二〇）三月八日付の「徳政法条々」（室追四一〇―四四八）

全三九箇条からなるこの法文は、その条数の多さから、高札として公布されたとは考え難い[27]。その上、「事書」形式の法文であるから、壁書として公布された可能性がある。

3　壁書の性格と機能

続いて、壁書の公布伝達のあり方や、その機能について検討する。まず指摘できるのは、徳政令壁書の公布伝達が必ずしも積極的に行われておらず、また、その範囲も限られていたことである。享徳三年十一月に行われた東寺の廿一口方供僧の評定の場では、

一　徳政壁書条目政所方可㆑被㆑尋否事[28]

と、同年十月末に出された幕府徳政令の壁書の法文について、幕府政所に尋ねるか否かが問題となっている。こうした事案が議題に上ることは、徳政令の壁書の法文を知るのが決して容易ではないことを示唆している。結局、東寺廿一口方は、壁書公布から一月近く経た十一月二十七日に、

一　諸方借銭共、以前連々雖レ及二御沙汰一、以二十分一一可レ有二返弁一之由、去月治定有レ之、(29)

と、ようやく壁書の法文も知ったようである。〔補注1〕幕府徳政令の壁書の掲示される場所は、史料から確実にわかる限りでは、管領邸や幕府政所といったごく限られた場であった。(30)このことからも、壁書法文の伝達範囲の狭さは充分に予想される。だが、壁書の伝達の遅れは、掲示場所の限定だけによるものではない。次の史料をみてみよう。

A

就二徳政沙汰一、土一揆等如二永領一可レ被レ破之由猶有二越訴之旨一、仍武家重可レ被レ定二委細制符一之由、自二先日一有二其沙汰一歟、昨日既被レ定二其法一、件一紙於二奉行飯尾肥前入道（為種）許一、浄蓮花院長老（智林）写二取之一云々、仍写留者也、(31)

B

今度徳政御法、政所之壁書一通、一昨日於二飯尾下総守（為数）亭一書二写-取之一、依二人々所望一書二進処々一了、(32)

史料Aは、嘉吉元年の徳政令の壁書（ア）の伝達のあり方を示している。記主の万里小路時房は浄蓮華院長老智林を通じて徳政令の壁書を書写した。時房と智林とは知己の間柄であったが、その智林は幕府奉行人飯尾為種（彼は智林の兄である）(33)のもとで壁書を書写したという。また、史料Bは、享徳三年の徳政令の壁書伝達の様相を示すが、記主の中原康富は幕府奉行人飯尾為数の邸宅で壁書を書写させてもらっている。注目すべきは、壁書の公布（十月二十九日）から約二十日後という点であり、さらには、康富自身が方々にその写しを書き送った事実である。

右のような事例からも、徳政令壁書の法文伝達が幕府により積極的には行われていないことは明らかであるが、その理由の一端もまた、ここに示されている。徳政令の壁書の法文伝達には幕府奉行人が介在していた。しかも、その伝達ルートは、奉行人の邸宅での書写という事実が端的に示すように、専ら奉行人との直接間接の繋がりによるものであった。

室町幕府法の壁書の伝達に奉行人が大きな役割を果たしたのは、徳政令だけではない。例えば、文正元年（一四六六）五月の、「作替借書事」という法令（形式上、これは壁書の条件を満たしている）[34]の伝達について、『大乗院寺社雑事記』は「壁書自二奉行方一堅相触」[35]れたと伝えている。また、享徳二年八月に管領細川勝元の定めた「新法十六ケ条」の壁書が公布されたが、中原康富はこの情報を幕府奉行人清六郎左衛門尉から入手している。[36]〔補注2〕このような幕府奉行人による壁書法文の伝達は、壁書と奉行人との密接な関係を物語っている。だとすれば、徳政令の壁書の法文の伝わる範囲、さらには壁書という形式の法令の機能について、当該期の幕府奉行人の存在形態を媒介として考える必要があろう。

十五世紀前半期以降の室町幕府奉行人、および奉行人集団の存在形態については、笠松宏至氏[37]、桑山浩然氏[38]、青山由樹氏[39]、青山英夫氏[40]、今谷明氏[41]ら多くの先学が様々な側面を明らかにしている。その中でまず注目したいのは、「別奉行」という室町幕府特有の制度である。この制度は、特定の大寺社に対し、永続的に特定の幕府奉行人を専属担当として置くものである。[42]奉行人は当該寺社の幕府法廷での訴訟に際し受理の窓口となり、また、訴訟の担当奉行となるなどの便宜を図る。その見返りに当該寺社から贈与や金品の援助などを受けるのである。「別奉行」はまさに奉行人と特定個人（団体）との半ば私的な繋がりをよくあらわしている。しかも「別奉行」が専ら大寺社などに置かれていたことは、幕府奉行人との繋がりが、限られた階層にしか存在しないことを示唆している。

だとすると、「別奉行」制に象徴されるように、壁書の法文の入手は、直接には幕府奉行人と何らかの関係をもちうる人々にのみ可能であったといえよう。その範囲は、さきに掲げた事例が、いずれも公家・寺社（しかも大寺社）関係者への壁書伝達の様相を語るものであることから、幕府奉行人との関係・接触をもちうる公家・大寺社、そしてさらに推測すれば、在京の武家や京都の有力土倉といった階層にほぼ限られたのであろう。

このように、室町幕府徳政令の壁書の公布伝達は幕府奉行人の手に大きく委ねられていた。徳政令壁書の公布伝達範囲は、幕府奉行人の存在を通して階層的に限定されていたのである。

当該期の奉行人と法との関係を手がかりに、さらに壁書の性格や機能について考えてみよう。室町中後期の幕府裁判において、法曹専門家として「意見」を具申し、判決成立に大きな影響力をもったのが、まさに幕府奉行人であった。笠松宏至氏の研究によれば[43]、奉行人の「意見」においては、既成法の解釈演繹によって判決を導き出そうとする傾向が強くみられるという。徳政令関係の訴訟を管轄した幕府政所の裁判でも、「意見」制は存在した。ただ、意見状という文書自体はみられない[44]ため、政所の奉行人が具体的にどのように壁書を運用し判決を成立させたかを知ることはできないものの、徳政令壁書も彼らによって運用された可能性は高い。

さらに、徳政令壁書の制定そのものにも奉行人層が深く関わっていたと考えられる。徳政令ではないが、延徳四年（一四九二）と推定される政所執事伊勢貞陸の書状では、政所執事代以下の奉行人で構成される「内談」の場において、「諸人拵二取借状於売券一事」について「可レ被レ相二定壁書一」[45]ことが要請されている。徳政令の壁書立法に幕府奉行人が関与していたことを示すといえる。

壁書を運用する法曹専門家は、狭義の奉行人だけではない。天文十六年（一五四七）に前川隼人なる人物から「博労衆中」の徳政令適用について尋ねられた政所代蜷川親俊は、適用外だとして「壁書之外候」と答えている[46]。幕府政所の執事や政所代を世襲した伊勢氏や蜷川氏もまた、徳政令壁書の法源を集積しており、それに熟達した専門家として、奉行人と同じ立場にあったであろう。さきに指摘したように、徳政令の壁書は、管領邸・幕府政所といった場に掲示されている。これらの場は幕府の法廷でもあったから、壁書には、法廷で運用される裁判規範としての性格があったと考えられる。また、「政所壁書」等の追加集の名称が端的に示すように、壁書は幕府の部局ごとに集積・運用されるものであり、かつそう意識されていた[47]。室町幕府訴訟制度の構成は裁判所を標準としたとされる[48]から、壁書はまさに特定の幕府法廷に密着した裁判の法であるといえる。

以上のように壁書と幕府奉行人との関係をみたが、奉行人を介さず壁書法文に接した場合がないわけではない。幕府に訴訟を提起していた万里小路時房は、管領邸に掲示されていた幕府法の壁書をみて、「所詮被レ任二壁書之面一、管領ニ有二壁書一、先可レ有二御成敗一哉」[50]、「尤可レ被レ任二此大法一歟」[49]と、その適用を主張している。この壁書は、『中世法制史料集』の編者の指摘の通り、永享元年（一四二九）十二月七日付の「押二領不知行地一後経二訴訟一事」[51]という幕府追加法である。ここでは、彼が訴訟のため幕府法廷に出向いて壁書に接し、それを「大法」として主張したことに注意したい。幕府法廷での訴訟当事者となれば、壁書を知る機会はあったのである。この事例は、幕府訴訟に密着した壁書の機能をよく示しているといえよう。

以上のように、壁書は、幕府の法曹専門家が管理し運用する法としての性格を有し、また幕府法廷での訴訟に密着して機能する法であった。こうした性格や機能は、幕府の法廷や役所という、壁書が掲示された「場」の性格に由来するものと考えられる。

二　高札

1　室町幕府法における高札

室町幕府法の高札は、専ら京都およびその周辺に掲げられ、幕府の京都支配と深く関わっていた。永享三年（一四三一）、米商人の売惜しみや交通路封鎖により発生した洛中の飢饉に際し、「古米六升、新米八升可レ売之由被二仰出一了、仍辻々ニ立レ札間、其日一日ハ如二御法一商売了」[52]と伝えられるように、幕府は京都の「辻々」に高札を立て、米の販売を命じている。また、十五世紀末から十六世紀にかけて出された撰銭令も高札をもって公布されていた。例えば、永正二年十月十日に出された撰銭令の法文の案文には、「撰銭札案」[53]との端裏書があり、高札であったことがわかる。撰銭令の高札も、永正五年の場合、「被レ打二高札於洛中一訖」[54]とあるように、まず京都に掲示されていたのである。

このように、幕府の京都支配と深く結びついていた高札は、元来は、京都の市政機関たる侍所によって掲げられていた。

『建内記』によれば、嘉吉元年当時、京都に「鴨河・白川捕魚事、付さいとり、俗人法師の出立事、博奕事」の三箇条の高札が掲げられていた。(55) さらにそれは「此制札者、侍所新補之時必有二此制一、近代皆如レ此云々」(56)と、侍所頭人の新任の際に必ず掲げられたという。当時、侍所頭人京極持清が同年八月に就任したばかりであり、たしかにこの時期は侍所頭人の交替期にあたっている。(57) この他にも、応安二年（一三六九）二月の室町幕府追加法九九―一〇三条、および正長元年（一四二八）十月の一八五―一八七条の禁制は、ともに侍所頭人署判の高札であるが、それぞれ頭人就任から間もない頃のものであり、(58) まさに右にいう頭人「新補之時」の高札と考えられる。これらは、博奕禁止、服装禁令（過差禁令・倹約令）、殺生禁断などの禁令から構成されている。このような禁令は公家・武家の「新制」によくみられる規定であるが、それが侍所頭人のいわば「代替り」の時期に示されたことに注目したい。しかもそれは将軍の「代替り」の時期でもある。(59) 将軍（室町殿）の「代替り」が侍所頭人の「代替り」に連動し、「新制」的な禁令が一種の社会の風紀引き締めとして、京都の住民に示されたのであろう。

侍所の高札は右のものにとどまらない。応永三年（一三九六）に山崎の商人が、東寺境内に商人の通行を禁ずる「御さふらい所の御せいさつ」(60)を知らずに通行し、東寺に請文を提出させられたように、一種の交通規制の高札も侍所によって掲げられていた。また、徳政の高札の法文も、当初は侍所頭人の下知状の形式で示されている。(61)

侍所は京都の治安・警察を主に担当していた。(62) 当初、徳政令の高札が侍所頭人の名で示されていたことは、少なくとも、それが京都の治安・秩序の維持の目的と深く関わって出発したことを示すと思われる。

2　徳政の高札

では徳政令の高札はどうだろうか。まず、高札の形式をとっていた法文を確定しておきたい。そのためには、以下の二つの室町幕府の制札・禁制の特徴が手がかりとなる。一つは、古文書学研究の成果が指摘する室町幕府の制札・禁制の様式上の特徴であり、具体的には、奥に宛所を有さず、「下知如レ件」の書き止めをもつ下知状の様式をとることである[63]。もう一つは、載せられた法文の条数がおおよそ五箇条までと比較的少ないことである。成立時期は不明ながら、室町幕府制札の様式につき、「制札板ノ寸法、五ケ条書時ハ上ハ金尺ニ一尺六寸、横一尺二寸八分也、次三ケ条札、上ハ一尺五寸、横ハ下一尺八分歟[64]」との故実が存在したことから、幕府の制札・禁制は主として五箇条・三箇条という比較的少ない条数であったと考えられる[65]。

こうした条件を満たし、高札の形式と目される徳政令の法文を年代順に掲げよう。

(サ) 正長元年（一四二八）十一月二十二日付の「徳政禁制」（室追一八八）
(シ) 嘉吉元年（一四四一）九月十二日付の徳政令（室追二一二）
(ス) 享徳三年（一四五四）九月二十九日付の「徳政禁制」（室追二三七）
(セ) 永正元年（一五〇四）十月二日付の徳政令（室追参考資料補遺四六・四七）
(ソ) 永正元年九月三十日付の徳政令（室追補遺二一―二五、細川政元による）
(タ) 永正八年（一五一一）九月二十七日付の徳政令（室追補遺一六―一八）
(チ) 永正十七年（一五二〇）二月十二日付の徳政令（室追三九七―三九九）
(ツ) 享禄三年（一五三〇）十二月十九日付の徳政令（室追四八〇―四八二）
(テ) 天文十五年（一五四六）九月二十五日付の「徳政禁制」（室追補遺一九）
(ト) 天文十五年十月三十日付の徳政令（室追四九三―四九五）

以上の法文について、高札と判断しうる根拠を以下に示しておく。まず（サ）と（テ）については他の関連史料に証拠は見出せないが、最初に挙げた理由と、この二つがいずれも「禁制」の書き出しをもち、いわゆる制札・禁制とみられることから、高札として公布されたと考える。

（シ）は、これをほぼそのまま引用した『建内記』が「徳政制札案如レ此[66]」と伝えるほか、法文の「一国平均沙汰」という内容を手がかりにすれば、他の記録の「抑徳政事、可レ為二一国平均沙汰一之由、立二制札於所々一云々[67]」、「一国平均ノ高札立レ之[68]」という記述からも高札であったことが裏づけられる。

（ス）については、次の材料から高札であることが明らかとなる。享徳三年には、この法令で「土倉質物」以外の徳政がひとまず禁止された後、翌月末にそれが撤回され徳政令が出された。そのことを伝えた幕府奉行人奉書に「先度徳政事、堅被レ制二禁之一、雖レ被レ打二高札一[69]」とあることから、（ス）が高札の形式で公布されたことが判明する。

（セ）と（ソ）は、それぞれ端裏書に「公方御高札案文」、「細川殿(政元)御高札案」とあることから、高札として公布されたと考えてよい。ただ（ソ）は幕府ではなく細川政元の高札である。また、端裏書や宛所から明らかなように、この二つは京都ではなく石清水八幡宮境内、あるいはその膝下の「郷中」に掲げられた。

（タ）と（ツ）、（チ）と（ト）は細部を除けば非常に似通った法文であるから、一方が高札とわかれば、他方も高札と断定できよう。

まず（タ）と（ツ）について。（ツ）を収める「鳩拙抄」には、この法文の前に「一　徳政ノ高札[70]」との一行がある。ここから、（ツ）はもちろん（タ）についても高札として公布されたものとみられる。

次に（チ）と（ト）について。まず、（チ）には「政所方　徳政時制札案文」との註記があり、高札であったことが明らかである。さらに、『守光公記』が「今日徳政札被レ打レ之云々[71]」として（チ）の条文を引用し、他にも「今日御徳政之札被レ打レ之云々[72]」、「被レ打二徳政之札一、日次者十二日分也、丹波守平朝臣松田(秀俊)、上野介藤原朝臣斎藤(時基)在判、質物等置月之外可レ為二十二ケ月一云々、悉皆勘二十三月之分一、可レ取二質物一云々[73]」と記す史料の存在がこれを裏づける。とすると（ト）もまた高札とすべきであろう。

3　高札の性格と機能

右のように高札の形式をとる法文を指摘したところで、次にその機能や性格について考えたい。

室町幕府の徳政高札は、京都とその周辺地域にのみ掲げられたようである。具体的には京都の「七口」や東寺など京都の周辺部、「洛中」のほぼ中心部、あるいは石清水八幡宮のように京都から少し離れた寺社の境内とその膝下の郷が、徳政高札掲示の場であった。

まず、「七口」には、嘉吉元年に徳政高札が掲げられた。このときには、「一国平均徳政之由、武家打二制札於七道口々一了[74]」、「九月十二日、一国平均ノ高札立レ之、六〔ママ〕口也[75]」と伝えられ、「七口」が高札掲示の場であったことがわかる。

東寺には、享徳元年に、

得〔徳〕政札南大門ニ公方人打レ之、飯尾大和〔貞運〕入道判、同筑前〔ママ〕入道判、[76]

と、幕府により東寺の「南大門」に徳政の高札が打たれたことが知られる。また、さきに挙げた幕府の徳政高札の法文のうち、（サ）・（シ）・（ス）が東寺関係の史料に伝来することから、実際に東寺の門前・境内に掲げられた可能性が高い。

京都の中心部に徳政高札が掲げられたことを示すのは、永正十七年の徳政高札（チ）について「右札二枚、上下京ニ打レ之、為二公人一与二雑色一打レ之、立売辻二一枚、四条町止〔辻カ〕一枚、[77]」と伝える史料である。「立売辻」と「四条町辻」とは、まさに当時の京都（上京・下京）の中心部といってよい。そこに一枚ずつ徳政の高札が打たれたのである。なお、「立売辻」と「四条町辻」とは戦国期の京都の「札の辻」とされている。(78) だとすれば、この二つの「場」に徳政高札が掲げられたのは、永正十七年だけではなかったであろう。天文十五年の徳政高札は「徳政札懸二上下京一云々」(79)と伝えられ、この高札も右の場に掲げられた可能性がある。

石清水八幡宮とその膝下の郷には、永正元年に（セ）・（ソ）の徳政高札が打たれた。そのことは、「石清水八幡宮山上山下境内幷諸神領等」の宛所や、「正文ハ郷中ニ打レ之」との端裏書から明らかである。天文十六年二月、同社に徳政の免除を約した幕府奉行人奉書に「八幡徳政事、以前被レ懸レ札之処」(80)とあることから、同社には遅くとも十六世紀以降には、徳政高札の掲げられることがあったとみられる。

もちろん、右に挙げた場以外にも、高札が掲げられた可能性はある。だが、右の場をみると、京都の中心部以外は、京都への法令の公布や周知徹底に最適の場とは必ずしもいえない。一般的に、高札が壁書に比して法令の公布・周知徹底の機能に優れていることは確かであろうが、右にみた場からすれば、高札の性格や機能をこの一点のみで説明することは困難と思われる。

では、右にみた場に共通する性格は何であろうか。「七口」や東寺、石清水八幡宮といえば、いずれも、土一揆が活動し、あるいは占拠閉籠した場であることが想起される。まず「七口」は、高札（シ）の掲げられた嘉吉元年、土一揆が「指二塞七道口一」(81)いだと伝えられている。

東寺もまたしばしば土一揆に占拠されている。（サ）・（ス）の高札との関係でいえば、正長元年には、侍所所司代から東寺に宛てられた「条々」が「去月四日、土一揆針小路猪熊ヘ寄時、悉寺内ニ籠置事」(82)と述べており、享徳三年にも「土一揆東福寺ニ寄入之、為二徳〔政〕成一之、其後東寺・西八条寺以下在々所々ニ陣取之」(83)と、やはり東寺が土一揆に占拠されている。

また、石清水八幡宮とその膝下の郷に高札の掲げられた永正元年九月、細川政元の被官薬師寺元一が反乱を起こし淀城で挙兵した[84]。高札とともに発給された幕府奉行人奉書に「就二今度徳政之儀一、所々郷民等号二土一揆一、社辺境内以下及二物忩一云々[85]」とあることから、この戦乱を契機として、石清水八幡宮周辺でも土一揆の蜂起があり、「物忩」といわれる状況にあったことがわかる。

このように、室町幕府の徳政高札は、土一揆の活動する「現場」に掲げられ、直接には土一揆に対して示すことが意図されていたといえる。その目的は明瞭であろう。十五世紀末の幕府奉行人の書状に「就二土一揆等重出張風聞一、口々制札事、為二一衆中一望申旨、両雑掌申候、可二調遣一候歟[86]」とあり、京都の土倉一衆中が土一揆の活動の抑止を図って幕府に「口々」への高札掲示を要求している。また、寛正六年（一四六五）に土一揆が東寺に閉籠した際の同寺廿一口方の評定記録には、「当寺ニ閉籠之由ヲ急有レ御二注一進于公方様ニ一、早々可レ被レ打二御法之札一也、依二其御返事一可二退散一云々[87]」と、「御法之札」すなわち徳政高札の掲示が実現するならば退散するとの土一揆の要求が記されている。これらのことから、徳政の高札には、洛外から来る土一揆の活動を抑え、またその要求を満たして、洛中や寺社の平和と安全を保障し回復する機能が期待されていたといえる。それゆえ、高札は土一揆の活動する「現場」に掲げられたのである。

ただ、徳政の高札は京都の中心部にも掲げられている。たしかに土一揆は洛中にまで侵入しているが、こうした場は土一揆のみが活動する「現場」ではない。遅くとも十六世紀の永正十七年には、京都の中心部に徳政高札が掲げられているが、その永正十七年の高札（チ）には、「万一寄二事於左右一、カウ〳〵ノ儀ニヲヨハヽ、ヲキテトイヒ、トリテトイヒ、共以サイクワニシヨセラルヘシ」とある。これはまさに「嗷々」とされる紛争や騒擾を防ぐため、「ヲキテ」（債務者、土一揆も含む）、「トリテ」（土倉）の両者に対して示されたものとみるべきである。土一揆だけでなく京都の土倉にも、徳政を平和裡に行うことが求められているのである。実際、土倉からの質物の取り戻しをめぐっては、しばしば武力衝突が生じている。しかもそれは後に述べるように、土一揆だけではなく、土倉をはじめとした京都の都市民によっても引き起こされたのである。

このように、徳政高札の掲げられる場は、土一揆が活動し、また、土一揆と土倉・都市民によって混乱と武力紛争の起こりやすい「現場」であった。だとすれば、徳政高札には、こうした紛争を鎮め、あるいは予防して、「平和」や秩序を回復し維持する機能が期待されたと考えられる。

右のような徳政高札の機能は、すでに多くの先学が指摘された、戦時に軍勢が発給する制札・禁制の機能とも符合する(88)。制札・禁制は、受給者側から働きかけ、礼銭納入と引換えに発給されることが多かったが、それはまさに、ある領域を軍勢の乱暴行為から保護し「平和領域」を実現する機能が制札・禁制に期待されたからである。

このように、徳政の高札には、戦時の制札・禁制と共通の性格が認められるが、もちろん、いわゆる制札・禁制とは文面を大きく異にしている。そこで、右のような高札の機能を念頭に置いて、徳政高札の法文を検討したい。

徳政高札の法文は、壁書と比べて明らかに簡略であり、また曖昧でさえある。ただ、さきに明らかにした高札の法文をみると、ヴァリエーションはあるものの、十六世紀以降の法文にはおおよそ一つのパターンがあらわれる。十六世紀の永正年間以降の（タ）・（チ）・（ツ）・（ト）は、仮名文主体か漢字文主体かの相違点を除けば、ほぼ同じといえる法文である。それ以前のものは法文が一定ではなく、しかもあまり具体的ではない。例えば、（シ）の内容は、ただ、「徳政」が「一国平均沙汰」ということのみである。（サ）は「とくせいとかうして、土一揆等酒屋土倉において、質物をおさへとり、乱入狼籍〔藉〕を致す事」、すなわち「徳政」行為全般を禁止したものであり、また、（ス）は、「土倉質物」についての「徳政」の事後承認と、それ以外の対象への「徳政」拡大の禁止を定めたものである。

それに対し、（タ）・（チ）・（ツ）・（ト）は、これから行われるべき徳政のあり方を具体的に示したものといえる。すなわち、高札の法文は徐々に具体化しているといってよい。では、高札法文の具体化は、「平和」の実現といかに関係するのだろうか。次に掲げる（チ）の法文から検討したい。

定　　徳政事政所方　徳政時制札案文

一　ケンフ《絹布》ノタクイ・ヱサン《絵衫》ノ物・諸藉《書籍》ノタクヒ・カツキ《楽器》ノ具足・カク《家具》・サウク《雑具》等、置月ノ外十二ケ月タルヘキ事、

一　ホン《盆》・カウハコ《香合》・茶ワン《碗》・花ヒン《瓶》・カウロ《香炉》・カナ《金》物已下、廿ケ月タルヘキ事、付、フク《武具》ノタクヒ、廿四ケ月事、

一　米コク《穀》并サコク《雑穀》等、七ケ月タルヘキ事、

右条々、任㆓先例㆒サタメヲカル、トコロナリ、シヨせン十分壱ヲサタせシメ、以㆑女白昼トルヘシ、若コノヤク《約》月ヲハせ《馳》スキハ、ナカレ《流》質タルヘキ上者、徳政ノサタニヲヨフヘカラス、万一寄㆓事於左右㆒、カウ〳〵《嗷々》ノ儀ニヲヨハ、、ヲキテ《置手》トイヒ、トリテ《取手》トイヒ、共以サイクワニシヨせラルヘシ、此外ノ借銭以下事、相互令㆓注進㆒、御下知ヲモツテ其沙汰アルヘキノ由、所㆑被㆓仰下㆒也、仍下知如㆑件、

永正十七年二月十二日

丹後守《松田秀俊》　平朝臣
上野介《斎藤時基》藤原朝臣

右の（チ）のように、（タ）・（チ）・（ツ）・（ト）の法文は、三箇条の一ツ書きの部分も含めて、土倉の質物（動産）の取戻し規定にその大半を割いている。その内容は、質物の質流の期限（三箇条の一ツ書き）、「十分一」の納入、女性が昼間に取り戻すこと、といった具体的な質物取戻しの方法を規定し、それに背き「嗷々」の儀に及べば、債務者（質を取り戻す者）も債権者（質を預かる者）も処罰される、というものである。

この規定と比べれば「此外ノ借銭以下事」以下は付けたりといってもよい。これらについては、債権者も債務者も幕府に出訴し、その「下知」により債務破棄や債権確認を行うように、との規定である。逆にいえば、動産の質物取戻しは、幕府を介さずに当事者間の相対の関係で行われることが前提となっている。つまり、これらの高札の法文は、

「徳政」の行い方あるいはそれに伴う紛争の解決について、

　土倉質物の取戻し──→当事者間の相対の関係で

　その他の借銭以下──→幕府法廷を介して「下知」によって

と分けていることになる。だとすると、十六世紀の高札は、相対の関係での土倉質物の「徳政」について主に言及したものといわねばならない。ではなぜ、土倉質物の取戻し方法の規制が「平和」の実現と関係するのだろうか。

　土倉質物の取戻しの場では、しばしば「喧嘩」が発生している。享徳三年の「私徳政」の際には「於二所々土倉一喧嘩出来云々(89)」と喧嘩が発生しており、文明十二年の「私徳政」の際には、「於二土倉一取二質物一、前後相論、徳大寺家侍与二赤松被管小寺一喧嘩、徳大寺家侍被二殺害(90)一」、「所々土蔵就レ出二質物一、諸人競取之条、頗物忩云々(91)」と、質物を取り戻そうとする者の間で喧嘩が起こっている。徳政令発布後にも、例えば永正元年には「今日蔵々質物万人取レ之、物忩々々(92)」、「就二徳政質物事一、近所物忩以外事也(93)」とあるように、質物取戻しをめぐる紛争が発生している。

　また、徳政高札の規定に背き質物を返還しない土倉酒屋も存在した。天文十五年には、「質物事、背二制札旨一令二拘惜一、或籠二置人数一、或相二語町人一、及二物忩一云々(94)」と、「物忩」に及ぶといわれるほど質物返還に抵抗している。大永六年にも「上下京土倉昨今及二物忩一、徳政事雖レ為二御法一、多以及二強々儀一、土倉一向不二承引一之躰也、件軽二上意一歟、不レ足レ言事也(95)」と伝えられるように、土倉が徳政令に違背し「強々儀」に及んだという。これらの事例は高札の規定の実効性の限界を示すが、同時に、規定に背き質物を出さないことが「物忩」「強々儀」とされることは、質物取戻しが平和裡に行われることが社会の大きな関心を呼び、そのための規範として高札が期待されていたことを物語っている。

　このように、高札には、単に広く法令を公布伝達する媒体とみるだけではこぼれ落ちてしまう、独特の機能と性格があった。そこに載せられた徳政の法文がある特定の部分にのみ具体化するのも、この機能や性格と切り離しては考えられないであろう。

三　室町幕府徳政令の構成と社会の「徳政」

本節では、前節までにみた壁書と高札という二つの徳政令の「かたち」の性格と機能をふまえ、この二つの「かたち」の関係から、室町幕府徳政令の構成を考えることとする。

まず、壁書・高札以外の形式も含め、室町幕府の徳政令と「徳政禁制」の形式を整理してみる（※はその形式の可能性のあるもの）。

1　正長元年（一四二八）の「徳政禁制」

高札　十一月二十二日　（サ）

2　嘉吉元年（一四四一）の徳政令

高札　九月十四日[96]（十二日付）　（シ）

壁書　閏九月十日　（ア）

壁書（改正）　閏九月十八日以降　（イ）

3　享徳三年（一四五四）の徳政令

高札（禁制）　九月二十九日　（ス）

壁書　十月二十九日[97]

奉書の発給　十月二十九日[98][99]

壁書（改正）　十二月十八日　（ウ）

壁書（改正）　翌康正元年十月二日　（ク）※
壁書（改正）　翌康正元年十一月[100]

4　長禄元年（一四五七）の「徳政禁制」
壁書　十二月五日　（キ）

5　文正元年（一四六六）の徳政令
侍所の「触」　九月十三日[101]

6　文明十二年（一四八〇）の「徳政禁制」
奉行人による伝達　十二月[102]
壁書　翌年七月十日　（カ）

7　永正元年（一五〇四）の徳政令
高札　九月十一日[103]
壁書　十月二日　（エ）（ケ）※
高札（石清水八幡宮）　十月二日　（セ）
〔細川政元の徳政令〕
高札　九月三十日　（ソ）
形式未詳　十月二日[104]

8　永正八年（一五一一）の徳政令
高札　九月二十七日　（タ）

9　永正十七年（一五二〇）の徳政令

壁書　二月十二日　（オ）
高札　二月二十四日[105]（十二日付）　（チ）
壁書　三月八日　（コ）※

10　大永六年（一五二六）の徳政令
高札　十二月二日[106]（または一日）

11　享禄三年（一五三〇）の徳政令
高札　十二月十九日　（ツ）

12　天文八年（一五三九）の徳政停止
「触」　七月二十五日[107]

〔細川晴元の徳政令（洛外西岡）〕
高札　七月二十三日以降[108]

13　天文十五年（一五四六）の徳政令
高札（禁制）　九月二十五日　（テ）
高札　十一月十日[109]（十月三十日付）　（ト）
形式未詳　十一月十日か（十月三十日付）[110]

14　永禄五年（一五六二）の徳政令
高札　三月二十九日、四月十一日[111]
高札　四月二十日（三月十八日付、六角氏による）[112]
高札　八月二十八日[113]

徳政停止の「触」　十二月[114]

右のように徳政令発布のパターンを一覧すると、多くの場合、壁書と高札の両形式が併用されていることがわかる。徳政令法文の大部分は壁書にあるが、それは限られた範囲にしか伝わらない。一方高札の法文は、曖昧な規定か、相対での動産質物取戻しに特化した規定である。そうであれば、壁書と高札を合わせた室町幕府徳政令のうち、広く伝達される法文はごく一部であったことになる。今日残されたある年次の室町幕府徳政令の全体を知悉できたのは、当時はごく限られた人々であったといわざるをえない。例えば、室町幕府徳政令の「限界」を物語る証拠としてしばしば引き合いに出される「永領地」をめぐる規定は、壁書にのみあり、高札にはない。「永領地」の規定は、直接には、限られた階層にしか伝わらなかったであろう[115]。

ただ、どちらか一方の形式しか伝わっていない徳政令はどうだろうか。徳政令の公布伝達の限定という仮説を検証するなら、壁書の存在のみ知られる徳政令より、高札の存在のみ知られる徳政令が問題となるのは明らかである。具体的には、永正八年と、大永六年以降の徳政令である。まず、これらの徳政令において、高札が壁書の機能をも吸収したとは考え難い。なぜなら、この時期の（タ）・（ツ）・（ト）の高札の法文には数箇条の規定しかなく、高札が壁書法文を吸収したとは考え難いからである。

さらに、これらの徳政令においても、壁書自体の存否はともかく、奉行人が運用する、壁書同様に伝達範囲の狭い法の存在したことがわかる。大永六年の徳政令では、「執事代松田丹後守（秀俊）所ニテ沙汰ノ事注レ之也[116]」とされる、奉行人が徳政令の条文に注解を加え意見を添えた史料が「醍醐寺文書」に残されている。それらは、祠堂銭や預状についての規定であるが、いずれも同年の高札にはないものである。天文十五年の徳政令でも、奉行人が将軍からの諮問に答えた「徳政条々[117]」があるが、これもまた、同年の高札にはみられない規定を含んでいる。高札の法文、あるいは高札掲示の情報しか伝わらない年の徳政令でも、それとは別に、専ら幕府関係者のみが運用する法は存在したのである。

やはり、室町幕府徳政令の公布がきわめて限定的にしか行われなかったことは疑いない。

しかし、徳政は当時の社会から広く要求されたにもかかわらず、かように限定的な徳政令の公布が行われたのはなぜだろうか。そこで、法の公布伝達範囲という点からさらに進んで、前節までに明らかにした壁書と高札との機能の違いをもとに、両者の関係から幕府徳政令の構成を考えてみる。

前節までに明らかにした壁書・高札の機能の違いを、両者の機能の「場」の違いとして把握すれば、壁書は幕府法廷で、高札は幕府法廷の外で機能する法ということになる。この点、徳政令の発布者たる幕府は、高札と壁書との関係、機能の弁別について、次にみる史料のように認識していた。永正元年の徳政の際、（セ）の高札とともに石清水八幡宮に発給された幕府奉行人（政所執事伊勢貞陸が加判）奉書は、

所詮於二質物一者、守二高札之旨一、至二諸借物一者、云二銭主一云二借主一、企二参洛一、任二壁書一可レ給二御下知一、[118]

と述べている。徳政の対象が「質物」か「諸借物」かによって、前者は高札を、後者は壁書を規範とせよというのである。しかも後者は幕府法廷への出訴が義務づけられている。十六世紀の徳政高札が専ら相対の関係で行われる「徳政」に言及していたことをふまえれば、ここから、

壁書＝幕府の下知による債権債務の確認あるいは破棄の規範

高札＝当事者間の相対の「徳政」交渉の規範

という両者の関係が明らかになる。もっとも、高札の法文が動産質物取戻しの規定として特化・具体化するのは、現在明らかな限りでは十六世紀以降であるが、両者の関係自体はそれ以前から一貫していたのではなかろうか。

ここで注目されるのは、当事者の相対の関係か、それとも幕府を介するかという徳政あるいはそれに伴う紛争の解決のあり方である。壁書と高札の機能する「場」の違いは、この二つの徳政のあり方の違いに結びついているのではなかろうか。この点から注目したいのが、徳政令法文中の「十分一」納入の規定である。周知のように、享徳三年の

徳政令以降、室町幕府の徳政令、または徳政禁制の多くは「分一徳政令」ないし「分一徳政禁制」という制度であった。幕府に「分一銭」と呼ばれる債権債務額の一部金額を納入し、債務破棄または債権確認のための奉書を発給してもらうことを義務づけた制度である。

しかし、徳政令の法文中の「十分一」は、果たしてすべてが幕府に納入する「分一銭」を指すのであろうか。たしかに壁書の「十分一」ないし「五分一」納入の規定は、(ウ)の「各申二給奉書一、可レ被レ収二納拾分壱一」などの規定から、幕府に納入すべき金額、いわゆる「分一銭」とみて間違いない。

一方、(タ)・(チ)・(ツ)・(ト)の高札にみられる「十分一」はどうか。これらの「十分一を沙汰し」の「十分一」は、従来の研究では幕府に納入する「分一銭」と解釈されることが多い[119]。しかし、「相互注進」の必要のない「徳政」について述べた文脈からすれば、この「十分一」とは、質物を取り戻す者が、幕府にではなく、債権者の土倉などに対して支払う金額、すなわち当事者間の相対の関係で授受される金額と解すべきである。

すでに脇田晴子氏[120]や柘植千恵美氏[121]が指摘したように、土一揆などの行ういわゆる「私徳政」においても、質物の請出しの際「十分一」などの割合の金額の授受が行われていた。具体的な事例は両氏が多く紹介しているが、例えば永正十七年の徳政令発布後には、「質物者蔵方以外令二抑留一、過二御法分一一、十□、以二本銭半分余一大概出云々、軽二上意一之段、言語道断次第也[122]」と、土倉が質物の返還を渋り、「御法分一」(本銭の「十分一」であろう)を上回る、本銭の半分近くの金額と引換えに質物を出す事態が生じている。ここでの「御法分一」とは、明らかに幕府に支払う「分一銭」ではなく、債務者から土倉に支払われる金額である。

また、天文十五年の徳政令発布の際、次のような幕府奉行人奉書が出されている。

質物事、背二制札旨一令二拘惜一、或籠二置人数一、或相二語町人一、及二物忩一云々、以外次第也、所詮、任二徳政之法一、
於二質物一者、以二十分壱一可レ致二其沙汰一、若令二難渋一者、一段可レ有二御成敗一之由、被二仰出一候也、仍執達如レ件、

天文十五
十一月十六日　　　　　　　　　　（松田）晴秀（花押）
　　　　　　　　　　　　　　　　（松田）盛秀（花押）
佐野与三郎殿(123)

有力土倉の佐野が徳政高札の規定に背いて質物を出さず、「物忩」といわれる事態に及んだのに対し、「十分一」の割合の金額で質物請出しに応じるよう伝えたのが右の奉書である。ここでもやはり、「十分一」とは「分一銭」ではなく、相対の関係で支払われる金額である。こうした事例は高札の「十分一」規定が、相対の関係を前提とすることを裏づける。また高札の規定や右の事例から、相対の関係での「徳政」について一歩踏み込んだ規制を加えようとする幕府の姿勢も指摘できる。

このように、幕府徳政令法文の「十分一」は、壁書と高札とでは全く性格を異にしているのであるが、これは、法令の「かたち」と「徳政」のあり方の違いとの対応関係を鮮明に示す事例といえる。

以上の検討から、壁書と高札という徳政令の二つの「かたち」が、機能する「場」の違いを通して、社会の中での「徳政」のあり方の違いと結びついていたことを明らかにしえたと考える。高札は幕府を介さない相対の関係での「徳政」の世界と接し、壁書は幕府法廷を介した徳政（享徳三年以降は「分一徳政」）の世界と接している。この二つの徳政の世界の関係の薄さ、あるいは後者の広がりの狭さは、従来指摘されている通りであろう(124)。そうすると、当初幕府が高札によって具体的な法理を示さなかったのは、この「私徳政」の世界が幕府法とは別にある程度自己完結していたためと考えられる。幕府の徳政令公布の限定性は、それで充分事足りる社会の「徳政」の構造を前提としていたとみるべきなのである。

おわりに

以上のように、本章では、室町幕府徳政令の壁書と高札という二つの法の「かたち」に注目し、「かたち」と法の機能する「場」との関係が、社会における「徳政」の構造と対応していたことを明らかにした。

ただその中で、幕府による高札の法文の具体化の結果、幕府法廷の徳政の世界の拡大が生じる可能性があったのではないか。二つの「十分一」は全く無関係ではないかもしれないのである。十六世紀の高札では、土倉質物以外の徳政には「相互注進」、つまり債権者ないし債務者が幕府に訴えて、「下知」により決着を付けることが義務づけられている。幕府の「分一徳政」の実態をもう一度洗い直せば、二つの徳政の世界の関係の変化を捉えられるのではなかろうか。この点をさらに踏み込んで検討するためには、法令を受けとめる社会の側の対応や徳政令の具体的な受容のあり方を考えねばならない。この問題は、本書第一部第二章で検討することにしたい。

室町幕府の徳政令の周知徹底への姿勢は、鎌倉以来の幕府法一般と同様、決して積極的なものではない。もしそれに少しでも前進を見出せるとすれば、それは高札の法文の具体化以外にはないであろう。しかし、問題はその契機である。高札自体のもつ機能に即して考えれば、幕府の意図は法令を周知徹底させることそれ自体にあったとみるべきではない。むしろ、徳政の場面で起こる社会の騒擾と混乱（「嗷々」といわれるような）を回避し、秩序の維持を図ることが第一の目的だったというべきであろう。

本章に試みたように、法の「かたち」の性格に即して法令の機能を検討すれば、そもそも法令が公布され機能する「空間」が均質ではなく、法の「かたち」に応じてその位相を異にしているようにみえる。異なる「かたち」を併用した徳政令という法令についてみると、その位相間の関係についてある程度の具体像が得られる。中世において、法が頻繁に口にされる「場」が法廷であることは確かだが、法の機能の「場」は法廷に限定されるものではない。法の機能する「場」の多様な位相をできる限り明らかにし、それら相互の関連を明らかにする必要があると思われるが、そのための方法として、本章のとりあげた法令の「かたち」への着目は一つの有効な視角ではなかろうか。

（1）三浦周行「歴代法制の公布と其公布式」（『法制史の研究』岩波書店、一九一九年）。
（2）笠松宏至「中世法の特質」（『日本中世法史論』東京大学出版会、一九七九年、初出は一九六三年）四―五頁。また笠松宏至「幕府法解題」（石井進・石母田正・笠松宏至・勝俣鎮夫・佐藤進一校注『日本思想大系二一　中世政治社会思想　上』岩波書店、一九七二年）も参照。
（3）前掲注（1）三浦氏論文八五―八六頁。
（4）前掲注（1）三浦氏論文八八頁。
（5）田良島哲「禁制制札の発生」（『三浦古文化』五二号、一九九三年）、水藤真「木に墨書すること――中世木簡の用例」、同「札を打つ――掲示された木札の分類と機能」（『絵画・木札・石造物に中世を読む』吉川弘文館、一九九四年）は、中世の木札全般について論じている。なお、中近世移行期の制札・禁制論については後に言及する。
（6）室町幕府論からの到達点を示すのが、桑山浩然「徳政令と室町幕府財政」（『室町幕府の政治と経済』吉川弘文館、二〇〇六年、初出は一九六二年）である。
（7）佐藤進一・池内義資編『中世法制史料集　第二巻　室町幕府法』（岩波書店、一九五七年）追加法二一二。
（8）『中世法制史料集　第二巻』追加法二二三―二二一、二二二―二三一。
（9）『斎藤基恒日記』嘉吉元年閏九月条。
（10）「厳助往年記」大永六年十二月朔日条。
（11）特に瀬田勝哉「中世末期の在地徳政」（『史学雑誌』七七編九号、一九六八年、のち永原慶二編『戦国大名論集1　戦国大名の研究』〈吉川弘文館、一九八三年〉に再録）、笠松宏至「中世の政治社会思想」（前掲注（2）笠松氏著書所収）、同『徳政令――中世の法と慣習』（岩波新書、一九八三年、二〇二二年に講談社学術文庫）、勝俣鎮夫「地発と徳政一揆」（『戦国法成立史論』東京大学出版会、一九七九年）、同『一揆』（岩波新書、一九八二年）などの研究により明らかにされた、幕府徳政令を超えた「徳政」の広がりを念頭に置いている。

(12)『中世法制史料集　第二巻』追加法一八三・一八四。
(13)『康富記』享徳二年八月十二日条（『中世法制史料集　第二巻』参考資料一六四）。
(14)『中世法制史料集　第二巻』追加法八四・八五。
(15)『中世法制史料集　第二巻』追加法八四。
(16)佐藤進一・池内義資編『中世法制史料集　第一巻　鎌倉幕府法』（岩波書店、一九五五年）解題四五九頁（一五刷の頁による）。
(17)『中世法制史料集　第一巻』解題四六〇頁。
(18)『東寺執行日記』嘉吉元年九月九日条。ただ、『中世法制史料集　第二巻』補註三三の指摘するように、『東寺執行日記』所収の法文は、本文に引用したものとは条文順序などが若干異なっている。
(19)『建内記』嘉吉元年閏九月十二日条。
(20)「公名公記」嘉吉元年閏九月廿日条。
(21)三浦周行「足利時代の徳政」（『続法制史の研究』岩波書店、一九二五年）一二一一―一二一七頁。
(22)『康富記』享徳三年十二月十八日条。
(23)『中世法制史料集　第二巻』補註四四参照。
(24)百瀬今朝雄「文明十二年徳政禁制に関する一考察」（『史学雑誌』六六編四号、一九五七年）。
(25)『山科家礼記』文明十三年八月十三日条。
(26)壁書が「へきしょ」と呼ばれたことは、例えば『文明本節用集』に「壁書（ヘキシヨ）禁制文也」とある（中田祝夫『文明本節用集研究並びに索引　影印篇』風間書房、一九七〇年）ことなどからも明らかである。
(27)この点は第二節で後述する。
(28)「廿一口方評定引付」享徳三年十一月十一日条（「東寺百合文書」天地之部三一号）。
(29)「廿一口方評定引付」享徳三年十一月廿七日条（「東寺百合文書」天地之部三一号）。
(30)嘉吉元年には、『建内記』嘉吉元年閏九月十二日条、『斎藤基恒日記』嘉吉元年閏九月条、「公名公記」嘉吉元年閏九月廿日条が、管領邸・政所への掲示を伝えている。享徳三年には、『斎藤基恒日記』享徳三年十月条、『康富記』享徳三年十一月廿日条が、政所への掲示を伝える。
(31)『建内記』嘉吉元年閏九月十二日条。
(32)『康富記』享徳三年十一月廿日条。

(33)『建内記』嘉吉元年閏九月一日条に「向二浄蓮花院一謁二住持（智林）一、示二合自訴条々事一、早可レ伝二舎兄肥前入道永祥（飯尾為種）一云々」とあり、浄蓮華院長老智林は幕府奉行人飯尾為種の弟であった。
(34)『中世法制史料集　第二巻』追加法二六七。
(35)『大乗院寺社雑事記』文正元年六月五日条。
(36)注(13)に同じ。
(37)笠松宏至「室町幕府訴訟制度「意見」の考察」（前掲注(2)笠松氏著書所収、初出は一九六〇年）。
(38)桑山浩然「室町幕府の権力構造——「奉行人制」をめぐる問題」（前掲注(6)桑山氏著書所収、初出は一九七六年）。
(39)青山由樹「室町幕府「別奉行」についての基礎的考察」（『史報』創刊号、一九七九年、のち日本古文書学会編『日本古文書学論集8　中世Ⅳ』〈吉川弘文館、一九八七年〉に再録）、「室町幕府の「別奉行」について」（『東洋大学大学院紀要・文学研究科』一七集、一九八一年）。
(40)青山英夫「室町幕府奉行人についての一考察——文明期の場合」（『上智史学』二五号、一九八〇年、のち前掲注(39)『日本古文書学論集8　中世Ⅳ』に再録）。
(41)今谷明「室町幕府奉行人奉書の基礎的考察」（『室町幕府解体過程の研究』岩波書店、一九八五年）。
(42)特に、青山由樹氏の前掲注(39)両論文が詳しく論じている。
(43)前掲注(37)笠松氏論文八六—八九頁参照。
(44)設楽薫「「政所内談記録」の研究——室町幕府「政所沙汰」における評議体制の変化について」（『年報中世史研究』一七号、一九九二年、のち木下昌規編著『シリーズ・室町幕府の研究　第五巻　足利義政』〈戎光祥出版、二〇二四年〉に再録）。
(45)（延徳四年カ）伊勢貞陸書状案（『大日本古文書　蜷川家文書之二』二七九号）。
(46)「徳政雑々記」九一（桑山浩然校訂『室町幕府引付史料集成　下巻』、近藤出版社、一九八六年）。
(47)長禄四年九月の「闕所証人事」と題する法令（『中世法制史料集　第二巻』追加法二六五）の写しには「此壁書雖レ非二政所沙汰一、為二覚悟一記レ之」との端書があり（『大日本古文書　蜷川家文書之一』四六号）、かかる意識の存在をうかがわせる。
(48)石井良助『新版　中世武家不動産訴訟法の研究』（高志書院、二〇一八年〈初版は弘文堂書房、一九三八年〉）三三五—三三七頁。
(49)『建内記』嘉吉三年七月廿日条。
(50)『中世法制史料集　第二巻』補註二七。
(51)『中世法制史料集　第二巻』追加法一九六。

(52)『満済准后日記』永享三年七月八日条（『中世法制史料集　第二巻』参考資料一三五）。
(53)『中世法制史料集　第二巻』追加法三三四。
(54)『中世法制史料集　第二巻』追加法三四七。
(55)『建内記』嘉吉元年九月十五日条（『中世法制史料集　第二巻』参考資料一五〇―一五二）。
(56)注(55)史料に同じ。
(57)今谷明「増訂　室町幕府侍所頭人並山城守護付所司代・守護代・郡代補任沿革考証稿」（『守護領国支配機構の研究』法政大学出版局、一九八六年）、羽下徳彦「室町幕府侍所頭人付、山城守護補任沿革考証稿」（『東洋大学紀要・文学部篇』一六集、一九六二年）による。
(58)注(57)に同じ。
(59)足利義満の将軍宣下は応安元年十二月。正長元年は足利義持から義教への、また嘉吉元年は義教から義勝への、それぞれ代替りの時期である。
(60)応永三年十月十二日山崎みそくちの二郎請文（「東寺百合文書」さ函七五号、『中世法制史料集　第二巻』参考資料九七）。
(61)『中世法制史料集　第二巻』追加法一八八および二一二。
(62)佐藤進一「室町幕府論」（『日本中世史論集』岩波書店、一九九〇年、初出は一九六三年）。
(63)佐藤進一『[新版]古文書学入門』（法政大学出版局、一九九七年）一四九―一五一頁。
(64)「室町家御内書案」上（『改訂史籍集覧』二十七）。
(65)相田二郎『日本の古文書　上』（岩波書店、一九四九年）三三六―三三七頁も、室町幕府奉行人の禁制には三箇条のものが多いと指摘する。
(66)『建内記』嘉吉元年九月十四日条。
(67)「公名公記」嘉吉元年九月十四日条。
(68)『東寺執行日記』嘉吉元年九月五日条。
(69)『中世法制史料集　第二巻』追加法二三八、および『康富記』享徳三年十一月一日条。
(70)『中世法制史料集　第二巻』補註五六参照。
(71)『守光公記』永正十七年二月廿四日条。
(72)『二水記』永正十七年二月廿四日条。
(73)「拾芥記」永正十七年二月廿四日条。

(74)『建内記』嘉吉元年閏九月三日条。
(75)『東寺執行日記』嘉吉元年九月五日条。
(76)『中世法制史料集　第二巻』参考資料一六三、『東寺執行日記』享徳元年八月十八日条。
(77)「室町家御内書案」上。
(78)例えば高橋康夫「戦国時代の京の都市構造――町組をめぐって」(『京都中世都市史研究』思文閣出版、一九八三年)三四三頁など。
(79)「兼秀公記」天文十五年十一月十日条。高札の日付(十月三十日)と、掲げられた日が異なる点は、すでに桑山浩然氏が指摘している(前掲注(6)桑山氏論文二〇六頁)。
(80)天文十六年二月八日室町幕府奉行人連署奉書案(『大日本古文書　蜷川家文書之三』六〇一号)。
(81)「公名公記」嘉吉元年九月七日条。
(82)正長元年十二月侍所所司代浦上性貞土一揆条々事書案(「東寺百合文書」し函一〇二号)。
(83)『東寺執行日記』享徳三年九月三日条。
(84)「拾芥記」永正元年九月十一日条など。
(85)(永正元年)十月二日幕府政所執事加判奉行人奉書案(「八幡善法寺文書」、『中世法制史料集　第二巻』参考資料補遺四八)。
(86)(明応八年カ)十月十四日諏方貞通書状(『大日本古文書　蜷川家文書之二』三四〇号)。
(87)「廿一口方評定引付」寛正六年十一月十二日条(「東寺百合文書」け函一七号)。
(88)以下の諸先学の論文を参照。峰岸純夫「制札と東国戦国社会」、同「戦国時代の制札とその機能」(『中世　災害・戦乱の社会史』吉川弘文館、二〇〇一年、初出は一九八九年、一九九三年)、小林清治「郷村禁制の展開」(『秀吉権力の形成――書札礼・禁制・城郭政策』東京大学出版会、一九九四年)、勝俣鎮夫「戦国時代の村落――和泉国入山田村・日根野村を中心に」(『戦国時代論』岩波書店、一九九六年)、高木昭作「乱世――太平の代の裏に潜むもの」(『歴史学研究』五七四号、一九八七年)。
(89)『師郷記』享徳三年九月十二日条。
(90)『長興宿禰記』文明十二年九月十六日条。
(91)『宣胤卿記』文明十二年九月十八日条。
(92)『二水記』永正元年九月十二日条。
(93)『後法興院記』永正元年九月十五日条。

(94) 天文十五年十一月十六日幕府奉行人連署奉書（『大日本古文書　蜷川家文書之三』五九二号）。
(95) 『二水記』大永六年十二月四日条。
(96) 今谷明『土民嗷々――一四四一年の社会史』（新人物往来社、一九八八年）一六一―一六二頁の指摘に従い、十四日公示とする。
(97) 『康富記』享徳三年十二月十八日条。
(98) 『中世法制史料集　第二巻』追加法二三八。
(99) 『中世法制史料集　第二巻』追加法二三九。
(100) 『斎藤基恒日記』康正元年十一月条（『中世法制史料集　第二巻』参考資料一六六）。
(101) 『大乗院寺社雑事記』文正元年九月十三日条（『中世法制史料集　第二巻』参考資料一九六）。また、「政所賦銘引付」一一五（桑山浩然校訂『室町幕府引付史料集成　上巻』近藤出版社、一九八〇年）によれば、このとき諸土倉中に対し、「於二合銭一者令二棄破一、励二私力一、可レ専二公役一」との奉書が出されたという。
(102) 「廿一口方評定引付」文明十二年十二月十八日条（「東寺百合文書」ち函二三号）。
(103) 『二水記』永正元年九月十一日条、「拾芥記」同日条。なお「管領幷政所壁書」は九月十二日の掲示と伝える。
(104) 『中世法制史料集　第二巻』追加法三三一。
(105) 前掲注(71)(72)(73)の史料により、二十四日公示とする。
(106) 『二水記』大永六年十二月二日条、「厳助往年記」大永六年十二月朔日条。
(107) 『蜷川親俊日記』天文八年七月廿五日条。
(108) 『蜷川親俊日記』天文八年七月廿三日条に、細川晴元被官の茨木長隆から、「高札不案内」につき、蜷川親俊への照会の記事のみえることから推定した。
(109) 「兼秀公記」天文十五年十一月十日条。注(79)参照。
(110) 『中世法制史料集　第二巻』追加法四九六―四九八。
(111) 「長享年後畿内兵乱記」永禄五年三月廿九日、四月十一日条。ただし、これらは「被レ打」ではなく「打レ之」と記され、幕府の高札ではない可能性がある。
(112) 『中世法制史料集　第二巻』参考資料二七九―二八三。「長享年後畿内兵乱記」は四月二十日頃に洛中に打たれたと伝える。
(113) 「長享年後畿内兵乱記」永禄五年八月廿八日条。
(114) 「長享年後畿内兵乱記」永禄五年十二月条。

(115)　土一揆が幕府に「永領地」返付を要求したとされる嘉吉元年の徳政令発布の際にも、高札でこの規定を報せた確証はない。『建内記』同年閏九月三日条には、この件について「制札」に載せる用意のあったことが伝聞情報として記されるが、実現しなかったとみられる。この点、拙稿「「情報」としての徳政令――嘉吉元年の土一揆と室町幕府徳政令の検討から」(『遙かなる中世』一五号、一九九六年)も参照。

(116)　『中世法制史料集　第二巻』参考資料二四二―二四四、「醍醐寺文書」一一九函三〇号。

(117)　『中世法制史料集　第二巻』参考資料二六七―二七一。

(118)　(永正元年)十月二日幕府政所執事加判奉行人奉書案(前掲注(85))。

(119)　前掲注(63)佐藤氏著書の旧版一五五頁など(ただし新版で修正)。なお、小早川欣吾『日本担保法史序説』(組替再版、法政大学出版局、一九七九年、初版は寶文館、一九三三年)八二頁は、「質金額の十分の一を返還して請戻し得べし」と解釈する。

(120)　脇田晴子「土一揆の組織性と私徳政――続・都市と農村の対立」(『橘女子大学研究紀要』一〇号、一九八三年、のち日本古文書学会編『日本古文書学論集9　中世V』〈吉川弘文館、一九八七年〉に再録)。

(121)　柘植千恵美「「徳政」の再検討――分一私徳政の系譜と実態」(『年報中世史研究』一三号、一九八八年)。

(122)　「壬生于恒記」永正十七年三月一日条(『大日本史料　第九編之十』同年二月二十九日条)。

(123)　『大日本古文書　蜷川家文書之三』五九二号(前掲注(94))。なお、同日付同内容で他の土倉に対しもう二通の幕府奉行人奉書(同文書五九三号・五九四号)が出されている。

(124)　前掲注(11)の瀬田氏、笠松氏、勝俣氏の論文・著書を参照。

〔補注1〕「治定」は東寺廿一口方の評定の決議を指すから、この記事は、幕府徳政令壁書の情報伝達を示すとは必ずしもいえない。

〔補注2〕清六郎左衛門尉は、細川京兆家の奉行清為久との関係を示す記事(『康富記』享徳二年五月廿五日条など)から、細川京兆家の奉行とおぼしい。

第二章　室町幕府徳政令の受容と「分一徳政」の展開

はじめに

本章は、室町幕府徳政令を対象として、中世後期における公権力の法の社会における受容、および社会との関係を検討する一つの試みである。

本書第一部第一章では、壁書と高札という室町幕府徳政令の「かたち」に着目し、室町幕府から社会に対する法令の発信伝達のあり方を検討した。その結果、公権力の法や裁判を介した徳政と当事者相対の関係での「徳政」という、当時の社会の二つの徳政の世界に対応することが明らかとなった。いわば、社会の徳政の二重構造を、室町幕府の二つの徳政令の「かたち」の併用が具現していたのである。また第一章では、遅くとも十六世紀にはみられる徳政令高札の法文の変化が、この二重構造の変化を示している可能性にも言及した。

これらをふまえ本章では、主に次の三つの視点から、徳政令の「かたち」と当時の社会の二つの徳政のあり方との対応関係をいま少し具体的に描き、対応関係の根底にある徳政の二重構造の変化を把握することを試みる。その視点とは、

一　情報という次元も含めた室町幕府徳政令の受容のあり方への着目。

二　徳政令の「かたち」と徳政のあり方との対応を端的に示す、徳政令法文にみえる債権債務額の二つの「十分の一」規定の由来。

三　特に壁書の「十分の一」規定があらわす、室町幕府のいわゆる「分一徳政」の十六世紀における実態。

である。以下、一・二をそれぞれ本章の第一節と第二節にて、三を第三・四節にて検討することとしたい。

一　「大法」と「天下一同」・「一国平均」

本節では、室町幕府徳政令の受容のあり方を、壁書と高札とに分けてみることにする。

本書第一部第一章でもみたように、享徳三年（一四五四）の徳政令の壁書は「徳政大法壁書」と呼ばれ(1)、これを「大法」と認識する受容者も存在した。幕府法の壁書が「大法」とされるのは徳政令だけではない。例えば万里小路時房は、管領邸に掲示された幕府法の壁書を「大法」と呼び(2)、その「大法」により裁判の勝訴を主張している(3)。壁書の法令の情報を直接知りうる階層は、室町幕府法を「大法」と認識し、訴訟での適用を主張したのである。むろん、この認識は訴訟での自己の利益実現の意図と不可分といえる。

一方、若狭太良荘の荘民が土一揆の定めた徳政の「田舎の大法」を根拠に徳政の適用を主張したように(4)、土一揆の定めた地域的な徳政の法も「大法」と呼ばれた。中世では公権力の制定法も民間の慣習も、ともに「大法」と呼ばれて同じ次元で意識された(5)。その意味では、「大法」として幕府徳政令が認識されても、特に伝達範囲の狭い壁書の法文の広い地域や階層への受容・定着には、限界があったといえる。

では幕府徳政令の高札はどうであろうか。最初の幕府徳政令、嘉吉元年（一四四一）九月十二日付の徳政令高札は、徳政が「一国平均沙汰」との内容のみの法文であった(6)。壁書で具体的な規定が定められたのはその翌月である。しかしこの高札の掲示から間もなく、万里小路時房は熟慮の末に「然者任二大法一取レ之」[7]と質物を取り戻す意思を記し、また当時の質物取戻しの様子を「土蔵質物事、依二大法一不レ及二残賃(質カ)之沙汰一、只返取之云々」[8]と記している。さきには幕府法の壁書を「大法」と呼んだのに対し、ここではまだ具体的な規定のない徳政令を「大法」と呼んでいるのである。

この、まだ具体的な規定のない法を「大法」とする意識は、高札そのものに対する認識という点から理解しうると思われる。まず注目されるのは、土一揆の徳政要求や私徳政、在地徳政で用いられた高札である。土一揆の取締りを東寺に命じた長禄二年（一四五八）の幕府奉行人奉書は、その行動について「或於二白昼一立二高札一、或及二夜陰一成二集会一、致二徳政之企一云々」[9]と述べている。文明十七年（一四八五）に奈良で蜂起した「馬借」（土一揆）は、「馬借之沙汰当寺南大門ニ札立レ之、徳政事所望趣也」[10]と伝えられるように、徳政を要求する「札」を立てている。また、在地の徳政令として知られる近江奥島・北津田荘の嘉吉元年の徳政定書も、木札として示された[11]。石井進氏[12]・神田千里氏[13]は、徳政の到来を告げ知らせる「鐘」に注目されたが、土一揆の私徳政や在地徳政においては、高札という表象も徳政の到来を告げ知らせると認識されたものと思われる。

おそらくこうした意識を前提として、幕府の徳政高札は特に「天下一同の徳政」を告げ知らせる表象と認識された。大永六年（一五二六）の徳政令は「天下一同之徳政被レ行レ之、制札打レ之」[14]と伝えられ、高札の掲示が「天下一同」の徳政実施と結びつけて認識されている。また、永正元年（一五〇四）に石清水八幡宮に掲げられた細川政元の徳政高札[15]の第一条に「為二上意并屋形(細川政元)之儀一、天下一同之徳政也」と述べるのも、「天下一同の徳政」の到来を告知する高札の機能をよく示している。

興味深いのは、徳政禁制の高札も「天下一同の徳政」を知らせる表象と認識された可能性を示す事例である。享徳三年の徳政令では、幕府は九月末に一旦次のような徳政禁制を出し、質物取戻し以外の徳政を禁止した。

禁制
　徳政条々
右、於二土倉質物一者、今更非二沙汰限一、至二諸借銭、預状、合力請取、幷所領永地、年記、本物返以下事一者、堅
被二制禁一訖、若有二違犯之輩一者、可レ被レ処二罪科一之由、所レ被二仰下一也、仍下知如レ件、
　享徳三年九月廿九日（以下奉行人の連署略す）(16)

だがその直後、清水坂の惣衆は、

就二今度一天下一同之徳政一子細之事、先度進置候輿免状、洛中在々所々寺々雖二破申一、依二棰代壱貫三百文下給一、
閣申入上者、於二向後一、坂而兎角違乱煩不レ可二申上一候也、仍為二後証亀鏡一、一紙進上申状如レ件、
　享徳三季
　　神無月□〔三カ〕日　　　　公文（花押）
　進上　東寺御奉行所(17)

と、「一天下一同之徳政」を理由に、「免輿」と呼ばれた葬送権の破棄を東寺に申し入れた(18)。たしかに右の徳政禁制はすでに行われた土倉質物取戻しを追認するが、ここでは法の内容よりも高札という表象から、「天下一同の徳政」と認識された可能性があると思われる。

高札そのものを「天下一同の徳政」の象徴とみる認識は、明応五年（一四九六）に土倉の野洲井宣助と上賀茂社との間で交わされた、上賀茂社境内での土倉営業に関する契状によくあらわれている。その第二条と第六条をみてみよう。

一　依二土一揆出張一、上京下京土倉質物出候者、百文之質者八拾文、又壱貫文質者八百文、以二此分算用一可レ出
之事、付、不レ打二御制札一時事、（第二条）

一　為二天下一同御徳政一被レ打二御制札一露顕之時者、任二其御法旨一可レ出二質物一之事（第六条）[19]

第二条は、土一揆が蜂起し上京下京で私徳政として土倉質物の取戻しが行われた場合、（野洲井は）貸借金の八割の返済により質物を出すとの契約条項である。「付、不レ打二御制札一時事」の意味は第六条から明らかになる。（幕府の）「制札」が打たれ「天下一同の徳政」が明白であれば「其御法旨」に従って債務者に質物を返還すると契約しており、高札そのものが「天下一同の徳政」の証しと認識されているのである。

このような、高札そのものをいわば徳政の象徴とみる認識の存在を前提として、嘉吉元年の「一国平均沙汰」とあるのみの高札の意義を理解しうると思われる。次の史料をみよう。

左大史時繁（小槻）来、（中略）今度徳政事、起レ自二土一揆之嗷訴一、一国平均徳政之由、武家打二制札於七道口々一了、仍土蔵質物取二返之一、借銭出挙文書取二返之一雖レ不二取返一、自二制札九月十二日一以前借書不レ可レ立云々、畢、[20]（下略）

右の史料によれば、高札掲示の後土倉質物や「借銭出挙文書」の取戻しが行われ、また実際に取り戻さずとも、高札の日付（九月十二日）以前の借書は無効となったという。幕府が借書無効の法を制定したとする説もある[21]が、少なくともその痕跡はない。むしろ前述のように高札を徳政の到来を知らせる象徴とみる受容者側が、その日付を区切りとするルールを生み出したとみられる。

右にみた事例には、徳政令の高札そのものを受けとめた当事者たちが独自に徳政のルール（高札の法に従うとするルールも含め）を生み出すという関係があらわれている。しかもそれは幕府の裁判規範たる壁書の場合とは異なり、基本的には幕府への訴訟は想定しないルールである。この関係は、例えば、正長元年（一四二八）の有名な柳生の徳政碑文に記された土一揆の私徳政と、大和守護興福寺の徳政令[22]との内容のギャップ[23]などにも通ずるであろう。その意味では、嘉吉元年令のごとく無内容にみえる幕府徳政令の高札は、幕府の裁判とは別の場で通用する徳政のルールの形成を喚起する役割をも果たしたといえる。

二　二つの「十分の一」

「はじめに」で述べたように、徳政のいわば二重構造を端的に反映するのが、幕府徳政令の壁書と高札とでは異なる「十分の一」の規定である。壁書の法文中の「十分の一」は、幕府に納入するいわゆる「分一銭」であり、高札の「十分の一」は、動産質物返還の際に債務者・債権者相対の関係で受け渡す一部返済額であった。前者は幕府の制度を介した権利保障、後者は当事者間の交渉といえる。本節では、この二つの「十分の一」規定に関わる二つの徳政のあり方についてみることにする。

1　徳政令壁書と「分一徳政」

幕府徳政令の壁書にみえる「分一銭」納入の制度は、現代の学術用語としては「分一徳政」や「分一徳政禁制」と呼ばれる。債権債務の十分の一ないし五分の一の金額（「分一銭」）を幕府に納入して、債務破棄ないし債権保護を保障する文書（主に政所執事加判の奉行人奉書や下知状。本章では「下知」あるいは「幕府の下知」と表記する）を得る制度である[24]。幕府における「分一徳政」の管轄機関は基本的には政所であり、その意味では、「分一徳政」は政所管轄下の訴訟制度「政所沙汰」の一部ともいえる。以下本章では、「分一徳政」と「分一徳政禁制」を、どちらも「分一銭」納入により幕府の権利保障を得る制度とみて、一括して「分一徳政」と呼ぶことにする。

「分一徳政」の制度は、徳政による土倉酒屋役の減少を補う幕府の財政政策としての性格を有することはもちろんであるが、徳政という状況における権利保障者としての室町幕府と社会との一つの関係をあらわす制度ともいえる。その主な法形式が壁書であったことは、この制度のどのような性格と関わるのであろうか。

周知のように、室町幕府の「分一徳政」制度の開始は、享徳三年の徳政令である。本書第一部第一章にみたように、「分一徳政」を伝える享徳三年の徳政令の形式は、壁書と、寺社などに宛てた奉書であった。いずれも、比較的狭い範囲・階層への伝達形式である。この「分一徳政」開始の経緯を示すのが次の史料である。

　早朝向二飯尾下総守（為数）許一、徳政間事尋レ之、負物事、人々企二愁訴一、可レ申二請御奉書一之由、密々有二其聞一、予借物事注二一紙一、預二置後藤蔵人一了、公方近習輩致二一揆訴訟一云々、又自二諸家一有下被二申請一之子細上之由、或仁語也、[25]

右の史料が伝えるのは、同年九月に蜂起した土一揆が終息した後の状況である。「分一銭」はみえないが、徳政につき「御奉書」（個別に債務破棄を認める内容の文書であろう）を申請したいと「愁訴」したのは「公方近習」であり、また「諸家」からも同様の要望が存在したとされる。

この「分一銭」納入という制度を幕府は次のように認識していた。この徳政令を伝達した奉書は、「分一銭」の納入について、

　爰検二近代之例一、或用二五拾分一一、或召二任官切〔功〕物一、被二公平一之条、非レ無二先蹤一乎、[26]

と、「五拾分一」（幕府の地頭御家人役たる五十分の一役[27]）、「任官切〔功〕物」（成功制[28]）の制度を先例として引合いに出し説明・正当化している。明らかにこれらの制度に関わりのある階層に向けた説明であり、またこれらに通底するという「公平」という理念と「分一徳政」を関連づけている点も興味深い。

このように、徳政を要求した階層、法令の伝達形式と記載内容のいずれからみても、享徳三年の「分一徳政」は武家・公家・寺社からなる階層を主な対象として発足したのであり、逆に、土一揆に参加した階層の人々は本来の対象ではなかったといえる。

右のような「分一徳政」の性格は、文明十二年（一四八〇）から十三年の「分一徳政」（本章では「文明十二年の「分一徳政」」と表記する）において下知を申請した人々の階層にも反映されている。この年の「分一徳政」は、後述する

ように「徳政禁制」を基本方針とし、後に債務者からの下知申請も受理する法理であるが、その下知申請に関する幕府政所関係史料[29]から、申請の実態を知ることができる。つとにこの史料を分析した鈴木良一氏は、同年の「分一徳政」について、債権確認・債務破棄を合わせた申請者の階層を分析し[30]、「社寺・僧侶・神官・武士・公家等要するに支配者身分が圧倒的に多数」と指摘した。一方、農民については、「債権者としては一人も見え」ず、また、債務者としても、「債務破棄の申請者としては一人も見えず、債権確認の訴訟の被告としてのみ農民の姿が見出される」[31]と指摘する。鈴木氏も注意喚起した通り、下知申請者の厳密な階層分類は困難であるが、農民・商工業者の階層の申請が極めて少ないという点で、下知申請の階層に大きな偏りのあることは事実である。この点に関して桑山浩然氏は、「法の発布から非常に隔って出された申請」の多さについて、「土一揆などとはまったく無関係」で、「おそらくは返済について債権者・債務者間に妥協が成立しなかった場合」の申請と推定し[32]、紛争解決の手段という法的問題の考慮の必要が示唆されている。

　さて、文明十二年の「分一徳政」の法令は、厳密にいえば、百瀬今朝雄氏が明らかにされた通り[33]、徳政令というより「徳政禁制」である。次に掲げるその改正令、

　　条々　文明十三 七 十

一　諸借銭事

徳政禁制之上者、為二銭主一以二五分一一致二進納一、任二借書之旨一、可レ令二催促一之由、去年十二月二日被レ差二日限一、被レ定二置御法一之処、構二自由一、不レ申二給奉書一之間、其科不レ軽、雖レ然以二寛宥之儀一、重而被二仰出一之上者、来廿七日以前、可レ致二其沙汰一、若尚有二遅怠之輩一者、可レ被レ付二借主一、云二銭主一云二借主一、令二与同一不レ帯二御下知一者、可レ被レ処二罪科一焉、

（四箇条中略）

右、於二此外物別徳政之儀一者、禁遏之条、具不レ及レ被二書載一之、尚有二違犯之族一者、可レ被レ加二厳科一矣、[34]

によれば、期限を定め「分一銭」（このときは五分の一）の納入により、当初は債権保護の申請のみを受理するものであった。その期限は、右の十三年七月令では七月二十七日とされ、それ以後は債務破棄の申請も受理すると定められている。なお、享徳三年令は逆に後から、債権者からの分一銭納入による下知申請も受理する法改正を行っている。法制度の面からみれば、幕府下知申請階層の偏りは、「徳政禁制」から始まったという事情に加え、この両法令の伝達のあり方にも起因したと思われる。右の十三年七月令は、本書第一部第一章にみた通り壁書である。[35] また同令に述べる「去年十二月二日」の「御法」すなわち文明十二年十二月令の伝達のあり方を示すのが次の史料である。

自二清和泉《（貞秀）》方一申云、就二今度徳政一、借銭之内銭主方ヨリ五分一進之、御奉書申出、可レ致二催促一云々、[36]

右の史料によれば、東寺は担当奉行の清貞秀[37]よりこの法令の情報を入手したという。[38] つまり、十二月令も翌年七月令とほぼ同じ伝達範囲であったとみてよい。両令とも、農民・商工業者といった階層に対する伝達形式の法令ではなかったのである。[39] もちろんそうした階層を全く排除する意図があったとも考え難いが、奉書の申請が「支配者」階層に大きく偏ったのは、右のような幕府の姿勢からみれば当然の結果といえよう。

このように、享徳三年、文明十二年の「分一徳政」からみれば、「分一徳政」は限られた階層の要望に応え、直接には限られた階層にのみ伝達し、それゆえに下知を申請する階層に大きな偏りがあったといえる。「分一徳政」の門戸は、本来決して大きくは開かれていなかったのである。

2　高札の「十分の一」規定の由来とその目的

次に、十六世紀の幕府徳政令高札にあらわれる「十分の一」規定の由来と意図を検討する。本書第一部第一章にみたように、当該期の幕府徳政令高札の法文は、①動産質物の相対の関係での取戻しのルール、②それ以外の「借銭以下」については、「相互注進」により幕府下知の申請の義務づけ規定、という構成である。むろん中心は①であり、a質流の期限、b債務額の「十分の一」の返済、c（穏便に）女性が昼間に取り戻すこと、の三つからなっていた。このうちaは、長禄三年の幕府法「定置洛中洛外諸土倉質物利平事」[40]の定める三つの質物の範疇の質流期限をそのまま踏襲したものである。

では問題のbの「十分の一」の規定は何に由来するのか。現存の幕府法には、この規定の直接の法源とおぼしき法はみられない。一方、土一揆などの行ういわゆる私徳政において、「十分の一」など債務の一部返済による質物取戻しのみられることは、すでに脇田晴子氏[41]・柘植千恵美氏[42]が指摘されている。脇田氏は、統制のとれた土一揆の行動の解明という視点から、私徳政が「必ずしも元利金全額に及ぼされるものではなく、十分の一、五分の一、二分の一、元金のみなど、少分の金の返済によって、質のひきとりが行なわれる」[43]と指摘し、柘植氏は、少分返済による私徳政を「分一私徳政」と呼び、「分一徳政の起源は分一私徳政にあること」を指摘するとともに、「徳政の基本的な形態は、全額破棄の徳政ではなく、分一銭を支払う分一徳政であったのではないか」[44]と推定している。

脇田氏・柘植氏の指摘をふまえれば、幕府徳政令の「十分の一」規定は、私徳政の動産質物取戻しのルールを念頭に置き、これを取り入れた可能性が高いと思われる。その目的と意義は何であろうか。かかる私徳政のルールについて、両氏も注目された次の史料をみてみる。

A

一　辰初点、山城馬借等於二卅三間辺一作レ時〔関〕了、為二入京一歟、然申下刻聞云、多分出二質物一之由申云々、田舎者ハタ、取、竹田・九条京中者ハ十分一出取之由申云々、希代事也[45]、

B

今日洛中上下騒動、近日辺土土一揆徳政張行、東寺其外所々集会、今日京中土倉乱入質物押取、公方無二御許容一

可㆓追却㆒由雖㆑被㆑仰㆓于諸大名㆒、不㆑及㆑防、京中上下同心、各土倉質物十分走〔壱〕出㆓用脚㆒、各取㆑之、追㆑日増㆑之、
五分一、三分一、或半分出㆓用途㆒質取出云々、（下略）(46)

C

一　松林院僧正（兼雅）来、京都徳政事、初ハ本利一向不㆑及㆓其沙汰㆒、無理取也、其後ハ本銭計ニテ返弁、何も五个年・
三个年流賃〔質〕物共取㆓返之㆒云々、無㆓法量㆒者也云々、（下略）(47)

史料Aは長禄元年の、史料B・Cは文明十二年の、土一揆の私徳政の実態を伝える史料である。まず注目されるのは、少分返済の有無あるいはその率が地域により異なる点である。史料Aによれば、「田舎者」は「タ、取」り、「竹田・九条京中者」は「十分一」で取り戻したという。私徳政における一部返済による質物取戻しのルールは、京都およびその近郊以外の地域でもみられるが、その一部返済の率は、例えば、嘉吉元年の近江奥島・北津田両荘では「十一分の一」(48)、文安四年（一四四七）の大和の「三分の一」(49)などと、やはり地域により異なる。

さらに、返済率は同じ地域の中でも流動的であった。史料Bによれば、「京中上下同心」の結果、「十分一」の返済により質物が取り戻されたが、その後、五分一→三分一→半分と返済率が上昇したという。史料Cは、最初は本銭・利息とも破棄して取り戻したのを、後には本銭の返済となったと述べる。時間の経過とともに土倉（債権者）に有利な条件に変化するのは、土一揆が次第に縮小し、土倉と土一揆の力関係の変化によるのであろうか。だとすれば、私徳政における部分返済の率は、当事者の力関係にも左右されていたことになる。

右のように、質物取戻しの際の債権者への部分返済の率は、多様かつ流動的ないし不安定でもあったといえる。このような状況にこそ、幕府が「十分の一」という一律の返済率を定める目的と意義があったと思われる。現在知られる限りでは、文正元年（一四六六）九月、幕府徳政令としては最初の部分返済による質物取戻し令が出されたが、その際には、「京都徳政事、（中略）三条以下事ハ以㆓本銭五分一㆒可㆑請㆓質物㆒之旨、自㆓侍所㆒相触之云々(50)」と、「五分

一」の返済での取戻しを侍所が「相触」れたという。その後、十六世紀の幕府徳政令高ではこの率は「十分の一」に固定される。おそらく、この返済率の固定による質物取戻しの際の混乱防止や秩序化に、幕府徳政令高札の一つの目的があったと思われる。この目的は、「(穏便に)女をもって白昼に取る」ことを命じた徳政令高札c規定にも通底するものと理解される。

以上本節にみたことをまとめると、以下の通りである。

一　幕府徳政令壁書に対応する「分一徳政」は、幕府自身の認識では五十分の一役や成功制度に通じ、しかも限られた階層を対象とした制度であった。例えば文明十二年の「分一徳政」における幕府下知の申請階層の大きな偏りも、この制度の意図をそのまま反映した現象とみられる。

二　徳政令高札の「十分の一」規定は、私徳政や在地徳政における債務の一部返済による質物取戻し慣習を取り込み、その返済率を固定・安定化することによる、当事者相対での徳政の混乱防止を目的としたとみられる。

では右のような、二つの徳政令の「かたち」の「十分の一」規定に対応する二つの徳政のあり方は、いわば別の世界のものであり続けたのだろうか。私徳政における「十分の一」のルールが幕府徳政令に取り込まれたのとは逆に、「分一徳政」制度が、法や制度として私徳政や在地徳政、あるいは当事者間の徳政の世界に浸透する現象はみられないのだろうか。以下、節を改めてこの問題を十六世紀の「分一徳政」のあり方からさぐることにしたい。

三　十六世紀の「分一徳政」における下知申請

1　下知申請の階層と係争物

十六世紀の幕府「分一徳政」における幕府下知の申請については、特に天文十五年（一五四六）の「分一徳政」について先学の研究がある。桑山浩然氏はこの年の徳政令を、私徳政の行われる以前に発布されたものと位置づけ、土倉の債権保護の申請の多さと、下層民を一方の当事者とする小口貸借についての申請の多さとを指摘した(51)。また、脇田晴子氏は、京都近郊の農民の集団での債務破棄申請と、洛中の都市商工業者の個人での債権確認申請とを対比し、そこから都市と農村との差異を指摘している(52)。いずれも、若干の留保を付しながらも、文明十二年の「分一徳政」と比べ、農民や都市商工業者の幕府下知申請の増加が指摘されたといえる。

本節ではまず、これらの先学の指摘をふまえ、十六世紀の永正元年（一五〇四）、大永六年（一五二六）、天文十五年の「分一徳政」について、幕府政所関係の史料により、前述のように元来「分一徳政」の主対象ではない階層・係争物に関する幕府下知の申請をみることにする(53)。

ただ、申請者の属する階層の厳密な確定は困難であるから、一つの指標として、脇田氏も注目された、「地下人」「百姓」、すなわち京都およびその近郊住民（集団）と、「〜屋」や「商人」・「町人」、あるいは明らかに商工業者の職名を有する者など、都市商工業者の可能性の高い下知申請者に注目する。かかる申請者の一覧は、表1・表2の通りである。

まず「地下人」「百姓」などについては、永正元年、大永六年にも数は少ないながら京都近郊の住民（集団）の申請がみられる。少なくとも、皆無であった文明十二年の「分一徳政」とは様相が異なる。次に商工業者・都市民についても、永正元年には検出できないが、大永六年、天文十五年ともに、少なくとも文明十二年（前述の鈴木氏の分析によれば二件のみ）より申請件数は増えている(54)。すなわち、これらの人々の申請は、天文十五年に急増するわけではなく、十六世紀に入り漸増する傾向にあるといえる。

さらにもう一つ、本来「分一徳政」から「遠い」はずの下知申請をみてみる。前述の通り十六世紀の幕府徳政令高札では、動産質物の取戻しは当事者間の相対の関係で行うと定め、基本的には「分一徳政」の対象外であった。また、

表1　16世紀分一徳政の「地下人」等の下知申請

永正元年（「頭人御加判引付一」）

番号	申請者	内容	備考
84	城州静原郷百姓等	債務破棄	預状，86も

大永6年（「賦引付三」）

番号	申請者	内容	備考
2	山城国伏見庄諸侍地下人	買得地安堵	違乱停止の下知申請
114	中道寺地下人等	債務破棄	
115	東七条地下人等	債務破棄	

天文15年

「徳政賦引付」

番号	申請者	内容	備考
2	高野地下人等	債務破棄	
10	丹州細川郷院家之内地下人等	債務破棄	預状，62も
19	修学院地下人等	債務破棄	預状・売券
25	大布施三ヶ村	債務破棄	預状
34	藪里郷地下人等	債務破棄	預状・売券
46	北山地下人	債務破棄	預状・売券，75に債権者異議申立て
53	城州常盤太秦七里地下人等	債務破棄	祠堂銭・預状
64	鹿谷庄幷龍口村地下人借主各	債務破棄	預状・売券
68	禁裏御料所小野庄供御人等	債務破棄	預状
71	西京六保地下人等	債務破棄	預状・売券
72	東山十郷内粟田口・岡崎・聖護院・鹿谷・若王子地下人	債務破棄	動産質，73も（売券・預状）
74	田中村地下人等	債務破棄	預状・売券
81	大原郷戸寺方沙汰人等	債務破棄	売券
82	小野庄地下人内	債務破棄	売券・預状

「賦引付幷徳政方」

番号	申請者	内容	備考
68	太秦七里地下人等	債務破棄	債権者異議申立て

動産質物に関する規定は、直接には「分一徳政」の規定ではない高札の方がはるかに具体的である(55)。だが、大永六年・天文十五年の「分一徳政」では、明らかに動産質物を対象とした下知申請もみられるのである。それらの下知申請をまとめたのが表3である。件数は少ないものの、本来「分一徳政」の対象でない動産質物の申請も出現する事実は看過できない。

右のように十六世紀の「分一徳政」では、件数は少ないながら、本来は対象外であった階層、係争対象案件（動産質物）について下知の申請を検出しうる。そうした階層や

表2　16世紀分一徳政の「町人」等の下知申請

大永6年（「賦引付三」）

番号	申請者	内　容	備　考
12	上下京商人等	替銭・売懸買懸の徳政免除	
24	丹波屋与三左衛門	買得地安堵・債権保護	料足預置
34	針屋三郎五郎	債務破棄	預状
57	堀出薬師の町人新二郎男	債権保護	質流地
77	畳大工三郎左衛門	債権保護	
107	鍛冶弥左衛門同子三郎次郎	債務破棄	預状

天文15年

「銭主賦引付」

番号	申請者	内　容	備　考
2	今町野老屋西女	債権保護	
69	小河瓶子屋後家	買得地安堵	
71	春日町次郎右衛門男	債権保護	預状

「徳政賦引付」

番号	申請者	内　容	備　考
27	うらつしかりかね屋女	債務破棄	55に債権者の異議申立て
59	千本三町々人	債務破棄	
91	風呂屋加々女	債務破棄	質流有無，祠堂銭
99	伊勢屋善左衛門	債務破棄	売券
103	鍛冶屋南女	債務破棄	高利
111	車借等	債務破棄	

係争対象の下知申請の背後には、何らかの理由や事情が存在したはずである。その一端をさぐることにする。

2　「分一徳政」の法と下知発給手続

表1から表3の「備考」欄に記した申請の対象や関係する事情をみると、売券・預状（預かり状）の誘取、質流の有無、祠堂銭に関わるケースが多い。これらについて、幕府徳政令では以下の取扱いがなされている。

まず質流の期限は、前述の通り徳政令高札に規定が掲げられている。その期限を過ぎれば当然、債務者による質物取戻しは認められないはずである。次に祠堂銭は、嘉吉元年の幕府徳政令以来、原則として徳政免除であるが[56]、例外として、運営する寺院の祠堂方帳に記載されない貸付や、二文子より高利息の貸付は徳政による棄破の対象となった[57]。

最も多い売券や預状の「誘取」（「好取」「拵取」

表 3　16 世紀分一徳政の動産質物の下知申請

大永 6 年（「賦引付三」による）

番号	対　象	申請者	区　分	備　考
4	刀一腰	横川掃部助陸直	債務者	預状
32	質物	伊勢右京亮貞充	債務者	祠堂銭
34	質物六色	針屋三郎五郎	債務者	預状
42	刀一腰	井上彦五郎幸久	債権者	期限後沽却の契約
47	小袖五	杉原弥五郎吉次	債務者	売券
48	具足一両	東福寺南明庵雑掌	債権者	祠堂銭
49	糸廿把	土田宗寿	債権者	預り置
53	小袖三	富田与次郎	債務者	
72	質物	九条家雑掌	債務者	売券
82	小袖二・カタヒラ一・刀一腰	大野見彦三郎元則	債権者	
88	折敷十枚・絵一幅	大富与二郎有善	債権者	質流
95	糸十把	名村次郎左衛門尉氏久	債権者	買取分との混同
107	つち	鍛冶弥左衛門同子三郎次郎	債務者	預状
130	小袖	小田加賀守重知	債務者	質物畠地とセット

天文 15 年

「銭主賦引付」

番号	対　象	申請者	区　分	備　考
56	鑵子カ	宗祥首座	債権者	預状，祠堂銭

「徳政賦引付」

番号	対　象	申請者	区　分	備　考
72	質物	東山十郷内粟田口・岡崎・聖護院・鹿谷・若王子地下人	債務者	73 の売券・預状とセット
84	小袖一・ツツラ	柚留木与次郎興春	債務者	売券・預状
91	布・小袖一・のとわ二色	風呂屋加々女	債務者	質流，祠堂銭
99	鑵子	伊勢屋善左衛門	債務者	「家之売券」とセット
102	皮六十八枚	日野法界寺内角坊（被官与三郎・宗兵衛）	債務者	祠堂銭

とも）について、少し詳しくみておく。「誘取」とは、貸借契約締結の際、徳政回避のため、債権者が債務者に強制し借状・質券ではなく売券・預状の契約文書を作成させる行為である(58)。この「誘取」の疑いある契約については、無利子の売券・預状の契約は徳政免除とするが、有利子の場合「誘取」による貸借（借状）と判断し債務破棄の対象とするのが、幕府の政所代蜷川氏や奉行人の見解や故実であった(59)。利息の有無は、「雖レ為二少分一、以二利平一書二加預状一候者(60)」、「ハシタナル銭ヲ書載タル預状ハ、徳政ニ破ルヽ也(61)」など、当該文書に即して精査し判断されたとみられる(62)。

ところが永正元年の幕府徳政令には、

一　借書事

不レ可レ依二文章一、縦雖レ帯二預状・沽券等一、至レ取二利平一者、銭主借主一方、沙二汰拾分壱一、可レ給二御下知一也、

付、米同前、[63]

との規定があり、利息付きの預状・沽券は、分一銭を納入すれば債権者・債務者のいずれにも権利保護の下知を発給すると定めている。法理上、徳政免除の可否は利息の有無によるとする法よりも、分一銭の納入による下知発給の法を上位に位置づけたのである。現存の徳政令の法文では、右と同趣旨の規定はこの永正元年令にしかみえないが、分一銭納入を上位の法とする原則は、おそらく以後の幕府「分一徳政」の基本方針であったとみられる。なお、債務者・債権者双方の下知申請受理の同時開始は、永正元年令が最初である。

以上、幕府徳政令の規定および幕府法曹官僚の見解や故実をみたところ、質流、祠堂銭、売券・預状の「誘取」は、いずれも債権者側は徳政免除の正当な理由を主張しえ、また債務者側にも破棄を主張する余地のある対象といえる。これらの対象に関わる下知申請は、「分一徳政」の下知申請全般に多く、一般的に徳政令の適用をめぐる紛争が生じやすい対象であったといえる。したがってその紛争解決と権利保護の主体として幕府の「分一徳政」が期待されたものと予想される。

そこで次に、これらの対象に関わる、実際の「分一徳政」の下知申請と発給、そしてその後の展開の事例をみてみる。

（ア）

一　松対（松田盛秀）城州常盤・太秦七里地下人等申状　天文十五　十二　二

右、対二鹿王院同玉芳軒一借用米銭、目録別紙在レ之、次対二龍安寺一借米借銭、目録別紙在レ之事、或号二祠堂

銭一、或雖レ遣二預リ状一、請人以下加二利平一証拠無レ紛、所詮、任二徳政御法一十分一進納之条、被レ成二下棄破御下知一者、忝可レ存、若偽申者、被レ任二御法一、可レ預二御成敗一者也、仍言上如レ件、

天文十五年十一月　日　　借主交名目録在レ之、(64)

（イ）

一　対二鹿王院同玉芳軒幷龍安寺一借米借銭目録在二別紙一事、号二祠堂銭一雖レ好二執弌文子借書一、加二高利一之段、取次之族借用之砌出状以下証拠分明之条、任二徳政法一十分一進納之上者、被レ棄二破一候訖、常盤・太秦七里地下人中可二存知一之由、所レ被二仰下一也、仍下知如レ件、

天文十五年十二月二日（奉行人・政所執事の署判略す）(65)

右に掲げたのは、山城常盤・太秦七里地下人等が、鹿王院・玉芳軒と龍安寺からの債務の破棄を申請した（ア）と、それに対する幕府の下知（イ）である。利息付（高利）の祠堂銭・預状としての債務破棄下知申請が承認されたが、提出された証拠は、預状など個別の証文ではなく、破棄申請貸借を一括した「目録」（こうした申請方式はこの年の他の郷村地下人の申請に散見される）と、借用の際の「取次」(66)の状であった。おそらく、個々の預状や祠堂銭貸付に即した精査は行われず、分一銭納入と高利の証拠の提出のみにより、申請を認可し下知を発給したとみられる。

ところがこの常盤・太秦七里地下人等の下知獲得に対し、一債権者の玉芳軒から異議が申し立てられた。玉芳軒は、（イ）の下知の日付から八日後の十二月十日付で、分一銭を納入し幕府に債権保護を申請する。その申請の目録の末尾に、常盤・太秦七里地下人等の分については、先方が債務破棄の下知を得たため今回の申請から除外するが、追って異議申立ての訴訟を提起し糺明を乞う旨を記している。(67)実際、一年半後の同十七年六月、玉芳軒は、常盤・太秦七里地下人等に対し「被レ成二問状奉書一、被レ遂二御糺明(68)一」たき旨の異議申立ての訴訟を提起し、この訴訟は少なくとも同年中まで継続した。(69)

さて右の事例から、分一銭納入による下知発給手続は、相手方に弁明を求め、書面・口頭で双方の「理非」を糺明する審理を省略した訴訟手続きと推定される。実際この他にも、分一銭を納入し獲得した下知に対する、相手方からの異議申立ての訴訟提起（相手方の下知「掠給」を訴える訴訟）の史料は多い[70]。

この点、次のような主張を伴う質物返還の訴訟提起も参考となる。

> 龍安寺祠堂由申候間、然者彼帳を可レ出之由申処、種々申紛、終不レ致二出帯一候、如レ此上者、猶以祠堂二あらさる御事者聞申候間、即御裁許候て可レ被レ下之由申候へ共、猶為レ被レ尽二淵底一、被レ成二問状奉書一、被レ遂二御糺明一速被二仰付一者、忝可レ奉レ存者也[71]、

右の訴訟当事者は、天文十五年の徳政の際、祠堂銭として徳政免除を主張する債権者との直接交渉の後訴訟を提起し、「問状奉書」の発給と「糺明」による審理を求めたが、分一銭納入による下知申請については全く述べていない。ここにいう「問状奉書」とは訴訟の相手方に書面や口頭での反論・弁明を求める文書である。このことは逆に、一般的な分一銭納入による下知発給の手続では、訴陳の問答や対決を経た審理は基本的には省略されることを、間接的に示すと思われる。

右のように、訴訟手続としてみた「分一徳政」による下知発給は、

・当事者双方の主張の「理非」の審理を省略し、申請者による分一銭納入と、おそらくは形式的な証拠提出・確認のみを要件として下知を発給する。

・発給された下知について、相手方に異議申立ての訴訟提起の機会が認められる。

といった手続・制度により行われたとみられる。このような下知発給手続は、室町幕府の訴訟制度上、主に土地所領の裁判における「特別訴訟手続」に類似している。「特別訴訟手続」とは、訴人（原告）の申立てが一定の条件を備えた場合、論人（被告）の弁明機会と書面・口頭の審理手続きを省略し、ひとまず訴人に係争地を引き渡すという、

迅速かつ簡便な訴訟手続きである。[72]

ところで、こうした下知発給手続を前提とすれば、次のような一見奇妙な下知申請も理解可能となる。それは、さきに述べた売券・預状の「誘取」をめぐっての、

或売券、或雖レ誘二取預状一、利平之儀申合之条、任二徳政御法一、拾分一進納之上者、不レ可レ有二改動一之旨、被レ成二下御下知一者、忝可レ奉レ存云々、[73]

のごとき主張を伴う債権者側の徳政免除申請である。これは債権者自身が、利息付きの「誘取」売券や預状である事実を暴露したもので、かかる申請と、それに対する下知発給の事例は多くみられる。[74]前節にみた分一銭納入による下知給付の法理上の優位から、「誘取」の事実は徳政免除申請認可の条件ともなる。また下知発給手続においては、預状・売券の「誘取」か否かという論点（の審理）よりも、分一銭納入の事実が優越するのであるから、これを納入する当事者が自ら「誘取」を暴露しても、何ら不利にはならないはずである。むしろ、法理・訴訟手続の両面から、分一銭納入による下知発給の制度が、徳政免除可否の「理非」を超えるものと位置づけられたことを示すといえる。

以上にみた十六世紀の幕府徳政令の法理と「分一徳政」の下知発給手続とは、論人に反論・弁明を求め審理を行う訴訟よりは敷居の低い制度として、本来対象外であった階層・係争物の下知申請を呼び込む一つの要因たりえたであろう。加えて、次節にみる「分一徳政」のもう一つの手続・制度も、本来主対象ではなかった申請者を呼び込む一つの要因たりえたかもしれない。節を改め検討しよう。

四　「分一徳政」の下知と当事者間交渉

1　「分一徳政」下知の交付をめぐって

「分一徳政」の下知発給手続には、所領に関する訴訟の「特別訴訟手続」とは大きく異なる点がある。「特別訴訟手続」では、各国の守護や使節による「使節遵行」として、係争地（押領地）の引渡し（「沙汰付」）が行われる(75)。すなわち公権力による執行制度があるが、「分一徳政」には幕府による下知の執行が確認できず、逆に執行制度の存在を疑わせる事例が存在する。

天文十五年十一月、北山地下人等は、預状・売券に「好取」られた借銭の有利子は明白として、分一銭納入により債務破棄の下知を申請し(76)、十一月二十七日付で下知が発給された(77)。ところが十日足らずのうちに、債権者の一人栄泉庵徳蔵主は理非糺明を求める異議申立ての訴訟を提起した。その訴状の中で、北山地下人等が「今度とくせいの御法にまかせ、きは《棄破》の御下知をたまハり、当庵へも同そうなミ《惣次》のやうに申かけ(78)」たと述べている。「申かけ」とあることから、債権者に直接債務破棄を申し入れたとみられるが、幕府の下知はこの申し入れと同時に北山地下人等から徳蔵主に示されたのではないか。

この推定を裏づけるいくつかの材料がある。大永六年の「分一徳政」で債務破棄の下知を得た馬場勘解由左衛門尉なる者は、同八年に少なくとも二件の異議申立て訴訟を債権者側から提起されている。それらの訴状には、

然去年・当年数度致二催促一処、兎角難渋仕、剰准二借銭一与申掠、去々年十二月御下知当月十六日相付之(79)、

去々年之徳政号二借銭一棄破之掠二申御下知一、至二当年一相付之事(80)、

とあり、「去々年十二月御下知(81)」を債権者に直接「相付」けた（送付通達）のは、下知の受給者本人（馬場勘解由左衛門

尉）であったとわかる。また、ここでの非難の対象は、下知受給者による送付通達そのものではなく、その大幅な遅延であるから、「分一徳政」の下知は本来、交付後速やかに受給者が相手方に直接通達すべき制度であったと推定される。この他、明らかに債務者側からの下知送付通達を「号二棄破之御下知一、被レ相二付案文一」(82)と述べる事例のみられることからも、「分一徳政」の下知の相手方への通達方式は、原則として受給者が直接「相付」ける、当事者主義的な制度であったとみてよい。

さて、右のような「分一徳政」の下知の通達方式は、この制度の性格、特に下知の機能のあり方を規定すると思われる。前述のように、分一銭納入により発給された下知には、相手方からの異議申立て訴訟提起の余地があり、実際にその事例は多い。その点で、「分一徳政」による下知発給は、徳政における紛争の決着を必ずしも意味しない。問題は下知発給の後の紛争解決の方法と「場」である。もちろんその一つは、右にみた異議申立ての訴訟という解決方法であるが、右の当事者主義的な下知の伝達からは、もう一つの解決方法と「場」の存在が予想される。

前述の北山地下人等は、獲得した下知の通達とあわせ債務破棄を申し入れたとみられるが、その他にも、

粟田口鳥居小路沽却地子銭目録在二別紙一事、（中略）今度寄二事於徳政一、号二借銭一、相二付棄破御下知一、可レ令二譴責一之旨申之条、(83)

と、下知の送付通達とあわせ、担保たる（債権者側は売却と主張）地子銭徴収権の回復を、その実際の徴収行為（「譴責」）の通告として申し入れた事例がみられる。下知の送付通達は、当事者が相手方に要求を申し入れる、当事者間交渉の機会でもあったといえる。逆にいえば、当事者間の直接交渉という紛争解決の場において、一方の当事者が送付通達する幕府下知がいかなる役割や機能を果たすかが問題となると思われる。もっとも、当事者の幕府下知獲得前後を問わず(84)、当事者間の直接交渉により和解が成立した場合、異議申立て訴訟は提起されない。そのため訴訟関係史料からの検討には限界があるが、以下いくつかの断片的材料から、当事者間の直接交渉における幕府下知の機能や効

力についてみてみる。

天文十五年の「分一徳政」の際、三上小三郎秀宣なる者は、質券地と称する田地作職の返還につき、分一銭を納入し幕府の下知を得たが(85)、これに対し債権者の南禅寺正因庵景栴は異議申立て訴訟を提起した。その訴状によれば、

致二買得一無レ紛之処ニ、今度息小三郎号二質券一掠二給棄破之御下知一、刈二取作毛一之段、曲事次第也(86)、

と、債務者三上は、「棄破之御下知」の獲得とともに、係争地の作毛刈取という自力救済行為に及んだという。もっとも債務者の主張では、作毛を「去年理不尽ニ列（刈）取(87)」ったのは債権者景栴というから、その対抗措置かもしれない。徳政の際には、例えば「徳政の御法とかう（号）」して「すてに畠をすき（鋤）申」すといった、権利主張・実現の行動を起こす当事者もみられる(88)。おそらく当事者には、幕府の下知が自力救済行為をより正当化する根拠と認識されたと思われ、また、幕府の下知を得た当事者がさらに、自力救済行為とセットでの交渉・相論を展開する点も興味深い。

さらに次に掲げる史料は当事者間交渉における幕府下知の実効力を示唆する。

一　諏神左（諏方晴長）鞍馬福仙申状　天文十七　十一　廿一

右子細者、西陣佐久良被官弥太郎与申者ニ、（中略）十貫文余相残畢、然我等子共致二出京一候を喚寄、弥大郎申事ニハ、今度徳政以後御下知お申給之間、借銭悉可二責取一候へ共、当座ニハ不レ可二相調一之条、先々一行を仕候へと申之間、一向東西不レ弁之者共、御下知と申ニ付候て致二迷惑一、去年十一月ニ時之難儀をのかるへき為ニ預状を調遣之段、無レ紛候、結句御下知をも不二給置一之由承及候、（下略）(89)

右の史料では、債権者（西陣佐久良被官弥太郎）は、債務者（鞍馬福仙）の子息等に対し、下知を得たと詐称し、当座の措置として「一行」（預状）の作成を要求した。下知を得たと聞いた子息らは困惑し要求に応じてしまったという。この一件は、現実の当事者間交渉における幕府下知のもつ一定の効果（下知獲得の事実が少なくとも相手方への威圧・脅

威となること）を示唆する事例である。また、「致二買得一、数年当知行無二相違一之処、今度就二徳政一、号二借米一掠二給御下知一之由風聞候」(90)との、相手方が下知を得たとの「風聞」のみによる異議申立て訴訟提起の存在も、同様の幕府下知の実効力を示すものと理解される。

右のような当事者間交渉における機能や効力は、「分一徳政」の幕府下知が、交渉を有利に進めうる有力な武器たりえたことを示す。またそれゆえに、「分一徳政」の制度が受容され徐々に社会に浸透していったと推定される。幕府が「十分一」の私徳政の法を徳政令の中に取り込んだ反面、「十分一」の分一銭納入による下知発給という幕府の制度も、当事者相対の関係での紛争解決の場に徐々に受容されていったといえよう。

2 「穏便の儀」

さて、右にみた当事者間交渉における「分一徳政」の受容は、当然ながら受容する側の認識や態度に支えられたと予想される。そのすべてを明らかにはできないが、最後に、幕府下知の獲得に対する当事者の認識の一端をみてみたい。

一　松丹（松田秀俊）衛門三郎申状　在所西岡寺戸　大永七　二　八　河四右（河村元茂カ）

右当所新次郎ニ対し、度々塩之駄賃相つもて拾三貫六百文分ニ、彼新次郎塩のたち場嵯峨・高田・生田・池裏・畑・高雄・栂尾、以上此在々所々を我等ニ沽却仕候、しかるニ今度徳政ニつきて新二郎及二違乱一候、曽以雖下無二其謂一候上、所詮、以二隠（穏）便之儀一御法之分一進納仕上者、任二当知行之旨一、不レ可レ有二相違一之由、被レ成二下御下知一者、可レ奉二忝存一者也云々(91)、

右に掲げたのは、大永六年の「分一徳政」の際の下知申請である。買得した「塩のたち場」(92)への売主（新次郎）の

「違乱」に対し、申請者（衛門三郎）は、これを全く謂れなきものと断じた上で、「穏便之儀」をもって分一銭を納入し「当知行」保障の下知を申請すると述べている(93)。分一銭納入による下知申請を「穏便の儀」と認識するのである。
同じ年の「分一徳政」では他にも、分一銭納入による下知申請を「穏便の儀」と認識する申請者がみられる。

一　東福寺南明庵雑掌申状（松丹）　　（大永六）同　十二　廿三　悦阿
右子細者、去年八月五日、源五郎男具足一両十五貫文ノ質物ニ置之間、当庵之以二祠堂銭一給置訖、但代物者、中西与四郎定広於レ宅、相二渡之一遣者也、而今度及二徳政之沙汰一之間、雖レ為二祠堂一、以二隠（穏）便儀一分一進納之上者、不レ可レ有二相違一之旨、被レ成二下御下知一者、忝可二畏存一者也、仍言上如レ件(94)。

右に掲げた東福寺南明庵の債権保護申請では、実質的な債権者は中西定広とおぼしいが(95)、動産質（具足一両）を担保とした債権につき、「雖レ為二祠堂一、以二隠（穏）便儀一」て分一銭を納入し下知を申請すると述べている。一般にかかる祠堂銭の徳政免除申請では、分一銭納入は不要で、しかも個別の債権ではなく、当該寺院の祠堂銭の一括免除を求めることが多い。それらには、例えば「為二先師一結二大帳一置之上者、不レ可レ准二徳政一之段勿論也、雖レ然猶以為二後証(96)一」のように、徳政免除は当然ながらなお「後証」のためと、通常よりも安全確実な権利保障を得ようとする意識がうかがえる。右の南明庵の申請にも当然こうした意識がはたらいたと思われる。

加えて、本件は個別の、しかも幕府徳政令では債務額の十分の一の返済による取戻しを認めた動産質物の事案であり、予想される債務者からの「正当な」返還要求ないしその行動への対抗という事情が絡んだはずである。さきの衛門三郎の申請も、買得の「当知行」の正当性の主張とみられるが、相手方がすでに起こした「違乱」とは、「たち場」という係争対象の性格から、商品押収などの行為を伴った可能性が高い(97)。また、残る二件の「穏便の儀」による申請は、いずれも預状の事案で、債権者たる申請者側は正当性を主張しうるが、すでに債務者が弁済を拒否し(98)、動産質物の担保も含まれる(99)といった、債務者側の抵抗の予想されるケースである。

つまり、右にみた「穏便の儀」の主張を含む下知申請はいずれも、申請者側の正当性の主張と相手方の主張・行動が拮抗し、双方の「理非」を争う訴訟のみならず、実力行使を伴う紛争が発生したか、あるいはその可能性を含むケースといえる。右にみた、より安全確実な権利保障を求める意識のもと、現実に予想される相手方との正面からの争いを避け、有利な条件で相手方と交渉を進めうる手段としての「分一徳政」の下知への期待が、「穏便の儀」という言葉で表現されたのではなかろうか。そしてさきにみたように、法理・下知発給手続の両面で、「分一徳政」は、簡便かつ迅速な暫定的権利保障制度としての条件を備えてはいたのである。

なお、「穏便の儀」という言葉のみられるのは債権者側の下知申請のみであるが、右にみた申請事情や関係性は、少なくとも潜在的には、「分一徳政」の下知申請全般にある程度あてはまると思われる。また前述のように、直接交渉においては、幕府下知は債務者・債権者いずれの側の交渉の武器ともなることから、「分一徳政」を「穏便」な紛争解決方法とみる意識は、債権者側にのみ存在するとはいえないであろう。第二節に述べたように、幕府は徳政令高札において、「穏便」な質物取戻しを命じたが、「分一徳政」による下知を求める側も、ひとまず「穏便」な解決に至るための手段の一つとして、この制度に期待したといえる。

このように、債務破棄と債権保護、いずれを求める側も正当性を主張し、混乱をきわめる当該期の徳政状況において、ひとまずの暫定的な安定と秩序を求める社会の意識が、「分一徳政」制度とそれを主宰する公権力に一つの存在意義を与えたといえる。ただ、暫定的秩序を永続的秩序へと変えることも、公権力に対する社会からの要請であったはずである。室町幕府という公権力がこの要請にいかに応ええたかは、また別の問題といえるかもしれない。

おわりに

以上本章に試みた、室町幕府徳政令の壁書と高札という法令の「かたち」に対応した二つの徳政のあり方とその変化の具体化の結果は、以下のようにまとめうる。

一　室町幕府徳政令の壁書の規定が幕府訴訟の「大法」として受容する認識の存在する一方、法の受容や定着とは別の次元で、高札が徳政を象徴する表象として認識・受容され、私徳政や在地徳政など幕府徳政とは別の徳政のルール形成を喚起した。

二　壁書の「十分の一」規定に対応する「分一徳政」制度は、元来限られた階層を対象として開始され、十五世紀には幕府の下知を申請する階層に大きな偏りがみられた。一方、高札の「十分の一」規定は、私徳政や在地徳政の質物取戻し慣行を取り入れ一律の基準として示すことにより、私徳政実行の安定化を意図するものであった。

三　十六世紀の「分一徳政」では、本来主対象でない階層からの、または係争物についての下知申請がわずかとはいえ増えている。その法理と下知発給手続が、理非の争いを一旦保留する性格をもつことと、当事者間の交渉での「分一徳政」の下知の有効性とから、暫定的な安定と秩序をもたらす「穏便」な制度と認識されて「分一徳政」が社会に受容されたと推定される。

このように、徳政の状況において、社会の慣習が公権力の法に吸収され、逆に公権力の法や制度が社会の中に受容され浸透する現象は、公権力の法・制度と社会の慣習との間のゆるやかな相互浸透といえるであろう。このような公権力と社会との間の関係と現象は、おそらくこの時代に各地で広く成立・進行していたと予想される。ここでは一つの見通しとして指摘・提起するにとどめ、今後の検証を期すこととしたい。

（1）『康富記』享徳三年十二月十八日条。
（2）この法令は室町幕府法追加法一九六（佐藤進一・池内義資編『中世法制史料集　第二巻　室町幕府法』岩波書店、一九五七年）、永享元年十二月七日の「押㆓領不知行地㆒後経㆓訴訟㆒事」である。
（3）『建内記』嘉吉三年七月廿日条。
（4）（嘉吉三年カ）十一月日若狭太良荘百姓等申状（「東寺百合文書」ツ函二七七号）。この「田舎の大法」については、網野善彦『中世荘園の様相』（塙書房、一九六六年、のち『網野善彦著作集　第一巻　中世荘園の様相』〈岩波書店、二〇〇八年〉所収）、勝俣鎮夫『一揆』（岩波新書、一九八二年）などを参照。
（5）中田薫「法制史漫筆一　大法」（『法制史論集　第三巻下　債権法及雑著』岩波書店、一九四三年）。
（6）『中世法制史料集　第二巻』追加法二一二。
（7）『建内記』嘉吉元年九月十四日条。
（8）『建内記』嘉吉元年九月十九日条。
（9）長禄二年七月廿八日室町幕府奉行人連署奉書（「東寺百合文書」京函一〇六号、『中世法制史料集　第二巻』参考資料一七九）。
（10）『大乗院寺社雑事記』文明十七年九月五日条。
（11）嘉吉元年八月日奥島・北津田両荘徳政定文（滋賀大学経済学部附属史料館編纂『大嶋神社奥津嶋神社文書』〈滋賀大学経済学部附属史料館、一九八六年〉二一八号）。
（12）石井進「徳政の鐘」（阿部謹也・網野善彦・石井進・樺山紘一『中世の風景（下）』中公新書、一九八一年）。
（13）神田千里「鐘と中世の人びと」（『戦国時代の自力と秩序』吉川弘文館、二〇一三年、初出は一九八〇年）。
（14）「厳助往年記」大永六年十二月朔日条。
（15）『中世法制史料集　第二巻』追加法補遺二一―二五。
（16）『中世法制史料集　第二巻』追加法二三七。
（17）享徳三年神無月三日坂公文某請文（「東寺百合文書」エ函八五号）。
（18）馬田綾子「中世京都における寺院と民衆」（『日本史研究』二三五号、一九八二年）を参照。
（19）明応五年正月十四日野洲井宣助契状（京都市歴史資料館架蔵写真帳「梅辻家文書」）。同契状は、下坂守「上賀茂社家（岩佐家・梅辻家）文書について――特に、分一徳政令と土倉野洲井」（『日本史研究』一〇九号、一九七〇年）、須磨千頴「土

倉による荘園年貢収納の請負について――賀茂別雷神社の所領能登国土田庄の年貢収納に関する土倉野洲井の活動」（『荘園の在地構造と経営』吉川弘文館、二〇〇五年、初出は一九七一年）に翻刻紹介されている。
(20)『建内記』嘉吉元年閏九月三日条。
(21)今谷明『土民嗷々――一四四一年の社会史』（新人物往来社、一九八八年）一九〇―一九一頁。
(22)正長元年十一月日興福寺衆徒徳政禁制（「薬師院文書」、佐藤進一・百瀬今朝雄・笠松宏至編『中世法制史料集　第六巻公家法・公家家法・寺社法』〈岩波書店、二〇〇五年〉の寺社法一三〇）。
(23)勝俣鎮夫「柳生の徳政碑文――「以前」か「以後」か」（『中世社会の基層をさぐる』山川出版社、二〇一一年、初出は一九八四年）を参照。
(24)「分一徳政」については、桑山浩然「徳政令と室町幕府財政」（『室町幕府の政治と経済』吉川弘文館、二〇〇六年、初出は一九六二年）、早島大祐「足利義政親政期の財政再建」（『首都の経済と室町幕府』吉川弘文館、二〇〇六年）などを参照。
(25)『康富記』享徳三年九月卅日条。
(26)『中世法制史料集　第二巻』追加法二三九。
(27)五十分の一役については、山家浩樹「室町幕府初期の財政基盤」（『室町幕府の成立基盤』吉川弘文館、二〇二四年）を参照。
(28)室町幕府の任官制度については、金子拓『中世武家政権と政治秩序』（吉川弘文館、一九九八年）を参照。
(29)『大日本史料　第八編之十二』文明十二年九月十一日条所収。
(30)鈴木良一「文明十二年の徳政について」（『日本中世の農民問題』（改訂版）校倉書房、一九七一年、初版は高桐書店、一九四八年）一二四頁。
(31)以上は前掲注(30)鈴木氏論文一二四―一二六頁。
(32)前掲注(24)桑山氏論文一九一―一九二頁。
(33)百瀬今朝雄「文明十二年徳政禁制に関する一考察」（『史学雑誌』六六編四号、一九五七年）。
(34)『中世法制史料集　第二巻』追加法二八三―二八七。
(35)本書第一部第一章八頁。
(36)「廿一口方評定引付」文明十二年十二月十八日条（「東寺百合文書」ち函二三号、『大日本古文書　東寺文書之四』四七八頁）。
(37)清貞秀がこの当時東寺奉行であったことは、青山由樹「室町幕府「別奉行」についての基礎的考察」（日本古文書学会編

(38)　『日本古文書学論集8　中世Ⅳ』〈吉川弘文館、一九八七年〉所収、初出は一九七九年）一六九―一七〇頁を参照。

(39)　『東寺執行日記』文明十二年十二月十八日条にも、「松田備前《(マヽ)》守方へ得《〔徳〕》政銭主五分一へ《(マヽ)》可レ被レ出定ト申候」と、奉行人による法の情報伝達を示す記事がある。

(40)　文明十二年九月から十月に土一揆が蜂起したが、十二月令の出された十二月二日には終息していた。中村吉治『土一揆研究』（校倉書房、一九七四年）三五五―三六一頁。また、前掲注(33)百瀬氏論文一〇―一二頁参照。

(41)　『中世法制史料集　第二巻』追加法二六二―二六四。

(42)　脇田晴子「土一揆の組織性と私徳政――続・都市と農村の対立」（日本古文書学会編『日本古文書学論集9　中世Ⅴ』〈吉川弘文館、一九八七年〉所収、初出は一九八三年）。

(43)　柘植千恵美「「徳政」の再検討――分一私徳政の系譜と実態」（『年報中世史研究』一三号、一九八八年）。

(44)　前掲注(41)脇田氏論文三六八頁。

(45)　前掲注(42)柘植氏論文一〇四―一〇五頁。

(46)　『経覚私要鈔』長禄元年十一月朔日条。

(47)　『長興宿禰記』文明十二年九月十六日条。この記事の「走」の字を「壱」の誤写とみるべきことは、脇田氏前掲注(41)論文三七〇頁の指摘に従う。

(48)　『大乗院寺社雑事記』文明十二年九月廿六日条。

(49)　嘉吉元年八月日奥島・北津田両荘徳政定文（前掲注(11)）。

(50)　『経覚私要鈔』文安四年七月十三日条、『建内記』文安四年七月十八日条。「三分の一」の性格については、今谷明「文安土一揆の背景――第二次徳政一揆論争によせて」（『室町幕府解体過程の研究』岩波書店、一九八五年）は異なる理解を示している。

(51)　『大乗院寺社雑事記』文正元年九月十三日条（『中世法制史料集　第二巻』参考資料一九六）。

(52)　前掲注(24)桑山氏論文参照。

(53)　脇田晴子「徳政一揆の背景――天文十五年を中心として」（『日本中世都市論』東京大学出版会、一九八一年、初出は一九七〇年）。

(54)　永正元年の下知申請は「頭人御加判引付二」、大永六年の下知申請は「賦引付三」、天文十五年の下知申請は「銭主賦引付」、「徳政賦引付」、「賦引付并徳政方」、「賦政所方」等による。いずれも、桑山浩然校訂『室町幕府引付史料集成　下巻』（近藤出版社、一九八六年）所収。

(54) 前掲注(30)鈴木氏論文一二四頁。
(55) 例外として、永正十七年三月八日付の三九箇条からなる「徳政法条々」(『中世法制史料集　第二巻』追加法四一〇―四四八)は、動産質の質流の期限に関する詳細な規定を含むが、おそらく壁書の形式と推定される。
(56) 『中世法制史料集　第二巻』追加法二二三など。
(57) 『中世法制史料集　第二巻』追加法二二三、参考資料二四二・二六七・二六八など。なお、室町幕府徳政令における祠堂銭の徳政免除については、中島圭一「中世京都における祠堂銭金融の展開」(『史学雑誌』一〇二編一二号、一九九三年)を参照。
(58) 中田薫「法制史漫筆十八　利銭出挙非人間道」(前掲注(5)中田氏著書所収)、寶月圭吾「預状についての一考察」、同「醍醐寺行樹院澄恵売券とその背景——「誘取売券」を中心として」(ともに同『中世日本の売券と徳政』〈吉川弘文館、一九九九年〉所収、初出は一九六八年、一九八一年)、久保健一郎「戦国時代の貸借紛争と幕府」(『戦国時代戦争経済論』校倉書房、二〇一五年)などを参照。
(59) 『中世法制史料集　第二巻』参考資料二一四・二四三・二四四など。前掲注(58)の諸論文も参照。
(60) 『中世法制史料集　第二巻』参考資料二一四。
(61) 『中世法制史料集　第二巻』参考資料二四三。
(62) 徳政令ではないが、明応六年六月七日の幕府法「銭主誘㆓取借状於沽券㆒事」(『中世法制史料集　第二巻』追加法三一四)は、明白な借状は棄破とするものの、その判定基準は定めていない。
(63) 『中世法制史料集　第二巻』追加法三三〇。
(64) 「徳政賦引付」五三。
(65) 「徳政御下知頭人加判引付」(前掲注(53)『室町幕府引付史料集成　下巻』所収)三八。
(66) 祠堂銭の「取次」については前掲注(57)中島氏論文を参照。
(67) 「銭主賦引付」三七。
(68) 「賦引付并徳政方」五五。
(69) 「別本賦引付二」(桑山浩然校訂『室町幕府引付史料集成　上巻』〈近藤出版社、一九八〇年〉所収)五四、「賦引付并徳政方」六八、「賦政所方」一八。
(70) 「賦引付三」一一八・一二四・一二九・一三七―一四一・一四三・一四七、「銭主賦引付」一一・一四・一七・一八・二六・二八・四二・四六・五〇・五七・五八・六七・六八・七五・七六、「徳政賦引付」五五・七五・七六・八六、「賦政所方」

二・三、「賦引付幷徳政方」八・一二・一七―一九・二九・三三・三八・四〇・四三・四六・五二・五五・五九、「別本賦引付二」三〇・三一・四八・六六など。
(71)「徳政賦引付」九一。
(72)「特別訴訟手続」については、石井良助『新版　中世武家不動産訴訟法の研究』（高志書院、二〇一八年、初版は一九三八年）、松園潤一朗「室町幕府の知行保護法制――押領停止命令を中心に」（『一橋法学』一二巻三号、二〇一三年）などを参照。また戦国時代の室町幕府政所沙汰および政所沙汰における「特別訴訟手続」については、山田康弘「戦国期の政所沙汰」（『戦国期室町幕府と将軍』吉川弘文館、二〇〇〇年）を参照。
(73)「銭主賦引付」一九。
(74)この点は、前掲注(58)久保氏論文が指摘している。
(75)前掲注(72)石井良助氏著書などを参照。
(76)「徳政賦引付」四六。
(77)「徳政御下知頭人加判引付」四〇。
(78)「徳政賦引付」七五。
(79)「賦引付三」一二九。
(80)「賦引付三」一四三。
(81)この下知が「頭人御加判引付二」（前掲注(53)『室町幕府引付史料集成　下巻』所収）六二である。
(82)「賦引付幷徳政方」四六。
(83)「銭主賦引付」一八。
(84)下知獲得前の当事者間の直接交渉の事例が、前掲注(24)桑山氏論文も指摘する「賦政所方」三〇の債務者北白川源兵衛男と債権者与四郎との交渉である。
(85)この申請が「別本賦引付二」六一である。
(86)「別本賦引付二」六六。
(87)「別本賦引付二」六一。
(88)「賦引付三」五七。
(89)「賦政所方」八。関係史料として、「賦政所方」一七、および天文十七年十二月十五日幕府政所執事伊勢貞孝加判奉書案（『大日本古文書　蜷川家文書之三』六一〇号）がある。

(90)「銭主賦引付」六八。
(91)「賦引付三」一二〇。
(92) 商人の慣習的な営業テリトリーとしての「たち場」(「立庭」) については桜井英治「中世商業における慣習と秩序」(『日本中世の経済構造』岩波書店、一九九六年) を参照。
(93) この申請に対し発給された下知が「頭人御加判引付二」一〇〇である。
(94)「賦引付三」四八。なおこの申請に対する下知が「頭人御加判引付二」七〇である。
(95) この申請にみえる祠堂銭金融の性格、中西定広が酒屋であること等については、前掲注(57)中島氏論文を参照。
(96)「賦引付三」二七。
(97)「立庭」相論における商品押収などの自力救済行為については、前掲注(92)桜井氏論文を参照。
(98)「賦引付三」一八。これに対する「頭人御加判引付二」五九の下知には「寄二事於徳政一難渋」とある。
(99)「賦引付三」四九。

〔付記〕

本章の成り立ちはやや複雑であるため、万一の混乱を防ぐために付言しておく。本章の土台は①一九九三年の東京大学人文科学研究科(当時名称)の修士論文の未発表部分である。その一部は、②一九九九年度歴史学研究会大会報告「室町幕府法の蓄積と公布・受容」の「Ⅲ　室町幕府法の受容」として『歴史学研究』七二九号に発表している。さらに、③本書に収めるにあたり、本来の①の論旨・構成に合わせて主に第三節と第四節を補訂改稿し、全体の構成を整えた。その際、②の既発表部分の要旨をなるべく変えないように努めたが、全体の構成を優先して一部削除しまた改めた部分がある。右のような成り立ちから、本章が全体の論旨の整合性を欠くことをおそれる。筆者の非力と怠惰による最初の執筆からの長年月の経過が、本章がかようにつぎはぎだらけとなった大きな原因である。読者の寛恕を乞う次第である。

第三章　撰銭令と徳政令にみる室町幕府と社会

はじめに

応仁・文明の乱後、次第にその実質的支配地域の縮小してゆく室町幕府が発布し続けた法令は、徳政令と撰銭令であった。ともに、高札を使用して民衆に直接告知された法令であるが[1]、法令の扱う主題・内容が異なるのはもちろんのこと、子細にみるとさらにいくつかの違いのあることが予想される。だが、最後まで幕府の支配領域であった京都およびその周辺地域の社会との関係という点からみれば、この二つの法令を通して、この時代の公権力と社会との関係の一面を描くことができるのではないか。

このような問題設定のもと、本章では、まず、室町幕府徳政令について明らかにした本書第一部第一章と同じく法形式に着目し、法としての徳政令との差異をふまえて撰銭令の性格を分析し、次に撰銭令がいかに受容されたかを検討し、最後に、徳政令と撰銭令に共通する社会との関係をさぐることにしたい。

なお、「撰銭」や「撰銭令」に関連する用語について簡単に定義しておく。当時支払手段として使用された銭貨の中に、低評価で受取を忌避された「悪銭」という範疇の銭種があり、「悪銭」と反対の高評価の銭種の範疇をあらわす語が「精銭」である。受取人が「悪銭」を忌避・選別除外し、受取を拒否することを「撰銭」（「銭を撰ぶ（撰る）」）

といい、「撰銭」という語は、選別された高評価の銭の意で、「精銭」と同義にも用いられた（逆に「精銭」の語が「撰銭」行為の意味で用いられることもある）。当時、商取引など、銭貨による支払いの行われる場で「撰銭」行為が頻発したため、室町幕府や戦国大名、荘園領主などの公権力が、「撰銭」行為を規制するために発布した法令を「撰銭令」と呼ぶことが多い。本章も基本的に右に述べた意味で関連用語を用いる。

一　室町幕府撰銭令の法形式と発布時期

撰銭令については戦前以来の膨大な研究の蓄積があり(2)〔補注1〕、また、一九九〇年代以降、活発な中世貨幣史の議論の中でも言及されることが多い(3)〔補注2〕。ただ、本章の関心たる撰銭令の法としての性格という点から確認しておきたいのは、撰銭令の効力と立法意図に関する論点である。撰銭令については、いわゆるグレシャム法論争にみられる経済的な効力（というより効果）についての議論がある一方、撰銭令の繰り返し発令や、撰銭令発布後に撰銭行為の行われた事実を根拠に、撰銭令の法的実効力を疑問視する見解がある(4)。さらに、室町幕府の立法意図については、幕府の経済的利益の追求に過ぎないとする説が有力である(5)。だが、実効力、立法意図のいずれの論点についても、撰銭令を幕府法の流れの中に位置づけて、その特徴を捉えるという方法は必ずしもとられていない。その中で中島圭一氏は室町幕府撰銭令の性格・立法意図について、幕府法廷に訴訟として持ち込まれた貨幣の信用をめぐる紛争についての裁判規範と推測した(6)。中島氏の指摘は、室町幕府に限らず幕府追加法立法の契機としてしばしばみられる事実をふまえており、撰銭令を幕府法の流れの中で理解する上で大きな示唆を与えると思われる。

だが、当該期の幕府訴訟機関の一つ、政所（いわゆる雑務沙汰、すなわち売買・貸借関係に関する裁判を担当）関係の史料群（政所代を世襲した蜷川家の史料）には、徳政令を契機とした訴訟・安堵の申請などに関する史料が多く残存するのに対し、撰銭令を契機とした訴訟に関する史料は皆無に近いほど少ない。したがって、撰銭をめぐる訴訟関係の史料からその性格を考えるというアプローチが困難なため、本節ではまず室町幕府撰銭令の法形式を一つの手がかりに、撰銭令の性格を考えることにしたい。

まず、従来の研究では撰銭令の形式については部分的にしか明らかにされていないので、現存する室町幕府撰銭令史料を法の形式ごとに整理・確定したい。現在残る幕府撰銭令の基本的な形式は高札、「事書」（＝壁書）、施行の奉書の三種類であるが、それぞれの形式をとる撰銭令を以下に掲げる。考証の根拠を個別には挙げないが、高札は、「札」などの注記のあること、奉行人連署の下知状の様式をとることを根拠とし、「事書」＝壁書は、法令の形式としての「事書」様式をとることが主な根拠である。(7)

【高札】

A永正二年（一五〇五）十月十日付（室追三三四）(8)

B永正三年（一五〇六）七月二十二日付（室追三四四）

C永正五年（一五〇八）八月七日付（室追三四五・三四六）(9)

D永正六年（一五〇九）閏八月七日付（室追三六〇―三六二）

E永正九年（一五一二）八月三十日付（室追三八五―三八九）

F天文十一年（一五四二）四月八日付（室追四八六―四八八）

【「事書」＝壁書】

G明応九年（一五〇〇）十月付（室追三二〇）

H永正七年（一五一〇）十二月十七日付（室追三七二―三七四）

【施行の文書】

I永正三年（一五〇六）三月二日付（室追三三五）洛中洛外諸酒屋土倉中宛
J永正五年（一五〇八）八月七日付（室追三四七）城州大山崎名主沙汰人中宛（その他八ヶ所宛）
K永正五年八月七日付（室追三四八）尾州（畠山尚慶〈尚順〉）代宛
L永正五年八月七日付　山門使節中宛[10]
M永正七年（一五一〇）三月二十六日付（室追参考二三四）大山崎惣庄中宛
N永正八年（一五一一）十二月十四日付（室追参考二三七）東寺雑掌宛
O永正九年（一五一二）九月十九日付（「東寺百合文書」い函六二号）東寺雑掌宛
P永正十年（一五一三）九月三日付（室追参考二三八）東寺雑掌宛
Q天文十一年（一五四二）四月二十日付（室追四八九）上下京諸土倉酒屋中宛

幕府撰銭令の法形式上の特徴は次の点である。まず、撰銭令では「事書」＝壁書の形式があまりみられず、また、壁書として掲示・公布したことを示す確実な史料上の証拠はない。一方、高札は施行の文書Jに「被レ打二高札於洛中一」とあることから、少なくとも洛中に掲示されたことは疑いない[11]。

さらに、撰銭令の高札と「事書」＝壁書とを比較すると、両者の法文やその構成に大きな差違がみられない。比較的時期の近い二つの形式、高札Aと事書Gとを比べてみる（Aの端裏書は省略した）。

A

定　撰銭事限二京銭・打平等一

右、於二唐銭一者、不レ謂二善悪一、不レ求二少瑕一、悉以諸人相互可二取用一矣、次悪銭売買事、同停止之上者、云レ彼云レ是、若有二違犯之輩一者、行二其身於死罪一、至二私宅一者可レ被二結封一之由、所レ被二仰下一也、仍下知如レ件、

永正弐年十月十日

G

一　商売輩以下撰銭事明応九十

近年恣撰銭之段、太不レ可レ然、所詮於二日本新鋳料足一者、堅可レ撰レ之、至二根本渡唐銭永楽宣徳洪武等一者、向後可レ取二渡之一、但如二自余之銭一可二相交一、若有二違背之族一者、速可レ被レ処二厳科一矣、

散位三善朝臣
豊前守平朝臣（松田頼亮）
松田丹後守
長秀

この二つの法形式を比較すると、通用させるべき「（渡）唐銭」の種類（永楽・洪武・宣徳）や選んでよい悪銭の種類を具体的に挙げるか否かと、AにはGにない「悪銭売買」の停止規定のある点が異なる（この規定はA以後の幕府撰銭令にみられる）が、その他の法文の内容・構成はほぼ同じである。徳政令と比べ「事書」＝壁書と高札との間の違いは概して小さい[12]。これはおそらく偶然ではなく、撰銭令にはそもそも高札と壁書との間の機能分化を前提とした併用がなかったため、「事書」＝壁書の形式をとる法令の残存例が少ないのだと考えられる。したがって、徳政令にみられた両形式の併用も明確にはみられない。むしろ、高札の法文の方が具体的内容を有するといえることから、高札が主たる法形式であったと推定される。

法形式からみた撰銭令の特徴は、幕府奉行人の奉書等により施行されるケースにもあらわれている。施行先は、京都とその近辺では、洛中洛外の土倉酒屋中、東寺などであるが、最も広範囲への施行の知られる永正五年令の場合、高札Cを施行したJ・K・Lの宛先は、ほぼ畿内近国全域（大山崎〈山城・摂津〉名主沙汰人・堺北庄名主沙汰人・山門使節・青蓮院門跡庁務・興福寺衆徒・山門三院衆徒・大内義興・細川高国・畠山尚慶〈尚順〉）に及んでいる。細川高国、大内義

興、畠山尚慶はそれぞれ当時畿内近国で守護職を保持し、また興福寺衆徒も大和の守護であるから、これらの宛先は各国守護に対する施行といえる。しかし例えば大山崎・堺北庄の名主沙汰人はこの理由では説明できず、むしろ撰銭令と関わりの深い商業・流通上の観点から施行されたのではないか。ともあれ、当該期の室町幕府がこれほどの広範囲に法令を施行する例は他にみられず、この時期の幕府法としての撰銭令の特異性を示すといえる。

また、施行の文書の文言も注目される。永正五年令の大山崎名主沙汰人中宛の施行奉書には、「被レ定二御法一、被レ打二高札於洛中一訖、可レ令二存知一」（J）とあり、同じく畠山尚慶宛の施行奉書にも「被レ定二御法一、被レ打二高札於洛中一之上者、守二彼札一、於二古今渡唐銭一、可二取用一之趣、堅可レ被レ相二触洛中被官人同分国中所々一」（K）とあるように、施行文書の文面には撰銭令の内容は記されず、かわりに、洛中に掲示した高札の規定をよくみて遵守せよと命じている。京都に掲示した高札がメインであり、施行文書はこれを補うものといえる。さきの「事書」＝壁書との関係から下した高札主体という推定は、この点からも裏づけられる。

室町幕府徳政令では、その掲示の場所から、高札は比較的「下」の階層を意識し、壁書は比較的「上」の階層を意識した法形式という関係がみられた[13]。この関係をあてはめれば、撰銭令は、高札の形式がメインであり、また施行も積極的に行われるという点において、京都を中心とする地域（時には畿内近国の範囲）で「下」の階層にまで徹底して告知することを意図した法令であったといえよう。

次に、撰銭令発布の時期についてみてみる。先学の指摘するように、幕府撰銭令には、撰銭行為の対象となる銭貨に関しては、ほぼ同一内容の繰り返し立法・発布という特徴がみられ、撰銭令の実効性を疑問視する根拠の一つとされている[14]。そこで、この撰銭令の繰り返し発布という点について、まずその発布時期を、当時の政治情勢の中に位置づけてみる。当該期は、いわゆる明応の政変後、管領家細川氏が幕府政治体制の中心を担い、細川政元の死後、同家の内部抗争に将軍家や他の大名家の家督争いが絡み、複雑な政治・軍事情勢となる。幕府政治体制を主導した細川氏とその同盟大名を政権担当者とみて時期区分した中に、幕府撰銭令の発布時期を落とし込めば表1の通りとなる。
撰銭令が新政権の成立・入京後や現政権の軍事的危機の打開後に発布されることは、瀧澤武雄氏がすでに指摘しているが[15]、特に、先述の広範囲への施行の行われた永正五年令は、大内義興の入京により新政権が発足した直後に発布されている。その後この政権は比較的長期にわたり安定した京都支配を行い、その間に何度も撰銭令を発布している。

表 1　政治情勢と室町幕府撰銭令発布の時期

細川政元の政権の時期（将軍は足利義高〈のち義澄〉）		
明応2年	4月	政元，将軍足利義材（のち義尹，義稙）を廃し義高を擁立（いわゆる明応の政変）
同9年	9月16日	政元，畠山尚慶を撃退
	10月	撰銭令G
永正2年	10月10日	撰銭令高札A
同3年	3月2日	酒屋土倉宛施行I
	7月22日	撰銭令高札B
同4年	6月23日	政元殺害さる
細川高国・大内義興らの政権の時期（将軍は足利義尹）		
永正5年	6月	義尹・高国・義興らの入京
	8月7日	撰銭令高札C，施行奉書J・K・L
同6年	閏8月7日	撰銭令高札D
同7年	3月26日	大山崎宛施行M（Dの施行徹底）
	12月17日	「撰銭罪科追加」事書H
同8年	12月14日	「京都御法を改め」る高札の東寺宛施行N
同9年	8月30日	撰銭令高札E，東寺宛施行O（9月19日）
同10年	9月3日	東寺宛施行P
同15年	8月	義興の帰国
同16年	11月〜	高国と細川澄元の抗争
細川晴元の政権の時期（将軍は足利義晴→義藤〈のち義輝〉）		
天文5年	9月	晴元入京
同10年	9月	木沢長政，晴元に叛く
	10月	長政京都に迫り，晴元ついで義晴出京
同11年	3月17日	太平寺の戦い，長政敗死
	3月28日	義晴・晴元の帰京
	4月8日	撰銭令高札F
	4月20日	上下京土倉酒屋中への施行Q
同13年	12月17日	この日以前に撰銭令高札（室追参考266）
同15年	12月	義晴将軍を辞任，義藤将軍に就任
同18年	6月	江口の戦い，晴元政権の瓦解

注）主に『史料綜覧』および『大日本史料』第九編による．

撰銭令が政治・軍事情勢が相対的に安定した時期に発布される傾向をよく示すといえよう。

この撰銭令の発布時期を本書第一部第一章にみた幕府徳政令と比較すると、両法令の発布時期がほとんど重ならないことは明らかである。徳政令が、戦乱の勃発など政治・軍事的混乱期に、まさにその状況に対処するために発布されるのと対照的である。(16)

二　撰銭令にみる幕府の意図

本節では、撰銭令の法文から、立法者たる室町幕府の制定意図をさぐることにする。まず、撰銭令の主たる発布形式である高札の法文の構成をみる。次に掲げるFは、現存する最後の撰銭令高札の法文であり、いわば最終形といえる。

F

定

一　せいせん《精銭》の儀、京銭・うちひらめ《打平》・われ銭をのそく、其外のとたう《渡唐》銭えいらく《永楽》　こうふ《洪武》　せんとく《宣徳》かちやう《嘉定》・かちやう《衍》　かけ銭以下、すこしのきす《疵》をいはす、取合百夊に三十二銭、けりう《仮令》三分一あるへし、於㆓向後㆒ハ取わたすへき事、

一　あくせん《悪銭》売買のき、一切可㆓停止㆒事、

一　為㆓悪銭㆒と商買すへからさるよしを申䡍事、付、寄㆓事於撰銭㆒、商買高直なす事、

右条々、堅被㆓停止㆒訖、若背㆓此旨㆒族あらハ、権門勢家のひくわん《被官》をいはす、於㆓其身㆒者処㆓厳科㆒、到㆓私宅㆒者闕所におこなはるへきよし、所㆑被㆓仰下㆒也、仍下知如㆑件、

天文十一年四月八日

前丹後守（松田晴秀）平朝臣
豊前守（松田頼康）平朝臣

高札に載せられた撰銭令法文は、Fの第一条にみえる（1）精銭と悪銭の指定、（2）根本渡唐銭等、受取を忌避されることの多い銭貨の混入使用と混入率の規定、第二条の（3）「悪銭売買」の禁止、第三条の（4）悪銭を理由とした商取引拒否の禁止、（5）撰銭を理由とした商品価格吊上げの禁止、そして最後の（6）違犯者に対する処罰規定、からなる。このうち（1）と（6）は、AからFのすべての撰銭令高札にみられ、大まかな流れとしては、時代が下るにつれ（2）・（3）・（4）・（5）が付加されていく。なお（2）はAにはみられないが、それ以前の事書Gに、混入率指定を除きすでに存在した規定である。

幕府撰銭令の構成はもちろん（1）・（2）規定が中核であり、その趣旨は撰銭行為の禁止ではなく、その規制・制限にあるといえる。（1）規定については、受取を完全に忌避してよい「悪銭」として「京銭」・「打平」（Gでは「日本新鋳料足」）がほぼ固定し、「われ銭」が（2）の一定の混入を許される銭貨から（1）の悪銭の範疇へ移るほかは、ほぼ同一内容といえる。また（2）規定についても、「われ銭」が混入使用可となるか否かを除けば、「永楽・洪武・宣徳（Fでは嘉定が加わる）」の「渡唐銭」（明銭）の混入使用強制と、その混入率の指定（百文中三十二文、約三分の一）も、たしかに概ね固定している（なおEのみ、他にはみられない詳細な混入規定がある）。

とはいえ、（3）・（4）・（5）規定の付加もまた事実であり、また、タイトルに「追加」の文言のあるHや、文中に「法を改め」と記す施行N・Oなど、以前の撰銭令の効力の継続を前提として法の追加・改正を意識したとみられ、単なる同一内容の繰り返し発布とみることは躊躇される。そもそも、中世法では以前の同一内容の法との一貫性が意識されないのが通常だからである[17]。繰り返しの発令は、たしかに撰銭令の実効性の限界を示すが、同時に、継続性や一貫性をもつ法令として、それを改正し規制を徹底しようとする姿勢のあらわれともいえる。

さて、右に述べたことからも、当該期の室町幕府法の中での撰銭令の特異な性格が浮かび上がるが、この点をさらに（6）の違犯者に対する処罰規定からも確認したい。

最初に指摘しうるのは、撰銭令の違犯者に対する具体的かつ厳しい刑罰の規定である。右に掲げたFには、違犯者は「厳科」、その「私宅」は「闕所」（没収）とあるが（C・Dもほぼ同文の処罰規定）、「厳科」とは、Aに「死罪」、あるいはEに「男ハ頸をきり、女ハゆひ《（指）》をきらるへきなり」とあることから、具体的には、男性は死刑（斬首刑）、女性は身体刑（指の切断刑）であったことがわかる。幕府徳政令の高札では、違犯者への処罰規定は単に「サイクワ《（罪科）》ニシヨセラルヘシ」(18)などとあるのみで、具体的な刑罰規定のないことと比較しても、撰銭令の刑罰規定の「厳科」の程がうかがえる。

ところで、さきに幕府政所関係の史料には、撰銭令に関する訴訟の史料がほとんどみられないと述べたが、こうした厳しい刑罰規定からその理由を推定しうると思われる。裁判機関としての幕府政所の所管は、主として売買・貸借関係などに関する紛争の裁判、すなわち現代でいう民事裁判の一部である。撰銭令の立法制定には政所が関与したとみられるが(19)、違犯者にかかる厳罰をもって臨むことから、撰銭令をめぐる紛争は政所所管の民事裁判ではなく、「検断」もしくは刑事裁判の対象であること（幕府の制度上は侍所の管轄となること）が予想されるのである。

さらに、撰銭令の違犯者を「検断」の対象とし厳罰を科す姿勢には、従来の幕府法にはない要素がみられる。

H

撰銭罪科追加　永正七 十二 十七

一　酒屋土倉并諸商買輩撰銭者、男女共以、其身可レ被レ処二重科一、於二家財一者、不レ及二検断一、子孫商買不レ可レ有二相違一事、

一　就二此撰銭一、為二私検断一者、留二置其輩一、為二町人一随二註進一、可レ有二其沙汰一事、

一　寄二綺於撰銭一、諸商買物為二高直一者、可レ被レ処二罪科一事、付、為二悪銭一者、不レ可レ買之由申輩同前、

右に掲げた永正七年の撰銭令事書Hでは、まず「撰銭罪科追加」というタイトルと、第一条にみえる家財は「不レ及二検断一」という文言が、さきにみた撰銭令の違犯者を検断の対象とするとの幕府の姿勢を端的に示している。その第一条が、「酒屋土倉幷諸商売輩」の違犯者については男女とも重科とするのはさきにみた通りとして、家財は検断の対象とせず（すなわち没収せず）、違犯者の子孫が営業を続けることは差し支えないと定めるのは、従来の幕府法にはみられない規定である。この「酒屋土倉幷諸商売輩」を、幕府の土倉酒屋役や商売役を負担する者とみてよければ、当時の在地社会にみられた、「役」負担者の家は検断を受けても絶やさず存続させるべきであるとの観念[20]と通じるかもしれない。

また第二条は、私的に違犯者逮捕などの「私検断」を行った場合には、その違犯者は現場に留め置かせ、「町人」の注進によって処罰などを行うとの規定であろう。違犯者への「私検断」は禁止せず、「注進」させて幕府の検断の末端に組み込む意図と思われる。なお、「町人」に対し、撰銭令違犯者、および違犯者への私的検断行為を行った者の注進を強制する規定がEにみられ、京都の治安維持の体制への「町人」の組み入れという点でも注目される。

さて、右のような幕府撰銭令の「検断」関係規定にみえる新たな傾向をふまえて、幕府の撰銭令立法の意図をさぐることにする。問題となると思われるのが、撰銭令が規制対象とする撰銭行為の行われる場面である。さきに掲げた幕府の最初の撰銭令Gのタイトルでは、「商売輩以下撰銭事」と、「商売輩」の撰銭行為が規制対象であることを明言し、事書Hも第一条に「酒屋土倉幷諸商買輩撰銭」と記す。つまり、「（諸）商売輩」「酒屋土倉」と表現される、商工業者が商取引での支払いの際に行う撰銭行為が主な規制対象であったといえる。このことは、さきにみた高札をメインとする撰銭令の法形式、幕府法では凡下身分の者に行われる身体刑といった特徴とも辻褄が合う。

この、商工業者の商取引の場面における撰銭行為が主な規制対象という点は、大名の撰銭令の対象とする場面と比

較しても際立っている。例えば室町幕府に先立って撰銭令を発布した大内氏の最初の撰銭令、文明十七年（一四八五）令の規定は次のごとくである。

一　銭をえらふ事
段銭の事ハ、わうこ《往古》の例たる上ハ、えらふへき事、もちろんたりといへとも、地下仁ゆうめん《宥免》の儀として、百文に、永楽・宣徳の間卄文あてくハへて、可二収納一也、
一　り《利》銭并はい〳〵《売買》銭事
上下大小をいはす、ゑいらく・せんとくにおいてハ、えらふへからす、さかひ銭とこうふ《洪武》銭、なわ切の事也、うちひらめ《打平》、此三いろをはえらふへし、但、如レ此相定らるゝとて、永楽・せんとくはかりを用へからす、百文の内ニ、ゑいらく・せんとくを卅文くハへて、つかふへし、(21)

この撰銭令では、撰銭行為の行われる場面として、まず大内氏による段銭収取の場面を挙げ(22)、本来は忌避すべき銭種のあるところ、「地下仁ゆうめん《宥免》之儀」として、百文中二十文まで永楽銭・宣徳銭の混入を許可する。これに対し次条では、貸借・売買の取引の場面では、さかひ銭・洪武銭・打平の三種のみの完全忌避を認め、永楽銭・宣徳銭の混入比率を百文中三十文とした取引を命じている。いわば大内氏自身が銭の受取人となる場合と、一般の商取引の場合とに分け、前者の場合、銭の受取人の立場からの「宥免」の姿勢を示し、撰銭行為を一部自制するという立法の論理がみられる。もっともその一方で、前者の永楽銭・宣徳銭混入率を後者より引き下げ、受取人たる大名の忌避志向に適合的な混入率とした点も注目される。

銭の受取人の立場からの撰銭行為の自制という論理のみられるのは、次の「結城氏新法度」八三条も同じである。

一　銭ゑり候てよく存候哉、万事是者不自由にて候、永楽かた一銭をつかふへきよし、ふれを可レ廻候、又ゑりたち之事不レ可レ然由、各被レ思候者、悪銭之侘言被レ申間敷候、此義同心可レ被二申上一候、かきつけへく候、

各ニ尋候へは、永楽一かたハなるましく候、悪銭のかたをゑりてつかふへからす候よし被レ申候、やく人あくせんゑり候て、せいさつ《（制札）》判ニうちつけへし、(23)

右の撰銭規制法は、撰銭行為の規制につき、本分国法の制定者結城政勝から重臣達に対し、当時東国地方では好まれた永楽銭のみの使用(24)とする案と、逆に過度の撰銭行為は不可とする案の、二案を諮問するという立法手続をとっている。答申結果は、後者の案を採用し、完全に使用不可とする悪銭のみを指定・公示するというもので、これが本条の結論となった。重臣に諮問された後者の案に、「ゑりたち之事不レ可レ然由、各被レ思候者、悪銭之侘言被レ申間敷候」、すなわち、過度の撰銭行為は不可と重臣達が考えるなら、重臣自身が銭を受け取る場面で悪銭を忌避してはならないと述べているのは、立法の諮問と同時に、重臣にも撰銭行為の自己規制を強いたものでもある。(25)

これらと比較すれば、室町幕府撰銭令には、立法制定者たる幕府自身、あるいはその関係者が銭の受取人として撰銭行為を自制するという考え方のないことは明らかである。むしろ、「商売輩」の商取引の場面における撰銭行為に対し、完全に第三者的立場から臨んだものといえる。

次に、その規制の方向であるが、幕府の規制の前提となる現状認識は、「近年恣撰銭之段、太不レ可レ然」（G）、「近年令レ超ニ過先規一」（J・K）などとあるように、銭の受取人の過度の撰銭行為にあった。規制立法の理由が説明されることは少ないが、Jには「為レ世為レ人、不レ可レ不レ誡」とあり、撰銭行為の規制や処罰は銭貨支払の当事者のみならず「世のため人のため」であるとの論理が用いられている。この論理は他の室町幕府法にはあまりみられないが、戦国大名の撰銭規制法規にはこれに通ずる論理や考え方がみられる。例えば、さきの「結城氏新法度」八三条が、撰銭行為放任の現状を「万事是者不自由にて候」とし、永禄三年（一五六〇）の北条氏撰銭定書は、その制定理由となる現状を、昨年制定した「代物法度」により「宿中商売金銭撰勝儀、万民苦労、誠以曲事也」(26)と述べている。

また、大内氏の永正十五年の撰銭令も、撰銭令の遵守されない現状を、近年その御法にかゝわらす銭をゑらひとる条、国のすいひ《（衰微）》、土民けつほく《（闕乏）》、日にそへて言語道断なり、（中略）
猶以自由にえらふ事、前々に超過云々、諸人のうれへ只此事也[27]、

と述べている。過度の撰銭行為は、「万事」の不自由、「万民」の苦労、「国」・「土民」の衰微や闕乏、「諸人」の憂えと、様々な表現をもって、いわば国家・社会全体にとっての害悪とばかりに非難されている。こうした過度の撰銭行為のいわば害悪視が、室町幕府がこれを「犯罪」視する理由であろうが、逆にいえばなぜこのような論理を用いて撰銭行為を断罪するのかという疑問も浮かび上がるように思われる〔補注3〕。

以上、本節に検討した撰銭令にみえる室町幕府の意図は、次のようにまとめうる。

1　幕府撰銭令は、過度の撰銭行為を検断の対象すなわち刑事事件として扱う法令であり、したがって撰銭行為をめぐる紛争は基本的には幕府の民事裁判の対象とならなかった。

2　他の大名の撰銭令と比較しても、室町幕府撰銭令には、「商売輩」などの商取引における撰銭行為を特に対象とする性格が強く、撰銭規制に臨む幕府の立場は、銭貨の受取人ではなく第三者的立場であるという面が強い。この点からも、幕府自身の経済的利害関係のみに結びつけて理解する説は根拠に乏しいと思われる。

3　幕府のみならず戦国大名の撰銭令でも、撰銭行為の規制を、この行為の行き過ぎはいわば社会全体にとって害悪であるとの理由から正当化している。この理由づけが、撰銭令違犯を「犯罪」とみる考えにつながるのであろうが、同時に、かかる理由説明の論理をとる点に、この問題の本質が潜んでいるように思われる。

三　撰銭令と徳政令の受容——むすびにかえて

本節ではまず、撰銭令による規制の主対象となった「商売輩」や土倉酒屋など、京都およびその周辺の商工業者な

どから撰銭令がどのように受容されたかをみてみる。前節にみた通り、幕府の民事裁判関係の史料から撰銭令に対する反応をみることは難しいが、幕府以外の撰銭令およびその施行の影響に対する人々の認識も手がかりとしたい。

まず確認しておきたいのは、少数意見かもしれないが、当時の人々の間に、公権力による撰銭行為の規制に対し肯定的な認識や見解が存在したことである。

永禄八年（一五六五）、興福寺による撰銭令の制定発布を伝える史料には、

一　近般以之外精銭之間、制札分卅、被レ定レ之、（中略）已上六銭、本ヲ札ニ出レ之、被ニ打置一了、依レ之、惣別ノ売買一向不レ成、又少々ハ心安、(28)

とあり、撰銭令の結果、「惣別ノ売買一向不レ成」とされる一方、「少々」とはいえ「心安」いとの受け止め方も存在したようである。

また、永禄九年三月十七日付および同年十二月二十九日付の、細川昭元撰銭定書案(29)は、実質的には、当時昭元を推戴し京都周辺を支配した、いわゆる三好三人衆（三好長逸・三好政康・岩成友通）により発布施行された撰銭令である(30)。これらも高札の形で掲示されたものであるが(31)、違犯者告訴の奨励（「えらふ（撰）者を告しらする族にハ、褒美として五貫文可レ遣レ之」三月十七日令）などの規定があり、違犯者に対する検断執行を徹底する姿勢をみせている。その三月十七日令の撰銭令発布後、同年七月に取締りが強化された。その様子を伝えるのが次の史料である。

一　京都之様躰者無ニ殊事一、三好方三人衆盆前ニ上洛シテ地子ヲハ悉収云々、鳥目清撰過法之間、掟旨一段キツク置レ之云々、指ヲ被レ切タル者多之云々、仍京都者クツロク者也云々、（下略）(32)

右の史料によれば、「過法」の撰銭を行う法令違犯者に身体刑を科し、厳しい取締りを行った結果、京都の人々はむしろ「クツロ」いだという（三月十七日付高札の法文では違犯者への処罰は「過銭拾貫文」と「科の軽重をたゝし可レ被レ処ニ厳科一」とある(33)）。撰銭令の厳重な執行に対する肯定的な認識が存在したのである。

さらには、撰銭令の制定発布自体が被支配者側から求められることもあった。永正元年五月、家領の和泉日根荘に下向し直務支配を行っていた九条政基は、同荘入山田村の番頭らの「密々」の申請に応じて、同村地下人に対し三箇条の法を制定発布した[34]。うち二箇条が撰銭を規制する規定であり、領民から領主に撰銭令の制定発布が求められたことを示している。

以上断片的かつわずかな事例の提示にとどまるが、撰銭令による当該行為の取締りおよび撰銭令そのものがもたらす効果に対する肯定的認識、さらには、支配者による撰銭行為の規制が必要との認識が、当時の人々の間に存在したことは確かである。

逆に、撰銭令に対する否定的見解の存在、あるいは、撰銭令の実効性を疑わせる事例はどうであろうか。撰銭令の実効性を疑問視ないし否定する学説は古くから存在し、例えば次に掲げる撰銭令施行の文書Ⅰもその一つの根拠とされる。

Ⅰ

撰銭事、被レ定二置度々御法一、雖レ被レ仰二触之一、尚以近日恣令二撰銭一之条、併為二緩怠一者歟、言語道断之次第也、同重被レ相二触米場一者也、所詮任二已前御成敗旨一、可レ通二用之一、若於二同篇一者、随二注進一可レ被レ処二罪科一之段、慥各可二存知一由、被二仰出一候也、仍執達如レ件、

永正三
三月二日　　（松田）長秀
（松田）頼亮

洛中洛外
諸酒屋土倉中

度々発布された撰銭令に対し「尚以近日恣令二撰銭一之条、併為二緩怠一者歟」との現状認識から、洛中洛外の「諸酒屋土倉中」に撰銭令遵守を通達し、文中でさらに「米場」にも同じく遵守徹底を通達したと述べる。幕府撰銭令の

規定は、土倉酒屋からも充分に遵守されず、依然過度の撰銭行為がやまないとの認識を、幕府自身が有していたことを物語る。

右の史料から三十五年ほど後、天文十一年の撰銭令高札Fの掲示された後、まず土倉酒屋宛に次のような施行の文書が出されている。

Q

撰銭事、今度被レ定二御法一、被レ打二高札一畢、於二向後一者、守二彼札一可レ取二渡之一、若有二違乱輩一者、可レ被レ処二罪科一之由、被二仰出一訖、各可レ令二存知一之由候也、

（天文十一年）四月廿日

上京
諸土倉酒屋中

下

ところがこのわずか二日後、以下にみる例外規定が定められた。

廿二日、壬寅、松田丹後守（晴秀）殿へ、撰銭事付而、上下京酒屋土倉中質物之事申間、賦遣之書状案文、

撰銭事、今度被レ定二御法一、被レ打二高札一訖、於二向後一者、守二彼札一可レ致二商売一候、但至二質物一者、借主約諾次第可二取渡一之由、諸土倉酒屋中へ、可レ被レ成二御下知一候、［　　］

（天文十一年）卯月廿二日

松田丹後守殿[35]

右の史料は、当時幕府政所代であった蜷川親俊の日記の記事である。撰銭令の「質物」への適用につき「上下京酒屋土倉中」から申請があり、この点について（おそらく政所執事伊勢貞孝の決裁で）例外規定が定められた。その規定を政所執事代松田晴秀より土倉酒屋中へ「下知」されたいとの、晴秀宛の政所代親俊の書状案文が書き留められている。

その例外規定が「至二質物一者、借主約諾次第可二取渡一」である。すなわち、土倉に預け置いた質物を請け出す際に支払う銭については、撰銭令の規定を適用せず、「借主」すなわち質置人と土倉酒屋との間の「約諾」（契約、約束）通りとするとの、撰銭令の適用除外規定が定められたのである(36)。

ところが、この土倉質物の請出しの際の銭貨の問題は二年後に新たな展開をみせる。

一　諏信州（諏方長俊）上下京土倉中申状　　天文十三　十二　廿一

右、就二今度撰銭御高札一、質物方事、被レ成二先度御下知一之趣者、撰銭善悪之段、取手・置手如二約諾一可二通用一由、被二仰出一候、雖レ然重而堅御制札之上者、向後之儀、被二定置一候以二撰銭一可二取替申一之、御高札以前給之於二質物一者、渡遣之如二料足一可二相請一之由、被レ成二下御下知一者、可レ奉二忝存一候、仍言上如レ件、

天文十三年十二月十七日(37)

右の「上下京土倉中」の申状によれば、天文十三年に再び撰銭令が発布され、土倉酒屋も再度、質物請出しの際の支払い銭貨の扱いにつき特例の認可を申請した。その申請内容は、①二年前に認可された「置手・取手約諾次第」という例外規定を改め、今後は、質入れにつき受け渡す銭については撰銭令の規定を遵守、②ただし今回の撰銭令高札の掲示以前に質入れされた質物は、質契約時の銭貨での請出し認可を求める、というものである。なお、幕府はこの申請を認めたようである(38)。

さて、以上長々と述べた京都の土倉酒屋の幕府撰銭令に対する姿勢の流れは、以下のように理解できると思われる。まず、天文十一年に土倉中が申請し認可された「約諾次第」の特例は、支払いの際に受け渡される銭貨の撰銭の問題は、当事者間の合意・契約により決定されるべきものとの考え方といえる。すると、永正三年の施行文書Ⅰが述べる、土倉酒屋あるいは米場の商人が撰銭令の規定を遵守しない理由は、この、支払いの際の銭の撰銭は、あくまで取

引当事者間の合意・契約の問題との認識によると予想される。ただその認識は公然とは主張されず、Ⅰに「緩怠」と表現される撰銭令への消極的抵抗、いわば「無視」となったとみられる。逆にいえば、公権力の撰銭令が掲げる、過度の撰銭行為は社会に害悪をもたらすとの論理は、撰銭の問題を完全に取引当事者間の合意・契約に委ねれば過度の撰銭行為が横行するとの認識に由来するのではないか。その意味で、撰銭令の論理は、撰銭は取引当事者間の問題との考えに対するアンチテーゼであったと思われるのである。

このように考えて誤りなければ、天文十一年の「約諾次第」という特例認可の申請は、もちろん完全な法令遵守の姿勢ではないものの、少なくとも幕府撰銭令の規定を「無視」はできないものと認めた上での申請といえる。さらに天文十三年に至ると、土倉酒屋は、今後に関しては「約諾次第」の特例を自ら撤回し、原則として撰銭令を遵守するとまで述べている。つまり、撰銭は取引当事者の「約諾次第」という考え方が、少なくとも表面的には後退し、逆に、幕府撰銭令の規定を受け入れる姿勢はさらに前進したといえるのである(39)。

このような幕府法の受容のあり方の変化を、どのように理解・把握すべきであろうか。この問題を、同じ時期の幕府徳政令の受容にみられた兆候と比較しつつ検討したい。

右にみた、撰銭行為は当事者の「約諾次第」との考え方は、取引契約の当事者間の合意にもとづく法的秩序であり、それは、公権力の法あるいは法秩序とは相容れないというより、元来は接点をもたない秩序であったといえる。しかし天文十一年には、「約諾次第」の法秩序の当事者から、幕府にその法秩序の保障を求めたのである。室町幕府徳政令の受容をめぐっても、右の撰銭令と似た法秩序の関係が存在すると思われる。次の二つの事例をみてみたい。

大永六年（一五二六）十二月に幕府が徳政令を発布した際、「上下京商人等」は替銭、売懸買懸の取引について徳政の免除を申請した。

一　松丹（松田秀俊）上下京商人等申状　　大永六　十二　十九

右、諸国替銭事、不レ可レ混二徳政御法一之旨、既永正十七年御成敗篇朽畢、然者於二替銭状一者、任二商人等之故実一、相調之儀也、一切不レ准二利平一上者、弥不レ可レ有二御改動一、次売買懸同前、若又利平之沙汰至レ在レ之者、不レ及二是非一、此等之次第、猶以被二聞食披一、被レ成二下御下知一者、忝存、為レ奉レ備二衆中之亀鏡一、謹言上（如件）[40]

右の史料の「永正十七年御成敗」に該当するのは、同年三月八日付「徳政法条々」[41]中の、「売懸買かけの事」[42]および「替要脚事」[43]の規定である。「替要脚」すなわち替銭は、「及二利平沙汰一者、可二徳政行一」と、有利子なら徳政の対象とされる。そのため、「商人等之故実」により作成される替銭状は無利子であると主張し、徳政免除を申請したのである。もちろん現実には、替銭送金に関わる商人が、利息付替銭の利息を受け取る債権者の立場から替銭状を発行しており[44]、無利子であるとの「上下京商人等」の主張は額面通りには信用はできない。

しかし幕府は、「商人等之故実」という根拠をそのまま受け入れ、替銭についての「上下京商人等」の徳政免除を認めている。個別の取引案件の徳政免除ではなく、「商人等之故実」として表現された、商人の商取引の慣行およびその法秩序を、幕府がそのまま保障・安堵したものと理解しうる。

また、天文十六年（一五四七）の延暦寺の徳政免除申請にも、同じ関係を見出すことができる。

山門衆徒中徳政之儀、往古以来不レ行之処、動及二徳政之御沙汰一之由候、於レ然者、山門相果儀候之条、此刻被レ成二御下知一、衆徒中法度不レ可レ有二相違一旨、被二仰出一候者、忝存、弥可レ抽二天下安全之御祈禱一之旨候、恐々謹言、

「天文十六」（押紙）十一月三日　　（楞厳院）別当代（花押）

西（西塔院）執行代（花押）
（東塔院）執行代（花押）

松田丹後（晴秀）守殿（封紙ウハ書は略す）[45]

右の史料で延暦寺が申請したのは、「山門衆徒中」には往古から徳政が及ばないという「衆徒中法度」の保障である。幕府徳政令では、延暦寺と関係の深い日吉神物は徳政の対象外とされる[46]が、この延暦寺の主張はこうした幕府徳政令を根拠としたものであろうか。

しかし近江の一土地売券が、

爰応永卅五年八月中仁、山上山下一国平均御徳政在」之間、[47]

と記すように、幕府が徳政令を発布しなかった応永三十五年＝正長元年（一四二八）においても、独自の支配領域・権限を持つ延暦寺（「山上」）は、守護とともに近江に「山上山下一国平均」の徳政を行ったとされる。法的には、徳政の実施と徳政免除は表裏一体の関係にあることを考えれば、「衆徒中法度」とは、延暦寺衆徒による自律的な徳政の法秩序をあらわすとみられる。この「衆徒中法度」による徳政免除も幕府に申請され認められたのである。

右の二つの事例において徳政免除申請の根拠として主張された、「上下京商人等」の「商人等之故実」、「山門衆徒中」の「衆徒中法度」は、その階層こそ異なるものの、いずれも当該集団が自律的に形成した法秩序とみられる。その法秩序につき、徳政免除という形で幕府の承認を求めたのである。特に、「山門衆徒中」の場合、自ら徳政やその免除を行いうる主体とみられるにもかかわらず、その「法度」の承認という形で、幕府に徳政免除を申請している点が注目される。

さて、右の二つの徳政免除の事例にみられる、元来は自律的であった法秩序が幕府からの保障を受けるという関係は、撰銭令において、撰銭行為は取引契約当事者の「約諾次第」という法秩序が、その当事者からの申請により幕府に保障されたのと、同じ関係といえる。

このような、元来は自律的に形成されていた法秩序が公権力から保障を受けるという関係は、当該期、特に戦国大名との間でみられるものとされてきた[48]。弱体化の一途をたどったとされる室町幕府もまた、京都およびその周辺における社会において、そうした関係を構築しうる公権力として存在したのである。

ところで、幕府撰銭令の受容では、まだその先の展開があった。「約諾次第」の法秩序の保障を求めた側が、翌々年には自らそれを放棄したのである。この特例の廃棄を、土倉酒屋が自ら申請した真の理由は不明であるが、それが彼らの実利にかなうがゆえの申請との想定に誤りがなければ、あるいは、彼らは次のような判断に至ることもあっただろうか。すなわち、返済時に用いるべき銭の問題を予め考慮し当事者間の「約諾」の中で処理するのはかえって煩わしく、経済的損失に至らぬ程度に、公権力の定めたルールに則って処理する方が、結局は円滑な取引が可能となり利益につながる、と。

これは撰銭、究極的には貨幣という問題固有の現象や考え方かもしれないが、当該期、右のような考え方が室町幕府とその法令の受容者との関係の中にもし芽生えていたのなら、それは、当該期の公権力の法と社会の自律的な法秩序との関係の再編の中から、さらに一段高次の法秩序が生み出される一つの道筋を示唆するものかもしれない。こうした道筋が、私見の通り、当該期に弱体化したとみられる公権力と社会との間にも確認されるならば、本章の冗長で浅薄な考察にも何がしかの意味があるかもしれない。

（1）　笠松宏至「幕府法解題」（石井進・石母田正・笠松宏至・勝俣鎮夫・佐藤進一校注『日本思想大系二一　中世政治社会思想　上』岩波書店、一九七二年）の室町幕府追加法の項。

（2）　戦前の渡辺世祐（「足利時代に於ける撰銭とグレシアム法」『史学雑誌』三三編一号、一九二二年）、奥野高廣（「室町時代の撰銭令とグレッシヤムの法則（一）・（二）」『史学雑誌』四二編二・三号、一九三一年、「再び室町時代の撰銭令とグレッシャムの法則に就いて」『史学雑誌』四三編五号、一九三二年）、柴謙太郎（「室町時代の撰銭及びその禁制に関する考察」『史学雑誌』三四編三・四号、一九二三年、「撰銭禁制の解釈再論（一）―（四）」『史学雑誌』四二編九・一一・一二号、四三編二号、一九三一・三二年）の三氏によるグレシャム法論争をはじめ、小葉田淳『新版　日本貨幣流通史』（高志書院、二〇二四年、初版は一九三〇年）、藤田五郎「撰銭禁制と貨幣改悪」（『藤田五郎著作集　第四巻　封建社会の展開過程――日本における豪農の史的構造』御茶の水書房、一九七一年、初出は一九五二年）、奥野高廣「前期封建制と撰銭禁令」（伊東多三郎編『国民生活史研究二　生活と社会経済』吉川弘文館、一九五九年）、京口元吉「撰銭と撰銭令」（『日本歴史』七三号、一九五四年）、瀧澤武雄「撰銭令についての一考察」（『日本貨幣史の研究』校倉書房、一九六六年、初出は一九六二・六三年）、藤木久志「撰銭令と在地の動向」（『戦国社会史論――日本中世国家の解体』東京大学出版会、一九七四年、初出は一九六九年）、中島圭一「西と東の永楽銭」（石井進編『中世の村と流通』吉川弘文館、一九九二年）などがある。

（3）足立啓二「中国からみた日本貨幣史の二・三の問題」（『明清中国の経済構造』汲古書院、二〇一二年、初出は一九九一年）、同「東アジアにおける銭貨の流通」（荒野泰典・石井正敏・村井章介編『アジアのなかの日本史Ⅲ　海上の道』東京大学出版会、一九九二年）、網野善彦「貨幣と資本」（『網野善彦著作集　第十二巻　無縁・公界・楽』岩波書店、二〇〇七年、初出は一九九四年）、浦長瀬隆『中近世日本貨幣流通史――取引手段の変化と要因』（勁草書房、二〇〇一年）、松延康隆「銭と貨幣の観念――鎌倉期における貨幣機能の変化について」（『列島の文化史』六号、一九八九年）、中島圭一「文献から見た貨幣――中世史学の動向」（『出土銭貨』創刊号、一九九四年）、永原慶二「伊勢商人と永楽銭基準通貨圏」（『永原慶二著作選集　第六巻　戦国期の政治経済構造　戦国大名と都市』吉川弘文館、二〇〇七年、初出は一九九三年）などである。また、考古学の立場から、鈴木公雄「出土備蓄銭と中世後期の銭貨流通」（『史学』六一巻三・四号、一九九二年）などの研究がある。

（4）前掲注（2）瀧澤氏論文はこの見解の代表といえる。

（5）前掲注（2）瀧澤氏論文など。

（6）前掲注（2）中島氏論文一四八頁。

（7）室町幕府法高札の形式、法令の形式としての「事書」と壁書の関係については、本書第一部第一章を参照。

（8）佐藤進一・池内義資編『中世法制史料集　第二巻　室町幕府法』（岩波書店、一九五七年）。以下本章本文では、同書所収の追加法・参考資料は、本文では「室追～」、「室追参考～」のように略記する。

（9）国立公文書館内閣文庫所蔵「蜷川家古記録之内抜書」にこれと同日付で若干異なる高札の法文がある。今谷明・高橋康夫共編『室町幕府文書集成　奉行人奉書篇　下』（思文閣出版、一九八六年）二五〇四号。

(10) 前掲注(9)「蜷川家古記録之内抜書」、『室町幕府文書集成　奉行人奉書篇　下』二五〇六号。
(11) 京都の周辺部の寺社境内・門前に掲示された可能性もある。高札Eの写しが「東寺百合文書」中に伝来し、またそれを施行した文書に「撰銭事、被レ改二御法一、重而如レ此被二仰付一候、守二此札一可レ被レ加二下知一候」(O)とあり、東寺での高札掲示の可能性が考えられる。
(12) ただし、もう一つの「事書」Hには「撰銭罪科追加」の題があり、罪科規定を具体的に定めている。この点は後述する。
(13) 本書第一部第一章参照。
(14) 前掲注(2)小葉田氏著書七八頁など。
(15) 前掲注(2)瀧澤氏論文。
(16) 勝俣鎮夫『一揆』(岩波新書、一九八二年)一六五—一六六頁。また同氏の「戦国大名「国家」の成立」(『戦国時代論』岩波書店、一九九六年)などにも指摘がある。
(17) 笠松宏至「中世法の特質」(『日本中世法史論』東京大学出版会、一九七九年、初出は一九六三年)。
(18) 『中世法制史料集　第二巻』追加法三九七—三九九。
(19) 明応九年の撰銭令Gが当時の政所執事代松田長秀の名で立法され、また天文十一年の撰銭令立法も政所執事代が主導していることなどから明らかである。
(20) この観念については、勝俣鎮夫「戦国時代の村落——和泉国入山田村・日根野村を中心に」(前掲注(16)勝俣氏『戦国時代論』所収)を参照。
(21) 「大内氏掟書」六一・六二(佐藤進一・池内義資・百瀬今朝雄編『中世法制史料集　第三巻　武家家法Ⅰ』岩波書店、一九六五年)。
(22) 大内氏や北条氏などの大名の撰銭令発布に、段銭などの貢納収取の問題が存在していたことは、前掲注(2)藤木氏論文がつとに指摘している。
(23) 「結城氏新法度」八三条(『中世法制史料集　第三巻』)。
(24) 前掲注(2)中島氏論文などを参照。
(25) 「結城氏新法度」に多分にみられる、結城氏家臣達の私的な関係・利害関心にもとづく言動を禁止制限する傾向の一つのあらわれといえる。
(26) 永禄三年六月二日北条氏撰銭定書写(「相州文書」五、佐藤進一・百瀬今朝雄編『中世法制史料集　第五巻　武家家法Ⅲ』〈岩波書店、二〇〇一年〉五〇八)。

(27)「大内氏掟書」一六七（『中世法制史料集　第三巻』）。
(28)『多聞院日記』永禄八年十二月廿五日条。
(29)「兼右卿記」永禄十年正月十八日条（『中世法制史料集　第五巻』六一五および六三六）。
(30) この撰銭令は、前掲注(2)奥野氏「前期封建制と撰銭禁令」、および前掲注(2)中島氏論文などに検討されている。また今谷明氏は、この撰銭令が三好三人衆の主導により、細川昭元の奉行人の名で発令されたことを明らかにしている（『室町幕府解体過程の研究』〈岩波書店、一九八五年〉四六八―四六九頁）。
(31)「兼右卿記」永禄十年正月十八日条に「去年就㆓悪銭定之儀㆒被㆑打㆓高札㆒、当年又被㆑懸㆑之了」とある。
(32)「清水寺別当記」（東京大学史料編纂所架蔵謄写本）永禄九年七月廿七日条。
(33) 前掲注(29)史料。
(34)『政基公旅引付』永正元年五月一日条。
(35)『蜷川親俊日記』天文十一年卯月廿二日条（『中世法制史料集　第二巻』追加法四九〇）。
(36) 前掲注(2)瀧澤氏論文は、この例外規定を土倉酒屋中が贈賄により幕府に認めさせた特例と指摘している。
(37)『中世法制史料集　第二巻』参考資料二六六。「別本賦引付一」三（桑山浩然校訂『室町幕府引付史料集成　上巻』近藤出版社、一九八〇年）も参照。
(38)（天文十三年）十二月廿一日諏方長俊書状（『大日本古文書　蜷川家文書之三』五八〇号）で、政所執事代諏方長俊は蜷川親俊に対し、「尤無㆓余儀㆒存候」と土倉酒屋の申請を認める意見を述べている。
(39) 前掲注(2)瀧澤氏論文は、この事例における幕府撰銭令の効力や幕府の姿勢を消極的に評価されるが、本文に述べた通り、前提となる当時の状況と比較すれば、むしろ逆に評価すべきと思われる。なお、前掲注(29)の細川昭元撰銭令（三月十七日令）には「一　旧借幷質物ハまへ（前）のかり（借）銭のことくにして可㆑返㆓弁之㆒、利平においてハ、此定の料足たるへき事」との、天文十三年の土倉の要求に近い規定がある。だが十二月二十九日令では、「旧借幷質物之儀もはつと（法度）の料足をもてとりかハすへし」と、以前の貸借関係についても撰銭令規定の銭の使用が徹底されている。
(40)「賦引付三」一二一（桑山浩然校訂『室町幕府引付史料集成　下巻』近藤出版社、一九八六年）。また「賦引付三」二八（同前および『中世法制史料集　第二巻』追加法四七九）は、この申請を認める下知状である。
(41)『中世法制史料集　第二巻』追加法四一〇―四四八。
(42)『中世法制史料集　第二巻』追加法四一一。
(43)『中世法制史料集　第二巻』追加法四一二。

(44) 利息付の替銭については、百瀬今朝雄「利息附替銭に関する一考察」(『歴史学研究』二一一号、一九五七年)を参照。
(45) (天文十六年)十一月三日延暦寺三院執行代等連署書状(『大日本古文書　蜷川家文書之三』六〇六号)。関連史料として(同年)極月廿四日聖護院道増書状(同六〇七号)、(同年)十二月廿四日幕府政所代蜷川親俊奉書案(同六〇八号)、「徳政御下知頭人加判引付」一〇四(前掲注(40)『室町幕府引付史料集成　下巻』四六三―四六四頁)がある。
(46) 『中世法制史料集　第二巻』追加法三二一、四〇〇など。
(47) 永享五年三月廿八日小二郎左衛門田地売券(『大日本古文書　大徳寺文書之四』一六八三号)。
(48) 勝俣鎮夫「楽市場と楽市令」(『戦国法成立史論』東京大学出版会、一九七九年)など。

〔補注1〕この研究史整理は本章の旧稿初出時、一九九六年当時のものである。その後大きく進展した室町幕府や戦国大名などの撰銭令に関する代表的な研究として、ここではひとまず以下のものを挙げておく。
中島圭一「日本の中世貨幣と国家」(歴史学研究会編『越境する貨幣』青木書店、一九九九年)
本多博之『戦国織豊期の貨幣と石高制』吉川弘文館、二〇〇六年
川戸貴史『戦国期の貨幣と経済』吉川弘文館、二〇〇八年
高木久史『日本中世貨幣史論』校倉書房、二〇一〇年
藤井譲治「織田信長の撰銭令とその歴史的位置」(『近世初期政治史研究』岩波書店、二〇二二年、初出は二〇一三年)
〔補注2〕この研究史整理も一九九六年当時のものである。その後三十年近くの間に、中世貨幣史の研究はさらに飛躍的に発展した。それらの論点の的確な整理として、桜井英治「銭貨のダイナミズム――中世から近世へ」(『交換・権力・文化――ひとつの日本中世社会論』みすず書房、二〇一七年、初出は二〇〇七年)、千枝大志「中世後期の貨幣と流通」(『岩波講座日本歴史　第八巻　中世三』岩波書店、二〇一四年)がある。
〔補注3〕〔補注2〕に挙げた両論文も言及するように、室町幕府などの公権力が撰銭令を制定発布する以前、十五世紀中ごろにはすでに、伊勢や京都・大和において、低評価の「悪銭」を混入した銭貨使用が行われた事例がみられ、またこれが法慣行化していたと指摘されている。

〔付記〕
本章の旧稿は、室町幕府撰銭令について法制史研究の関心から論じたものであるが、発表から三十年近くが経過し、〔補注1〕、〔補注2〕に述べたように、その間の撰銭令研究と中世貨幣史研究の飛躍的進展により、完全に時代遅れの論文といえる。

右の関心から元々貨幣史研究との接点は小さいため、発表後の学界の研究の進展については補注として挙げるにとどめた。ただ、旧稿の欠陥の多さは発表時からの心残りであり、論旨の大筋は変えないことに留意して、大幅に改稿した。旧稿ではうまく説明できなかった考えが、その当否はともかく、少しでも簡明平易になっていれば幸いである。また一々挙げないが、この間、欠陥の多い旧稿を引用され、また御批判をいただいた方々には厚く御礼申し上げたい。

第二部　検断と室町・戦国の社会

第一章　戦国時代における領主検断をめぐる論理

はじめに

本章は、戦国時代の薬師寺寺内および寺辺領内における検断の記録「中下臈検断之引付」(1)（以下、本章では「検断引付」と略記する）を通して、当該期の領主検断をめぐる観念や論理を明らかにしようとするものである。周知のように、「検断引付」は検断活動の記録にほぼ特化した史料であり、中世の領主検断のあり方について、他の史料にみられない豊かな内容を含んでいる。したがって「検断引付」を素材とした検断研究も多く、主なものだけでも、薬師寺の領主検断の実態と性格を論じた村岡幹生氏(2)のほか、住宅検断の性格を検討した清田善樹氏(3)、勧賞を手がかりとして地下検断との関係を論じた藤木久志氏(4)などの研究を挙げることができる。

しかし、他の史料にない豊かな記述がみられることは、一方で、「検断引付」にみえる領主検断の姿を、薬師寺ないし大和以外の地域に一般化して考えようとする際の障害にもなると思われる。本章では、個々の検断行為の実態よりも、検断に対する領主自身の観念に着目して、「検断引付」にみえる領主検断の姿を(5)、戦国時代の政治社会状況の中から捉え直すことを試みたい(6)。

一　「検断引付」にみえる検断観

本節では、まず「検断引付」の記事にみられる特色を手がかりとして、その背後にある検断に対する観念を摘出することにする。諸先学が注目されたように、「検断引付」には住宅検断、とくに住宅の放火に関する記述が豊富であって、例えば放火の可否を「クト」（竈）の有無に求める点(7)などは、他の史料にはあまりみられない具体的な記述である。「検断引付」にみえる領主検断のもう一つの特色として、領主による検断物の没収、検断得分の収得（住宅のみならず資財・雑具についても）に関する記述がほとんどみられないことを指摘できる。ところが一般に、中世後期の領主検断に関する史料においては、検断得分についての記述が多くみられ、当該期の領主（荘園領主）の検断観念の中で、検断得分への関心は、大きな位置をしめていたとみなされる(8)。そこで、以下、検断物、検断得分の問題を一つの手がかりとして、「検断引付」にみえる検断観を検討することにしたい。

まず、「検断引付」という史料の性格について、基礎的な事柄を確認しておく(9)。「検断引付」は、大永六年（一五二六）から天正十四年（一五八六）までは、検断に関する記録を続けている。多少の錯簡がみられるものの、大永六年以前にあった記録が、現存の「検断引付」では散逸したことを示す材料はなく、この年に「検断引付」の記録が始められたと考えて差し支えないであろう。「検断引付」作成の主体は、薬師寺の学侶のうち「中下﨟衆」の集団である。中下﨟衆のうちから、春夏秋冬の各季を任期とした数名の当番僧（四季役者）たちが、検断執行の実務を担当した（現在当番の四季役者を「当季衆」と称している）。おそらくは、「検断引付」も各季ごとに書き継がれていったと推測される。「検断引付」には、検断における中下﨟集会の議決、実際の執行や、その過程で問題となった事柄への対処が、書き記されている。また、「検断引付」に記事がなく、後述する「上下公文所要録」（以下、本章では「公文所要録」と略記する）に記録の残る検断事件のあることと、「検断引付」記事の多少の偏在（数年間にわたり全く記事のないこともある）などからみて、寺内・領内のすべての検断事件を記録したものではなく、中下﨟衆が関わった検断のみを記録しているようである。

右に述べたように、「検断引付」がいわば中下﨟衆の活動記録であることをふまえると、そこに検断得分に関する記述がみられないのは、職務権限上、中下﨟衆は検断得分の収得に関わっていないからではないかとの疑いが、当然生ずるであろう。しかし、「検断引付」の次の記事は、中下﨟衆が何らかの形で検断得分収得に関わっていたことを示すものである。

［史料1］

永禄十年丁卯五月八日、中下﨟集会評定曰、

一　去四日坂上方中間奈良ヨリ下処ヲ、敵方従二超昇寺一出、雑物削取畢、彼中間逃去処ヲ、六条郷内孫四良子孫九良男出合、彼中間ヲ令二打擲一畢、（中略）彼本人之家ニ於テ者、所帯ヲ没取アリ、雖レ可レ被二相落一、彼本人親ニ懸、所帯無之間、没過ニ不レ落也、打擲之分ニハ罪科ハ無之旨先規之由、評定雖レ在レ之、於二向後一ハ打擲之分ナリトイウ共、令二罪科一放火在レ之、種々儀ニ於テハ没過ニ可レ落也、大概集会評定如レ件、[10]

右の記事は、薬師寺領内の郷民が坂上方中間を打擲した事件を機に、筒井順慶の「裁許」を受けて（中略の箇所に記される）、犯人の処罰と、今後は打擲をも検断の対象とすることとを、中下﨟集会が決議したものであり、「検断引付」の中で唯一の「没過」（没収）の記述である。この事件では、実際には犯人の財産没収は行われなかったが、所帯があれば当然没収されるべきであったと記され、今後は打擲であっても「種々儀」は「没過に落とす」[11]べきである、と決議されていることからすると、一般に、職務権限上、中下﨟衆が何らかの形で関与して「没過」が行われていたものと考えざるをえない（検断物がすべて中下﨟衆に帰属したかどうかは別問題として）。すなわち、「検断引付」の記事に、

検断得分の問題がほとんどみられない理由は、中下﨟衆による没収が行われないからではなく、検断物没収の事実を記録しなかったことに求められると思われるのである。しかも、「検断引付」が複数の寺僧の手で書き継がれた記録であることからすれば、「検断引付」全般にわたるこの省略は、偶然ではなく、意図的なものであると考えるべきであろう。

そこで、「検断引付」中唯一、検断得分にふれた記事である［史料1］を検討することによって、「検断引付」では検断得分に関する記述が原則として省略される理由を推測してみたい。まず、ほかの記事では省略される検断物の問題が［史料1］の記事に記された理由は、この事件が従来検断の対象でなかった「打擲」の検断であったことと、関わりが深いと思われる。結果的には他の犯罪の検断に準拠した措置がとられたのであるが、この検断事件が、新例の創出、新法の制定に関わる性格をもっていたため、「没過」についても決議され、省略されずに書きとどめられたものと理解されるのである。次に、この、新法の制定記事という性格に注意して、「於ニ向後一ハ」以下のくだりをみてみると、「打擲之分ナリトイウ共」という表現からみて、この決議の真の趣旨は、最も軽罪である「打擲」を例示することによって、すべての犯罪に対する厳重な検断執行の方針を確認することにあったと思われる[12]。この理解に立って、「打擲」のみならずすべての犯罪に通ずる検断行為として、具体的に挙げられたものをみると、「罪科」[13]、「放火」、そして「種々儀ニ於テハ没過ニ可レ落」の順であって、「没過」は、検断行為としてまず挙げられる「罪科」「放火」よりも位置づけの低いものと認識されていることに気づく。すなわち、［史料1］では一種の新例・新法であるがゆえに「没過」のことも省略されず書かれたのであるが、その新法の趣旨は、検断全般の厳正な執行を再確認することにあり、この趣旨からみれば「没過」は少なくとも検断行為の中核とは認識されていない、という関係が明らかになると思われる。

右の［史料1］の検討を通して、「検断引付」の記事の性格は、「厳正なる検断執行」の観念に大きく規定されているのではないかとの推測が成り立つように思われる。たとえば、「検断引付」の検断記事に「罪科」や「放火」の記述が必ずといってよいほどみられるのは、[史料1]で確認されたように、「罪科」「放火」が、行われるべき検断行為として具体的にまず挙げられ、いわば厳正なる検断執行の象徴であると認識されていたことに由来すると理解される。そこでこの推測を裏づけるために、「検断引付」全体において、「厳正なる検断執行」の観念がいかにあらわれているかを検討することにする。

「検断引付」における中下﨟集会の議決記事には、今回の事件における検断のあり方を以後も踏襲し規範とすべきことを明言したものがいくつかみられる。こうした記事では、後の規範とすべきこととして、次の二つの点が挙げられている。まず一つは、「何方に限らず」などといわれるごとく、検断対象者の地位や「縁」などに左右されない、検断執行の公平さである。例えば、被害者の家が有力者の貸家であったにもかかわらず、「寄宿の科」を根拠に住宅放火を遂行したことを受けて、「於二向後一毛か様之儀者、何方ニ不レ限、此趣ニ可レ被レ加二成敗一者也」と決議した記事(14)などに、この意識がよくあらわれている。もう一つは、今後も「堅固に」検断が行われるべきことである。例えば、喧嘩の両当事者の、「ヤネヲムク」った住宅を、わざわざ屋根をふき直させて放火した一件では、「於二向後ニ一も堅固検断可レ有者ニテ、如レ此沙汰在レ之也(15)」と記されている。「堅固に」とは、この場合、屋根のない家は家にあらずとの観念にもとづいて、屋根をふかせて本来の家の状態に戻して放火させたことを受けている。さらに、証拠の十分でない郷民の喧嘩を「喧嘩之公用(16)」ありとして検断の対象としたこと、罪人の住宅が借家であっても「クト」があるため放火したことなどを受けて「所詮自今已後者、此等之趣於レ在レ之者、堅固ニ可レ被レ加二成敗一」と決議している記事(17)と考え合わせれば、「堅固に」とは、障害を排して、住宅放火など検断の目的趣旨を貫徹することを表現したものとみなされるのである(18)。

以上のように、中下﨟集会が今後の検断の規範とすべきものと考えていたのは、検断対象者の地位や「縁」に左右されない検断の公正さ、検断の目的趣旨の貫徹、の二つであり、これらをもって「厳正なる検断執行」を志向する一種の規範意識と把握できる。

次に問題となるのは、「厳正なる検断執行」の観念は、右のような、後例たるべきことを明言した記事のみならず、「検断引付」の記事全般にわたってその存在を認めうるかである。この問題を「検断引付」がいかなる目的のもとに作成され、書き継がれていったのかという、「検断引付」の史料としての機能を手がかりに検討したい。「検断引付」の作成・書き継ぎの目的を考える上で、次の「検断引付」冒頭の大永六年の記事は注目に値すると思われる。

[史料2]

中下臈衆評定曰、

去三月廿三日戌刻、新三郎七条北口辺通之処、八郎次良窃可レ令二殺害一之由致二沙汰一、（中略）凡僉(検)断事、筒井殿(順興)御異見之旨、尚々中下臈衆幷成業等少々加二判形一、於二自今以後一者、別而堅固仁可レ有二取沙汰一者也、然者不レ依二権門不屑之類一、不レ限二若党凡下之族一、不レ存二偏□(頗)一、無二懈怠之儀一、守二掟法一可レ有二成敗一之旨、三輩一同之評定也、仍中下臈衆群儀如レ斯、（下略）[19]

右の記事は、寺辺郷で発生した地下人の殺害事件を機に、筒井順興の「異見」を受け[20]、薬師寺の三輩集会の議にもとづいて、今後は「堅固に」そして「権門不屑」によらず検断を行うこと、すなわちさきにみた「厳正なる検断執行」の方針をとることを、中下臈集会が議決したことを示している。「検断引付」におけるこの記事の位置づけを考えると、「凡僉(検)断事……」とあることは、この記事が偶然「検断引付」冒頭にあるのではなく、まさにこの事件の際、今後検断を厳正に行うべしとの方針が定められたことと、「検断引付」の成立とが、深い関わりをもっていたことを予測させる。そこで、「検断引付」の書き継ぎが、当時の寺僧たちにとっていかなる意味をもっていたかを示す次の史料の検討とあわせて、「検断引付」の作成・書き継ぎの目的を推定することにしたい。

［史料3］

一　天正四年六月十七日、（中略）彼百性〔姓〕罪科有之処、引付英胤ヨリ取奇〔寄〕披見、然処専観房一生不免罪科引付之段窃引破ル条、先代未聞曲事次第也、彼英胤引付被レ預条、従二集会一使立被二相尋一候之処、恣返〔答〕条之間、所詮彼英胤可レ有二罪科一之旨、中下臈衆一味苦〔共〕同請紙候了、然共老衆ヨリ種々侘言被レ申、彼英胤引付不レ破、過言不レ申儀、則以二請紙一侘言候条、宥免了、則英胤請紙引付相副候了、（下略）(21)

右の史料は、当時薬師寺の寺僧たちが「検断引付」をまさに「引付」と呼んでいたことを示している(22)。一般に「引付」という史料は、「引付くる」（つきあわせて証明する）という動詞の語義から派生した、「引き合わせ照合用の台帳」としての機能をもっていたとされ(23)、「検断引付」もまた「引付」としての機能を有していたことが予想される。この記事は、「検断引付」中の記事の紛失が発覚し、引付を保管していた寺僧に嫌疑がかけられた事件を記したものであるが、破り取られた記事は「専観房一生不免罪科を引付くるの段」と表現されており、この中の動詞「引付くる」こそは、「検断引付」の作成・書き継ぎの目的を端的に表現したものとみなされる。「引付くる」という動詞の一般的な語義からすれば、この記事の「引付くる」は、単に「記録する」の意味にとどまらず、何かを証拠立てることを意図して記録する、という意味を含んでいると思われる。問題は、「専観房一生不免罪科」の何をいかに証拠立てると認識されたかであるが、「罪科」の事実・存在を証拠立てる、という理解は、必ずしも正しくないように思われる。寺僧の「罪科」とは、いわば寺僧身分の剝奪、寺からの追放であるが、薬師寺の場合、「罪科」の解除は、中下臈集会による決議を経て行われるものであり(24)、この手続なしに引付記事の湮滅によって「罪科」が解除されるとは考えがたいからである。事実、この後の記事によれば、専観房の罪科は改めて「検断引付」に記録されており、引付の記事が消滅しても「罪科」の事実は消滅しておらず、そのことを前提として、別の目的から記事が改めて書き記されたことがうかがえるのである。むしろこの場合、罪科が「一生不免」であることからみても、証拠立てられるのは、罪科の「事実」よりも「厳重性」ではないかと考えられる。すなわち、当該「罪科」を含んだ検断執行の厳正さを後々まで証拠立て範とするために記録したことを、「引付くる」と表現したものと解すれば、より整合的に理解できると思われるのである。

［史料3］における「引付くる」の語義を右のように理解すれば、「検断引付」は、検断が厳正に行われたことを後々まで証拠立て、規範とするために書き継がれる「引付」であると、寺僧たちにも認識されていたとみなされる。さらに、［史料2］の「検断引付」冒頭記事ともあわせて、大永六年に今後の「厳正なる検断執行」の方針を決定すると同時に、その実践を記録し範とするために「検断引付」が作成され、書き継がれていったものと推定される。この作成・書き継ぎの目的からみれば、「検断引付」の記事全般にわたって、「厳正なる検断執行」の精神が強調される傾向が生じるのは、むしろ当然のことであり、記事を読み解くにあたっても、かかる観念からみた記述の省略・操作の可能性が想定されるべきであろう(25)。

さて、以上みたごとく、「検断引付」の記述に、「厳正なる検断執行」の観念の存在と強調が認められるのならば、薬師寺のみならず、一般に荘園領主の検断が充分に機能しなくなるとされる中世後期の社会において、それがどのような意義をもつ観念であったのかが、問題となると思われるのである。まず考えられるのは、村岡氏の指摘された、実態面での領主検断の限界を「糊塗」するための論理(26)、という位置づけである。もちろん、実態面での薬師寺の領主検断の「限界」は認めうるのであるが、当該期に限らず、中世を通して、荘園領主の検断は武家をはじめ諸勢力の侵害を受け「限界」を有していたはずである。また、治安や秩序の維持に厳正さを求める意識は、おそらく通時代的に存在するものであろうが、少なくとも中世の荘園領主において、つねに強調され自覚されたものとは、一般にはいいがたいように思われる。すなわち、単に「糊塗」の論理として片付けるのでは、なぜ戦国時代になって「厳正なる検断執行」の理念がかくも強調されるかが、問題として残ると思われるのである。

さきにみた［史料2］によると、戦国期の薬師寺では、筒井氏の「異見」と、中下﨟集会のみならず三﨟集会の議、すなわち外部権力の干渉と寺内の一定の合意という、一見矛盾するプロセスを経て、「厳正なる検断執行」の理念が強調されたことが明らかである。以下、順序は前後するが、薬師寺の寺内および領内における「厳正なる検断執行」の理念醸成の素地と、筒井氏および当該期の諸権力による荘園領主への干渉の論理における「厳正なる検断執行」観念の位置づけ、という二つの方向から、戦国期に「厳正なる検断執行」観念が強調されることの意義と理由を考察してみたい。

二　寺中と領内と

本節では、「厳正なる検断執行」の観念が戦国時代の薬師寺においてどのように共有ないし支持され、また、寺中・門前における領主検断の論理としていかなる射程を有していたのかを検討したい。

まず問題となるのは、「検断引付」にみえる「厳正なる検断執行」の理念が、中下﨟衆のもつ理念であったことは明らかであるとしても、薬師寺内においてどの程度支持され共有された理念であったかである。［史料2］によれば、今後の検断の方針を決定した議決は、中下﨟衆のみならず、「成業等」（上﨟）も加判し、「三﨟集会之評定也、仍中下﨟衆群議如ㇾ斯」とあるごとく、「三﨟集会」の議決を受けて中下﨟集会の決議に至ったものである。「三﨟集会」とは、上﨟・中﨟・下﨟の三﨟の学侶からなる薬師寺の最高意思決定機関であるから[27]、当然この意識は「三﨟」全体に共有され、学侶の総意として、事実上薬師寺全体の意思であったものとみなされる。この決議の後も、「検断引付」にみえる、①中下﨟衆から三﨟集会に対する、検断案件の「披露[28]」、②三﨟集会から中下﨟集会に対する、罪科執行の「仰送」(29)、という検断執行手続きからみて、中下﨟集会は、基本的には三輩集会の下部組織として検断執行を委任される立場にあったといえる。したがって、「検断引付」が記録された期間を通して、「厳正なる検断執行」の意識は、三輩集会のメンバーに共有され、中下﨟衆はその意識を代表して検断を行う、という関係が確認されるのである。

ところで、多くの中世寺院では、寺内の諸集団・機関などの間に検断権が分有され、しばしば検断権（特に検断得分）の帰属をめぐる相論が生じている。薬師寺の場合も、以下に述べるように、十五世紀後半、中下﨟衆以外に、別当や公文の検断権が主張されており、寺内（別当は基本的に在寺していないが）の他の検断権保持主体との関係において、「厳正なる検断執行」の観念がどのようにはたらいていたかを確認しておく必要があると思われる。

まず、別当のもつ検断権であるが、文明十六年（一四八四）に薬師寺別当となった興福寺大乗院政覚は、次のような記述を残している。

［史料4］

一　撿〔検〕断事、西京ウチ彼寺公文致㆓沙汰㆒、別当エ注進申処、別当ヨリ人ヲ被㆑下、重而公文ト相共沙汰ト申(30)、

［史料5］

一　於㆓西京㆒検断事在㆑之云々、仍相尋処、薬師堂宝物刀・メヌキ・カウカヰ・小刀ヲ仕丁一盗㆑之云々、柳郷也、彼寺ヨリ発向云々、（中略）仍使ヲ別当ヨリ下処、無㆓先例㆒由彼寺ヨリ頻申、別当ヨリ御検断事、先規連綿由被㆓仰出㆒、（下略）(31)

政覚の認識では、「西京」（薬師寺の境内門前等）の検断は「公文の沙汰」であるが、別当からも使者を派遣することになっていた（史料4）。ところが、薬師寺住僧が「先例無し」として別当使の派遣を拒むことがあり（史料5）、実際には、政覚の述べる別当の検断使派遣の原則は、貫徹していなかったものと推測される。また、「検断引付」には、別当からの使者派遣の事例は見出せず、十六世紀には、薬師寺別当の検断権との関係はひとまず考慮の外においてよ

いと思われる。

次に、公文の検断権との関係であるが、まず、［史料4］からただちに、十五世紀後半期の薬師寺領内の検断が公文の専管であるとはみなせない。［史料5］に「彼寺ヨリ発向」とあるのは、当時の奈良における検断の際の「発向」の事例に照らして(32)、公文による公人等の派遣のみを表現したものとは考えにくく、薬師寺学衆の「発向」を意味していることはおそらく間違いない。したがって、十五世紀後半期の薬師寺検断執行機関（集団）として、公文と学衆集団の二つの存在を確認できる。

「検断引付」の記録された時期に、薬師寺公文が検断に関わっていたことは、「公文所要録」のいくつかの記事からうかがえる。しかも、「馬借」（土一揆）の「大将」として筒井氏に処刑され、薬師寺からも検断（中下臈衆による住宅放火）を受けた弥五郎なる者の作畠に対し、

［史料6］

（上略）然ハ弥五郎為二百性〔姓〕一、七条領地主爪〔瓜〕生殿之畠令レ作了、被二披露一、従二先規一任二有来旨一、畠ハ当毛半分公文落畢、（下略）(33)

と、「地主」瓜生氏と折半して作毛を「落とした」記事にみられるように、公文は検断物の没収に関与している。「従二先規一任二有来旨一」といわれるごとく、この公文の検断権は、おそらく先例にもとづくものとみなされるが、問題は、これが中下臈衆や三輩集会の方針と対立する、独自の得分や権利を反映したものか否かである。

ところで、「公文所要録」は、薬師寺三輩集会の評定や活動の記録であり、薬師寺の財政や寺領経営に関する記述を多く残している。当時、薬師寺には上公文・下公文の二名の公文が置かれ、上公文は上臈の学衆から(34)、下公文はおそらくは中下臈の学衆の中から(35)補任されていた。上・下の公文は、三輩集会のいわば幹事役として、「公文所要録」の書き継ぎをはじめとした職務を行っていたとみられる(36)。したがって、当該期の上・下公文は、三輩集会のメンバー

として、その意思を担って活動していたのであるから、そもそも、公文の検断物没収が、三輩集会や中下﨟衆の意思と全く齟齬するものであったとは考えがたい。むしろ、次の史料にみえるように、公文の検断権は、三輩集会の意向に従って、中下﨟衆の行う通常の検断とは異なった局面で行使されたとみなされるのである。

［史料7］

（上略）住屋八間分放火了、（中略）以上八人放火了、中下﨟衆貝ハ不レ吹、然共成敗郷之故、麦以下検断ニ落了、喧咙・盗人之成敗ニハ相替間、公文為二故実一、麦以下如レ形被レ取了、已来為二置目一也、（下略）[37]

天正八年（一五八〇）、織田信長による宇治橋架橋のため、筒井順慶は大和の百姓を材木運搬の人夫として動員した。薬師寺領内にも人夫の動員がかけられたが、百姓たちは「惣郷」として「木引酒手」の下行を要求し、それが容れられないと、運搬のサボタージュを行った。右の史料は、筒井氏の軍事力をバックに薬師寺が「惣郷」を成敗した際の記述である。中下﨟衆は貝を吹かなかったが（「蜂起」を行わなかったとの意であろう）、郷を成敗するのであって、喧嘩や盗人の成敗とは異なるがゆえに、「公文故実」として作麦以下を検断に落としたと記されており、公文による没収は、通常の検断とは異なる例外的措置と認識されていたことがわかる。［史料6］では、公文が検断物を「落とし」たのは、「地主」瓜生氏による三輩集会への「披露」を受けて、寺家を代表する立場で、「地主」と折半して作毛を没収したものとみられ、［史料7］でも「落と」されたのは作麦であることからすると、右の二つのケースは、いずれも、領主あるいは寺家を代表する立場で、公文が検断物を「落とし」たものと理解される。

右のように、わずかな史料からではあるが、公文の検断権を検討したところ、中下﨟衆の検断権との対立ではなく、三輩集会の意思を実行し、中下﨟衆と分掌して検断を執行しようとする姿勢が浮かび上がってくるように思われる。この点からみても、「厳正なる検断執行」の理念は、三輩すなわち薬師寺学侶僧の総意として実践されようとしていたことが明らかであり、逆にいえば、この理念の強調の背景に、検断権の帰属をめぐる当該期寺内の対立構造を想定することは困難と思われる。

さて、右にみたごとく、「厳正なる検断執行」の理念が、中下﨟衆のみならず薬師寺の総意として実践されているのであれば、領内の地下人たちに対する領主の検断として、いかなる射程をもっていたかが問題となる。この問題を、地下人の行う検断行為を、薬師寺側がどのように認識していたかという点から検討してみたい。

まず指摘しうることは、「厳正なる検断執行」理念の強調に伴って、この時期新たに、地下の検断を制限しようとした形跡がみられないことである。このことは、「検断引付」中に、地下人による現行犯の捕縛、処刑などの事実が散見されるのに対し、それらを非難し制限しようとする意思が全くみられないことから明らかである。地下検断を制限する意図を強いて見出そうとすれば、領内の郷に犯罪の注進義務を課し、その不履行に対する制裁として派遣される「尋使」[38]の制度に、その側面を見出しうる。「検断引付」には「尋使」派遣やその費用督促の記事が散見され、あるいは地下検断の抑止の効果も期待されたのかもしれないが、「検断引付」の記録以前に「尋使」の派遣の行われたことを示唆する記事があり[39]、少なくとも、この制度が「厳正なる検断執行」理念の強調とともに薬師寺領内に新たに導入されたものとみることはできないのである。

むしろ、「尋使」の制度からは、旧来の領主検断の制度や枠組みを維持し確認することによって「厳正さ」を追求しようとする薬師寺の姿勢がうかがえる。この姿勢は、犯人を捕縛した者に対して報賞を支払う「勧賞」[40]の制度に、より明らかであると思われる。「勧賞」は、犯人を捕縛して寺家に差し出してきた者に出される一種の報賞金（通常は十貫文）であり、犯科人逮捕により領主検断の実効性を高める機能を有していたといえる。ところが、犯人を捕縛して寺家に差し出してきた者に対して、薬師寺が「勧賞」を支払わないことがしばしばあった。その際の薬師寺側の主張には、「勧賞」における領主の検断と地下の検断の境目に対する薬師寺の認識がよくあらわれている。

［史料8］

（上略）於二七条郷一堂坊主処へ、白中ニ盗人伊賀者入了、則出合搦取寺家へ渡了、勧賞之義訴訟申処ニ、為二手前与一ヲトシアワセ、搦取ニハ勧賞之義無レ之間、当座ニ地下へヒタ（鐚）壱貫文粉骨在レ之者也、(41)（下略）

右の史料にみえる薬師寺側の主張は、地下人が「手前として落とし合わせ」捕縛した場合には「勧賞」は出せない、というものであるが、「手前として落とし合わせる」とは、「自分たちでたまたま（事件を）落着させる」といった意味であり、地下として検断を行ったのだから「勧賞」は出せない、という主張と理解される。この主張は「於二向後一、侍衆一人ナリ共被二出合一、其ニ随テ地下人不レ依二多少ニ一雖レ有二出合事一、則キリステ搦取リホキノ事雖レ有レ之、献（勧）賞之事一銭不レ可レ出之旨堅可レ被二定置一之旨、三輩壱同一決畢」(42)、すなわち近隣の国人や土豪の被官である「侍衆」に従って地下人が「出合」(43)って犯人を討ち取るか捕縛しても「勧賞」は出せない、という決議の場合にも共通するものと思われる。右の主張は、薬師寺の「勧賞」に対する認識と深く関わっているのであろう。

薬師寺における「勧賞」の実施手続きをみると、中下﨟集会ではなく三輩集会の決議を経ており(44)、その財源は、領内に棟別を賦課してまかなうことになっていた。「勧賞」のための棟別は、中綱・承仕・仕丁らが「寺家へ奉公」を理由に負担を拒んでも認められず、地下なみに賦課されていることからみても(45)、通常の棟別銭とは異なり、領内の者すべてに負担が強いられた、領主による「公」的賦課の性格が強いものである。こうした実施手続きからすれば、「勧賞」は領主検断の「公」的性格をあらわすものと考えられており、それゆえに地下が主体となって行った検断には「勧賞」は出せないと、薬師寺は主張したのである。

さて、［史料8］では「勧賞」は出されなかったものの、「ヒタ（鐚）壱貫文」が「粉骨」と呼ばれて地下に支払われているが、金額の多少より、「粉骨」という名義に意味があったと考えられる。薬師寺において、「粉骨」は検断に限らず、様々な局面において支出されている。その中で、領内の五条郷に対し五月会銭を免除した理由を、「去々年（天文元）辰ノ年、付二一揆之儀一、奉レ対二寺家一、緩怠之儀一向無レ之、剰へ忠節間、紛（粉）骨分ニ」(46)と、一向一揆蜂起の際の寺家への「忠節」

にあると記す史料を参考にすれば、「粉骨」には、寺家への「忠節」に対する報賞、という性格を認めうる。したがって、検断における「粉骨」とは、領主検断の一環ではなく、地下人たちの「私的」な検断行為が、領主への「忠節」につながるという認識にもとづいて支出されたものであろう。犯人捕縛者に出される報賞金が、「勧賞」であるか「粉骨」であるかの違いは、地下人らによる犯人捕縛が、領主検断の枠組によって行われたと認められたか、それとも地下検断の範囲内で行われたものが、領主への「忠節」と認識されたかの違いに由来するとみられるのである。「勧賞」という名目への執着は、まさにこの点にあったのである。

右のように、「検断引付」や「公文所要録」にみられる、「勧賞」支払い拒否の論理には、地下との関係において、本来の領主検断のあり方にこだわり、これを守ろうとする意識がみてとれる。この点からみて、薬師寺の標榜する「厳正なる検断執行」の理念は、地下との関係では、むしろ伝統的な領主検断の再興を意図したものと思われる。もっとも、時期が下るにつれて、「勧賞」のかわりに「粉骨」という名目の報賞を支払わざるをえなくなるところに、伝統的な検断観念に加え、地下検断の存在を別の枠組みで位置づけようとする考えも認められるのである。

以上、本節にみたごとく、「厳正なる検断執行」の理念は、薬師寺学侶の総意にもとづく領主の検断として実行されていたものであり、「勧賞」に対する認識にみられるように、地下との関係では、伝統的な領主検断の復興という側面を強調しているようである。もっとも、「粉骨」によって地下の検断行為をとりこむ動きはみられるのであるが、それは逆にいっそう、薬師寺の検断の「復古」的な性格を際立たせているように思われる。ともあれ、薬師寺の寺内または領内に、「厳正なる検断執行」理念の強調を直接もたらす要因は見出しがたいようである。そこで、前節に想定したもう一つの要因、すなわち外部権力の干渉と、「厳正なる検断執行」観念の強調との関係について、節を改めて考察したい。

三　「有様の成敗」の要求

さきに述べたように、「検断引付」冒頭の記事である［史料2］によると、今後は検断を厳正に行うべしとの方針は、大永六年に筒井順興の「異見」を受けて決定されたものである。この後にも筒井氏は、先述のように、打擲犯に対しては「彼本人被二罪科一及二放火一、任二先規一寺家之在様ニ成敗在レ之可レ然」[47]と要求し、用水を盗んだ者に対しても「寺家之有様成敗可レ有」[48]と、犯科人に対する寺家の「有（在）様之成敗」を求めて、再三薬師寺の検断に干渉を行っている。一般に「有様《ありよう》の成敗」とは、先例や規範に則ったあるべき成敗、厳重な成敗という意味に解されるから、「有様の成敗」の要求とは、薬師寺に、寺内領内の検断を厳正に執行させようとしたものといえる。すなわち、薬師寺における「厳正なる検断執行」観念は、筒井氏の要求によって、繰り返し寺僧たちに自覚され強調されるという関係にあったのである。

さて、右のような筒井氏による薬師寺の検断権への干渉のあり方は、中世後期に武家につらなる権力が、寺社本所のもつ検断権を侵害する際の論理とは、大きく異なったものといわねばならない。中世後期、守護や国人領主など、武家側の諸勢力が荘園領主の検断権に介入しこれを脅かすことは、当時広くみられた現象であるが、その際の論理と方法に着目すると、次の二つに大別できると思われる。一つは、守護や侍所など、幕府の公的な職権にもとづき（あるいはことよせて）、寺社本所領内の犯科人に対する検断を行い、その所領・財産を没収しようとするものであり、いわば統治権的な権限を根拠とした介入である。もう一つは、被官に対する主人の成敗権を根拠として、領内の犯科人（武家被官）に対する荘園領主の検断を妨害するものであって、いわば主従制的な論理を根拠とした介入である。ところが、筒井氏による薬師寺の検断権への干渉の論理は、自らの検断使の入部でも、被官の検断免除の要求でもなく、領主に厳正なる検断執行を求めるという、一見奇妙な性格のものである。そこで以下、この論理の性格を検討することにしたい。

まず、当該期に筒井氏が他の大和の寺社領内の領主検断に対しても、かかる「厳正なる検断執行」を求めた干渉を行っていたかが問題となるが、天文十年（一五四一）、筒井氏の被官春森丸なる者が、法隆寺領内で起こった辻斬の共犯容疑を受けた際の筒井氏の対応は、一つの参考となると思われる。この事件の際、法隆寺から打診を受けた筒井順昭は、「彼方返事ニハ、風聞計ニテ有名無実之間、如二有様一被二糺問一、於二白状明鏡一者、不レ及二是非一之由被レ申」(49)とあるように、「白状」が明らかであれば寺家が検断を行って差し支えない旨を返答した。この返答を受けた法隆寺は、「其ヲ兎角難渋アレハ、寺家仁理不尽之沙汰仁聞ル間、（中略）同春森、一旦不レ知之由雖レ申、及二強問一之処、所行旨白状申畢、（中略）翌日廿八日断頭在レ之」(50)と記されるごとく、筒井が認めた以上、難渋してはかえって「理不尽之沙汰」に聞こえるとして、「白状」を得た上で検断（処刑）を行っているのである。被官に対する検断でも免除を要求せず、逆に寺家が「有様のごとく」糺問して証拠十分であればやむをえないとし、その意向を受けた法隆寺がかえって厳重に検断を執行しようとするのは、薬師寺の場合と同じ論理が用いられ、それが受容されたことを示している。戦国時代の法隆寺の検断関係史料「衆分成敗引付」をみる限り、法隆寺には薬師寺の場合ほど頻繁に筒井氏からの干渉はなく、また「厳正なる検断」観念が自覚される度合いも薬師寺ほど強くはないといえるが、少なくとも、筒井氏のとった姿勢は、薬師寺のみに対する特殊なものでないことが確認できるのである。

次に、筒井氏による領主検断への干渉の論理と同じ論理を、いくつかの別の権力からさぐることによって、この論理の性格を推定することにしたい。まず、十六世紀後半の永禄年間、筒井氏の敵対勢力として大和に入った松永久秀が、法隆寺の門前検断権に介入した一件で行った主張は、注目に値する。「衆分成敗引付」には、法隆寺領内市場の住人鳥屋善六なる人物を、「裏方通」すなわち敵方への内通者として、松永方が捕らえて処刑し、その住宅を闕所にして足軽に宛行おうとした事件が記されている。(51) 最終的には、法隆寺の抗議によって住宅の闕所は断念され、寺家が住宅を放火し、跡を別人に宛行うこととなったのであるが、この事件の際、松永側の奏者として法隆寺との交渉にあたった勝雲斎周椿なる人物(52)は、松永側の立場を代弁し、次のような主張を展開している。

一　御門前ニ敵方裏成之事馳走申者在レ之由、才覚申候方候つる、左様之いたつら物共被レ成二御成敗一候て可レ然存候、左様ニ無レ之候ハヽ、はたして御寺家之御大事ニ可二罷成一之、御分別肝要候、已後御迷惑かり御後懐〔悔〕候ハんと存候之間、兼日ニ申越候、(53)

法隆寺門前の「いたつら物」（治安を乱す者）は、本来法隆寺の責任で成敗すべきである、さもなければ「寺家之御大事」に至るであろうから、後々のために申し届けるものである、という主張は、直接には、今回の松永氏による検断は、寺家がその義務を怠ったためのやむをえない措置であると弁明するためのものである。別の書状で周椿が「向後御門前之儀可レ被二仰付一事、専要候(54)」と述べていることと、この事件で、犯科人の身柄の処分を除いて、結果的には法隆寺門前の検断権がほぼ承認されていることからしても、法隆寺門前の領主検断権の承認と表裏一体の関係として、領主の検断を義務づける、という論理が確認されるのである。この松永側の主張は、筒井氏の用いた論理と同じものと理解され、奏者の書状であるだけに、薬師寺や法隆寺の記録にはあらわれなかった「門前」という領主検断の対象領域を明言していることが注目される。すなわち、筒井氏と松永氏という政治的軍事的には敵対関係にあった権力が、ともに、寺院門前の検断権を「義務化」することと合わせて承認する、という論理を用いていたことが明らかとなる。この論理は少なくとも当該地域において、ある種の政治権力が領主に対して一般にとりえたものと予想されるのである。

さて右のような、本来領主が最も排他的な支配権を主張しうる領域に対して、義務としての「厳正なる検断執行」を求める論理は、おそらく、一種の統治権的な支配権を根拠に主張された論理であることは疑いない。ただ、問題は、筒井氏といい松永氏といい、守護や守護代などの職権にもとづいてこうした論理を展開したとは考えがたいことである。そこで、この論理の性格を考えるために、いささか突飛な連想かもしれないが、戦国大名の典型とされる今川氏の分国法「今川仮名目録」の次の条文と比較してみる。

一　不入之地の事、改るに不レ及、但其領主令二無沙汰一成敗に不レ能、職より聞立るにおゐてハ、其一とをりハ、成敗をなすへき也、先年此定を置と云共、猶領主無沙汰ある間、重而載レ之歟、(55)

不入権は安堵するが、その領主が検断を怠ったならば「職」（今川氏の検断役人）の手で検断を行う、この法度は先年も制定されたが、領主による検断の怠慢がみられるため、改めて「仮名目録」において規定を載せる、という右の条文の趣旨は、守護不入地の領主に、検断執行の義務を課し、その怠慢を防ぐ名目で、不入地への干渉を可能とすることにあるとみられる(56)。また、「今川仮名目録追加」では、駿府の不入地につき、「馬廻之事ハ、目代の手いるへからさる由、近年申来之間、近日及二沙汰一、悪党之事ハ、家財あらたむるに不レ及、雑物一色あひそへわたすへきよし、議定畢、幷不入之地準レ之」(57)と規定されているが、「雑（贓）物一色」を犯科人に副えて「目代」に渡せとは、馬廻（および不入地の領主）が厳正に検断を行うことの義務づけとみなされる(58)。すなわち、戦国大名今川氏のもとでは、守護不入地の安堵と、その領主による厳正な検断執行の義務とが表裏一体の関係で把握されているのであるが、この論理が、筒井氏や松永氏の用いた論理に相通ずることは明らかである。逆にいえば、筒井氏が薬師寺領内の検断に干渉したのは、戦国大名が領内の不入地の領主に対して検断の義務を課すのと、同じ関係にあったと理解されるのである。

ところで、寺社本所などに与えられた「守護不入」の特権は、鎌倉時代からみられるものである(59)。ただ、室町時代までに幕府や守護が付与した「守護不入」権では、検断に関していえば、犯科人の身柄の守護への引渡しは求められるものの、これは守護使の入部を排除するという特権の方にウェイトを置いており、領主に検断を義務づけるという観念は希薄であると思われる。したがって、不入地の領主に厳正なる検断を義務づけるという論理は、戦国大名が新たに打ち出した支配論理と関わりの深いものであることが予想される。先学の指摘されるように、戦国大名は、官職によらず自らの実力で領国の平和と秩序を維持することに、自らの支配の正当性を見出していた。中でも、今川氏は、守護不入地に大名が干渉しうる理由を、

　只今ハをしなへて、自分の以二力量一国の法度を申付、静謐する事なれは、しゆこ《守護》の手入間敷事、かつてあるへからす、[60]

と述べており、自らの力量による領国の平和と秩序の維持という、大名支配の正当性の論理が、大名は守護不入地の領主検断に干渉しうるという主張を生み出す根拠であったことは明らかである。

　さて、「検断引付」の記録が開始された時期の筒井氏権力を、戦国大名権力と規定しうるか否かという問題の全面的検討は、今後の課題とせざるをえない。ただ、先学の研究によれば、当該期の大和において、従来の国人郷とは異なった新たな支配領域たる「郷」の形成が指摘され、筒井氏も、薬師寺領内を含めた「筒井郷」を形成していたことが明らかにされている[61]。また、天文年間、木沢長政が大和に入った際、筒井氏は、薬師寺領を含めた領域に、「百姓役」の反銭として対木沢の政治工作資金の負担を求めていたことが知られる[62]。おそらく領国の平和と秩序の維持を根拠に領民に役を賦課したものとみられ、この論理が戦国大名の用いる支配正当化の論理に近いことからすれば、「検断引付」が作成され始めた頃の筒井氏は、少なくとも、新たな支配領域、支配論理を形成しつつあった権力と位置づけることが可能と思われる。

　以上のごとく、「不入」特権を認められた領主は、その領内の検断を厳正に執行して秩序を維持しなければならないとする論理が、戦国大名に特有の支配論理であるならば、この論理が説得力をもつためには、領主層の中に検断を領主の義務であるとする観念が定着していなければならない。前節までの考察で、戦国時代の薬師寺において、この観念が強く自覚されていることを確認したのであるが、当該期領主層に広く、かかる観念が展開し定着していたかが

問題となる。本章ではこの問題を全面的に論ずるゆとりがないが、以下、簡単に見通しを述べておきたい。検断「義務」観念と最もよく適合する先学の学説は、犯罪穢を除くことに検断の本質があり、領主（とくに荘園領主）はこれを領主の義務と考えていた、とする学説であると思われる(63)。おそらくこの観念を核として、さらに「糺明」手続きの厳正さといった要素を付加しつつ、領主自身による戦国時代の検断「義務」観念が形成されたと予想される。例えば、中世後期にはしばしばマイナスの意味を込めて「私検断」という言葉が用いられている。その中には、領主層の内部において、検断権を有する主体の不正な検断行為を「私検断」と呼ぶ例がみられる。例えば、奈良において神鹿殺害犯の検断権を有する興福寺講衆が充分な糺明を経ずに検断を行ったことを非難して、大乗院尋尊は「於二于今一者講衆失二面目一了、成二私揆〔検〕断一者也(64)」と記しており、こうした意識が、戦国期領主層の「厳正なる検断」観念へと展開していったと推測される。

以上、きわめて不十分ながら、戦国大名の支配論理にもとづく不入地領主への検断の義務づけと、領主側における検断「義務」観念の高まり、という関係を当該期に認めうることと、薬師寺の検断はその典型例として把握しうることを指摘した。最後に、当該期の室町幕府が、京都の寺社本所の境内門前の検断に対してとった姿勢をもとに、この関係の成立を別の側面からあとづけてみたい。周知のように、室町幕府は王朝国家のもつ京都市政権を吸収するとともに、寺社の有する境内門前への支配権を安堵して、守護不入の特権を与えるなど、一定の保障を与えていた(65)。この枠組みの中で寺社の門前検断が行われ、戦国期に至っても、原則として、幕府は犯科人の身柄引渡しを要求する以外には、領主検断のあり方に立ち入って干渉することはなかったようである。しかし、次の史料は、室町幕府の門前検断への干渉の論理を示す興味深い史料である。

　於二南禅寺門前一弥五郎咎人之由申之、又五郎致二刃傷一事
開闔検断仕之処、為二寺家一、捧二去年十二月御下知一、闕所以下儀可レ存二知之一云々、被レ成二去年一至二奉書一者、更

不レ可レ有二改動一、然当寺　御座之処、致二緩怠一族、前代未聞儀也、所詮以二其科一、本人家為レ寺可二放火一之段、自二開闔一立二検使一、可レ有二其沙汰一、聊不レ可レ為二以後引懸一、次屋敷并同類家事、可レ令二寺家進退一、是則被レ立二旧冬御下知一故歟、宜レ為二上意一哉、

天文四年十月廿六日　平（松田）秀以（裏花押）（以下八人の連署を略す）(66)

右の室町幕府奉行人意見状は、幕府侍所の開闔が南禅寺門前の検断を行ったことについて、南禅寺から、幕府の「御下知」(67)を根拠とする抗議があり、その対応のために出されたものである。意見の骨子は、南禅寺の検断権を保障した下知の効力を認めるとともに、犯科人本人の家は南禅寺に放火させ、屋敷と同類の家については寺家の進退を認める、というものであり、検断得分を部分的に否定して、あえて住宅放火という措置をとらせようとしたところに、「厳正なる検断」を寺家に義務づける姿勢を見出せる。ところで、この事件において幕府侍所が検断を行った理由は、「当寺　御座」、すなわちこのときまさに将軍義晴が南禅寺に仮寓していたためと思われる(68)。したがって、例外的な措置とみなしうるのであるが、ここにみられる干渉の論理は注目に値すると思われる。ここで「当寺　御座之処、致二緩怠一族、前代未聞儀也、所詮以二其科一」と述べるごとく、まさに将軍の住まう空間の静謐を乱したことを理由に干渉が行われており、将軍の「御下知」の効力を制限する根拠として、ほかならぬ将軍の存在が持ち出されるという構図をみることができる。想像をたくましくすれば、幕府の安堵を得ていることの多い京都の寺社門前の不入権を公然と破るには、結局は将軍の存在を盾にする以外にない、という関係を示唆しているようにも思われる。戦国期京都の寺社本所には、「厳正なる検断執行」の観念を示す史料があまりみられないように思われるが、その理由の一つは、室町幕府をはじめ、将軍を推戴した政治権力が、新たな支配論理を展開しえなかったことに求められるのではなかろうか。もしこの推測が正しければ、さきにみた戦国大名の支配論理と領主の秩序観念との相関関係が、逆に浮き彫りになると思われるのである。

おわりに

本章の明らかにしえたことは次の三点にまとめられる。

一　「検断引付」にみえる薬師寺の検断執行のあり方は「厳正なる検断執行」の観念にもとづいて記録されていること。

二　この観念は、戦国時代の薬師寺学侶の総意として、領主検断の本来のあり方の復興を目指して実践されようとしていたこと。

三　また、この観念は、（おそらく大名権力へと脱皮しつつある）筒井氏の干渉によって、薬師寺寺辺領内の秩序維持の責務を果たすために自覚・強調されたものであること。

以上の点をふまえると、領主に守護不入地の厳重な検断を義務づけた戦国大名の支配論理と、その前提および結果としての検断「義務」観念の強まりという、当該期社会にみられる関係が、薬師寺領の検断においては、いわば純化されて伝統的な検断への回帰としてあらわれたものとみなされる。本章では、住宅検断など、個々の検断行為のもつ意義についてはは検討できなかったが、逆に、この観念や関係を前提にして、検断行為のもつ意義を捉え直すことができるようにも思われる。

本章で明らかにしえた、領主検断をめぐる大名権力と領主の関係は、単に高次の権力との関係から、領主の検断観念が規定されることだけを意味しないと思われる。戦国大名も、自らの力量による領国の平和と秩序の維持に、支配の正当性を求めていることからすれば、当時の社会の秩序のあり方ないし秩序観のゆらぎにいかに対応するかが、大名と領主に共有された課題であったように思われるのである。この問題の解明が今後の課題であることを記して、筆をおくことにしたい。

(1) 本章に引用する「検断引付」のテキストは、田中稔「〔資料〕薬師寺所蔵『中下﨟検断之引付』」(『研究論集』Ⅱ〈奈良国立文化財研究所学報第二十二冊〉、一九七四年)の翻刻をもととし、東京大学史料編纂所架蔵写真帳により校訂を加えた。また一部、薬師寺所蔵の原本を調査して知見を得たところがある。

(2) 村岡幹生「一五・六世紀の薬師寺の寺辺郷検断」(『史学雑誌』九七編一号、一九八八年)。

(3) 清田善樹「中世の大和における住屋放火」(奈良国立文化財研究所創立三〇周年記念論文集刊行会編『文化財論叢』同朋舎出版、一九八三年)。

(4) 藤木久志「落書・高札・褒美」(『戦国の作法——村の紛争解決』平凡社、一九八七年、のち増補版が平凡社ライブラリー、講談社学術文庫として刊行)。

(5) 中世後期の荘園領主の検断に関する論考は、職権主義の台頭を論じた羽下徳彦「中世本所法における検断の一考察——訴訟手続における当事者主義について」(石母田正・佐藤進一編『中世の法と国家』東京大学出版会、一九六〇年)、地下の検断との関係を論じた志賀節子「中世後期における本所検断についての一考察」、同「中世後期荘園村落と検断——村落「自治」の再検討」(ともに同『中世荘園制社会の地域構造』校倉書房、二〇一七年、初出は一九八五年、一九八七年)、酒井紀美「風聞と検断」、同「村落の検断」(ともに同『日本中世の在地社会』吉川弘文館、一九九九年)などがある。中世後期に限らず、中世荘園領主の検断にみえる「穢の除去」を論じた論考に、勝俣鎮夫「家を焼く」(網野善彦・石井進・笠松宏至・勝俣鎮夫『中世の罪と罰』東京大学出版会、一九八三年、二〇一九年に講談社学術文庫)、石井進「罪と祓」(『石井進著作集　第六巻　中世社会論の地平』岩波書店、二〇〇五年、初出は一九八七年)などがある。

(6) なお本章で用いる「領主検断」の「領主」の概念は、直接には、戦国期の史料用語としての「領主」、すなわち在地の村などを掌握し、現に領有を実現しているもの、という意味の「領主」の語義にもとづいている。したがって、この時期になっても支配権を保持しえた、在地性の強い「領主」(荘園領主の場合には境内門前地や直務支配地など)の「領主検断」を念頭に置いたものである。

(7) 「検断引付」天文八年九月晦日条。

(8) 例えば前掲注(5)志賀氏や酒井氏の論文では、地下の検断との関係から、領主検断の「得分権化」ないし得分の重視を指摘している。

（9）前掲注（1）田中稔氏の解題をもとに、若干の私見を加えた。
（10）「検断引付」永禄十年五月八日条。
（11）検断にみられる「落とす」行為の性格については、勝俣鎮夫「「落ス」考」（『戦国時代論』岩波書店、一九九六年）を参照。
（12）このように、最も極端な一例証を具体的に掲げることによりすべてを表現するという修辞ないし論法は、中世法にしばしばみられる。例えば勝俣鎮夫「楽市場と楽市令」（『戦国法成立史論』東京大学出版会、一九七九年）における、永禄十年十月日および同十一年九月日の織田信長楽市場制札の分析を参照。
（13）「検断引付」にみえる「罪科」には二通りの用法があるように思われる。一つは、前掲注（2）村岡論文の指摘する、「罪名」を核として、領域・集団からの追放・身分剝奪を含む、犯人の身柄に対する「罪科」であり、罪科と放火が併記されている場合、おそらくはこの意味で用いられたと思われる。もう一つは、「彼両人之家罪科畢」（「検断引付」大永七年卯月九日条）とあるように、具体的には住宅検断を意味する場合であるが、この用法は、むしろ両者に通底する広義ないしは高次の罪科観念をあらわすものとも考えられる。混乱を避けるために、本章で「罪科」と記す場合は、身柄に対する罪科を意味するものとする。
（14）「検断引付」天文二十三年十月廿九日条。
（15）「検断引付」天正十二年二月十一日条。
（16）この「公用」の語義については未考であるが、喧嘩の証拠はないが、喧嘩の発生と同等の結果をもたらした、というニュアンスではなかろうか。
（17）「検断引付」天文二十四年六月四日条。
（18）『時代別国語大辞典　室町時代編』（三省堂）は、副詞「堅固に」の語義の一つを、「妥協することなく、どこまでも趣旨を貫徹するさま」とする。ここでの「堅固」の語義に最も近い説明と思われる。
（19）「検断引付」大永六年卯月十三日条。
（20）前掲注（2）村岡氏論文は、この一件を、被官の検断免除のため筒井氏の介入した事件とみて、当該箇所を「筒井への（薬師寺の）異見」と解釈するが、「御異見」とあることから「筒井氏の異見」と解する他ない（同史料の解釈・理解は勝俣鎮夫氏の御教示による）。なお、この事件の際の筒井氏の介入については第三節で論じる。
（21）「検断引付」天正四年六月十九日条。
（22）前掲注（1）田中稔氏の解題が指摘するように、原本料紙の紙質・法量の変化などから、「検断引付」は、最初に白紙の冊子を作成し、それに記事を書き込む方式で記録の書き継ぎが行われたこと（逆にいえば、一記事毎に別紙に記し継ぎ足す書き継ぎ方式でないこと）が明らかである。現在の「検断引付」三二丁裏（天正三年九月十四日条、専観房の刃傷事件の記事を記す）の末尾に墨塗抹消された一行があるが、原本調査により墨塗の下に「一　同十五日卯［　］」の文字を判読できた。この文字は、現三四丁裏に、天正四年六月十九日に改めて書かれた記事の「同十五日卯刻」とも一致する。すなわち本来、現三二丁と三三丁の間に、「一　同十五日卯［　］」のあとに続く、明順房の死去に伴う専観房の一生不免罪科の記事を記した料紙が存在したが、それが破り取られたと推定される。この原本の状態からみても、この「引付」とは、まさに「検断引付」であることは疑いない。原本調査の機会を与えられた薬師寺および関係各位に深く感謝する。

(23) 佐藤進一「中世史料論」（『日本中世史論集』岩波書店、一九九〇年）。

(24) 例えば「検断引付」元亀四年六月廿一日条。

(25) 「検断引付」における「厳正なる検断執行」観念にもとづく記事や記述の取捨選択、という本論の障害となるのは、「侘言」により罪科を免除された記事（天文四年正月廿日条など）や、検断不執行の事件の記事（天文十七年五月二日条など）の存在である。前者は、後に免除されるにせよ、一旦「罪科」が行われれば「厳正なる検断執行」の理念に適うと認識されていたとも考えられる。後者は、評定による審理の結果、検断の必要なしと判断されれば、「厳正さ」は保たれたと認識されたのではないか。いずれもただちに本論の成立を妨げる材料とはならないと考えるが、若干の課題の残ることを記しておく。

(26) 前掲注(2)村岡氏論文。

(27) 三輩集会の位置づけについては、塚本英子「戦国期薬師寺における財務構造とその運営」（『寧楽史苑』三七号、一九九二年）、および福持昌之「薬師寺寺僧のライフコース——南都寺院社会研究の一試論」（『帝塚山大学大学院人文科学研究科紀要』創刊号、二〇〇〇年）を参照。

(28) 「検断引付」大永七年七月八日条には、中下﨟による尋使の派遣を受けいれない五条郷の処置について「於二円城院堂一披露三輩ニ了」とみえ、また「検断引付」天文九年三月廿二日条では、「中下﨟ヨリ三輩ニ披露」の後、三輩集会で勧賞の実施が決定されている。

(29) 「検断引付」元亀四年五月十九日条。

(30) 『政覚大僧正記』文明十六年九月廿四日条。

(31) 『政覚大僧正記』（薬師寺別当記）文明十七年卯月廿三日条。

(32) 『大乗院寺社雑事記』などにみえる興福寺の検断の際の「発向」は、衆徒や六方、講衆などが主体となり「蜂起」とともに行われている。蜂起と発向の関係については、坂井孝一「「蜂起」小考」（石井進編『都と鄙の中世史』吉川弘文館、一九九二年）を参照。

(33) 「公文所要録」天正十二年十月日条。「検断引付」同年九月廿二日条も参照。なお、本章に引用する「公文所要録」のテキストは、田中稔・永野温子「[資料紹介] 薬師寺上下公文所要録」(『史学雑誌』七九編五号、一九七〇年)をもとに、東京大学史料編纂所架蔵写真帳にて校訂した。

(34) 「公文所要録」に「上公文」の表記のある寺僧をみると、例えば、天正二年の上公文胤弘は「五師」で、明らかに上﨟である。

(35) 「下公文」の﨟次を示す直接の証拠は今のところ見出せない。ただ、「公文所要録」の元亀～天正年間の記事の三輩僧の「連判」は、おおよそ下﨟の僧から順に署判する原則が認められる(例えば天正十二年十二月八日条では、最上﨟の五師は、ほぼ末尾に署判)。これらの「連判」中で「下公文」の僧は比較的初めの方に署判する傾向がある(天正十二年の長懐など)ことから、「下公文」は中下﨟より選出されると推定した。

(36) 例えば「公文所要録」天文八年六月十九日条および同年八月四日条の記事中に「予長基」とみえ、当時の公文長基が記主であることが明らかである。

(37) 「公文所要録」天正八年卯月日条。

(38) 室町期の奈良の検断における「尋使」の性格については、坂井孝一「「入勝」考――中世奈良の検断に関する考察」(『史学雑誌』九七編六号、一九八八年)を参照。

(39) 「検断引付」大永七年七月八日条に「先年於㆓五条郷㆒喧嘩之時、尋使之入目五条座へ相懸了」とあるが、この「先年」は大永六年の「検断引付」の筆録開始前のこととみられる。

(40) 検断の際の「勧賞」については、前掲注(4)藤木氏論文を参照。

(41) 「検断引付」天正十二年正月十四日条。

(42) 「公文所要録」天文八年六月十九日条。

(43) 地下人の「出合」については、瀬田勝哉「神判と検断」(朝尾直弘・網野善彦・山口啓二・吉田孝編『日本の社会史　第五巻　裁判と規範』岩波書店、一九八七年)を参照。

(44) 「検断引付」天文九年三月廿二日条および天文二十二年五月十五日条。一方、「公文所要録」には「検断引付」にない「勧賞」の記事がみられ(例えば永禄十年三月四日条など)、「勧賞」実施の決定権は、本来三輩集会にあったことを裏づける。

(45) 「検断引付」天文二十二年六月日条。

(46) 「公文所要録」天文三年五月十四日条。

(47) 「検断引付」永禄十年五月八日条。前掲［史料1］では省略した部分である。

(48)「検断引付」天正十二年七月廿一日条。

(49) 法隆寺「衆分成敗引付」天文十年十一月十二日以下の条。本史料のテキストは、主として林幹彌『太子信仰の研究』（吉川弘文館、一九八〇年）の翻刻によった。

(50) 注(49)に同じ。

(51)「衆分成敗引付」永禄九年二月十三日条。

(52) 年未詳十月廿四日勝雲斎周椿書状（「法隆寺文書」ハ函二九一号）には、「我等申次者共候条、曲事之旨堅可㆓申付㆒候」、「宝光院御越候て久秀へ被㆑仰候処」といった文言がみえ、周椿が松永久秀の奏者であったことがわかる。なお、「法隆寺文書」の文書番号は、法隆寺昭和資財帳編集委員会編『法隆寺の至宝　第八巻』（小学館、一九九九年）の目録番号による。

(53) 年未詳九月八日勝雲斎周椿書状（「法隆寺文書」ハ函三〇八号）。

(54) 年未詳九月十一日勝雲斎周椿書状（「法隆寺文書」ハ函二八三号）。この他にも、「法隆寺文書」ニ函一六六―一六九号の勝雲斎周椿書状は、この一件に関して出されたものである。

(55)「今川仮名目録」二二条（佐藤進一・池内義資・百瀬今朝雄編『中世法制史料集　第三巻　武家家法Ⅰ』岩波書店、一九六五年）。以下本章に引用する「今川仮名目録」「今川仮名目録追加」のテキストはすべて同書による。

(56)「職」の語の解釈等は、石井進・石母田正・笠松宏至・勝俣鎮夫・佐藤進一校注『日本思想大系二一　中世政治社会思想上』（岩波書店、一九七二年）の「今川仮名目録」二二条の頭注（勝俣鎮夫氏による）に従った。

(57)「今川仮名目録追加」五条。

(58) 贓物は、中世の検断では最も有力な証拠とされたため、贓物を副えるとは厳正に検断を行った証しであろう。

(59) 鎌倉・室町幕府、および戦国大名今川氏のもとでの「守護不入」については、西田友広「鎌倉幕府検断体制の構造と展開」（『鎌倉幕府の検断と国制』吉川弘文館、二〇一一年、初出は二〇〇二年）、小林宏「室町時代の守護使不入権について」（小川信編『論集日本歴史5　室町政権』有精堂、一九七五年に収録、初出は一九六六年）、羽下徳彦「室町幕府初期検断小考」（寶月圭吾先生還暦記念会編『日本社会経済史研究　中世編』吉川弘文館、一九六七年）、有光友學『戦国大名今川氏の研究』（吉川弘文館、一九九四年）、臼井進「戦国大名今川氏の「不入」について――不入権の否定と不入権の付与について」（『史叢』四八号、一九九二年）、久保健一郎『戦国大名と公儀』（校倉書房、二〇〇一年）などを参照。

(60)「今川仮名目録追加」二〇条。この条にみえる政治思想の理解については、勝俣鎮夫「戦国法」（前掲注(12)勝俣氏著書所収）、「戦国大名「国家」の成立」（前掲注(11)勝俣氏著書所収）を参照。

(61) 村田修三「大和の「山ノ城」」（岸俊男教授退官記念会編『日本政治社会史研究　下』塙書房、一九八五年）および安国陽子「戦国期大和の権力と在地構造——興福寺荘園支配の崩壊過程」(『日本史研究』三四一号、一九九一年)。また筒井氏については、安田次郎「筒井氏の「牢籠」と在地支配」(勝俣鎮夫編『寺院・検断・徳政——戦国時代の寺院史料を読む』山川出版社、二〇〇四年)も参照。

(62) 「公文所要録」天文十二年九月十三日条。

(63) 前掲注(5)所掲の勝俣氏論文および石井氏論文を参照。

(64) 『大乗院寺社雑事記』文明十七年四月五日条。なお、神鹿殺害については坂井孝一「「三ヶ大犯」考——中世奈良における「児童・神鹿・講衆」に対する犯罪」(『日本歴史』四九六号、一九八九年)を参照。

(65) 室町幕府による京都市政権の掌握については、佐藤進一「室町幕府論」(前掲注(23)佐藤氏著書所収)を参照。京都における寺社の門前検断と室町幕府との関係は、今谷明『戦国期の室町幕府』(角川書店、一九七五年、のち二〇〇六年に講談社学術文庫)が最も体系的に論じている。

(66) 天文四年十月廿六日室町幕府奉行人連署意見状(櫻井景雄・藤井學共編『南禅寺文書 中巻』二七四号)。

(67) この「御下知」は、天文三年十二月十五日室町幕府奉行人連署奉書(『南禅寺文書 中巻』二七三号)をさす。

(68) この当時、近江から帰洛した将軍足利義晴が南禅寺聴松院に寓居していたことは、設楽薫「「伺事記録」の成立」(『史学雑誌』九五編二号、一九八六年)に指摘されている。

第二章　中世後期の集団間紛争の解決における「罪科の成敗」

はじめに

本章の主たる目的は、中世後期の集団間紛争[1]の和解・調停や、公権力とは直接関わりをもたない地域的裁定における、「罪科（の成敗）」や「検断」などの史料用語（本章では便宜的に「罪科の成敗」の語で代表させる）であらわされた紛争処理・解決のあり方を明らかにすることにある。とりわけ本章が追究したいのは、おそらく「罪科の成敗」の中に含まれるとみられる、被害者側の復讐の行動・論理とは別の脈絡から、加害者本人の「罪」を追及しようとする紛争解決のあり方である。こうした紛争解決を、国家的権力の裁判ではなく、右のような紛争解決の場にさぐろうとするのは、以下のような理由による。

日本の中世社会は、私闘や私的復讐による権利や名誉の保持・回復が当然とされた、いわゆる自力救済行為の支配的な社会であり、しかもその「自力」が個人ではなくその所属集団の力、すなわち集団的な実力行使として発現していた点に大きな特徴がある[2]。しかし当該期から近世初頭にかけての戦国大名や統一政権は、私的復讐や私闘、および集団的な実力行使を制限・否定[3]して、これらの行為を究極的には社会秩序の維持という観点から「罪科」とみなす紛争処理を志向している。こうしたいわば「上から」の自力救済否定の動きを、実は中世後期の在地社会における紛争解決の様々な慣習に裏づけられた「下から」の動きの結実とみる学説を提起したのが、藤木久志氏である。[4] その後、先学の研究によって、当該期の在地社会における紛争解決の研究は大きな進展をみせている。[5] 本章もまたかかる先学の研究視角に学ぶものであるが、先学による紛争解決の慣習や習俗の研究に、「罪科の成敗」に対する探究がむしろ手薄であることは、研究史上の一つの課題であると思われる。なぜなら、右に述べた当該期から近世初頭の公権力による紛争解決の志向と、先学の明らかにされた「自力」の慣習・習俗との間には、むしろ大きなギャップが存在するとみられるからである。

ところで、当該期の社会における紛争解決慣習にも、例えば藤木氏の研究以前に勝俣鎮夫氏が明らかにされた「大法の成敗」（殺人事件の加害者を、彼の属する集団が処刑することによる紛争和解方式）[6] のごとく、「罪科の成敗」を含むとみられるものが存在する。したがって、公権力の裁判以外の紛争解決の場における「罪科の成敗」のあり方を探究することはおそらく可能であり、先学の研究視角を継承し、当該期の「下から」の自力救済否定を描き出すために不可欠な作業となるものと予想される。

問題は、当該期には、例えば被害者側が加害者「成敗」と称して事実上の復讐を行うケースや、いわゆる同害刑のごとく、復讐の論理を反映した「成敗」形態が存在するなど、「罪科の成敗」と復讐とが混在しえ、その判別が容易ではないことである。そこで本章では、被害者側の復讐とは区別された「罪科の成敗」を分析するために、「成敗」の形態、特に、加害者などの住宅の破却・焼却行為に注目してアプローチすることにしたい。その理由は、当該行為の本質については先学の間に見解の相違があるものの、少なくとも集団や領域内の種々の犯罪に対して行われる場合、それが同時代の人々に「住宅検断」すなわち何らかの「罪科の成敗」と認識されていたことは疑いがないからである。[7] しかも「住宅検断」を、被害者側の復讐として存在した当該行為の代行、あるいは放火犯のみに対する同害刑とみるのは困難であり、かかる理解をとる学説も皆無である。すなわち、復讐とは別の脈絡による「罪科の成敗」の探究という本章の目的に最もふさわしい対象と思われるのである。

しかし、畿内近国地域を中心に、集団間紛争の解決の場に散見される住宅破却・焼却行為を、従来の住宅検断研究が特に区別して論じることはなかった。むしろ、「解死人を引く」作法とともに行われる「煙を立てる」作法と位置づけられ、「罪科の成敗」よりも一種の謝罪・贖罪の儀礼としてのみ理解されてきたのである(8)。したがって本章ではまず、集団間紛争の解決の場において、「煙を立てる」作法とは異なる、「罪科の成敗」としての当該行為を発見することから探究を始めなければならない。

おおよそ以上のような関心と問題設定から、本章ではまず、集団間紛争の和解・調停などの場における、被害者側の復讐とは異なる「罪科の成敗」としての住宅破却・焼却行為の存在を明らかにし、これを「煙を立てる」作法と対比することを通して、当該期の在地社会の紛争解決の中にみえる「罪科の成敗」のあり方をさぐることにしたい。

一　加害者側集団による加害者成敗

本節では、中世後期の集団間紛争の和解・調停における「罪科の成敗」としての住宅破却・焼却行為の存在を明らかにし、それが被害者側の復讐の行動・論理と区別しうる「成敗」といえるかを検討したい。まず、以下の集団間紛争和解・調停の事例にみえる住宅破却・焼却行為は、「罪科の成敗」としての当該行為の一つの型を示すとみられる。

［事例1］永享二年（一四三〇）、奈良転害大路の藤丸なる宿屋での宿泊をめぐるトラブルから、畠山満家の被官榎本某らが抜刀して宿の下女に斬りつけ、騒ぎを聞いて集まった同郷内の「在地人」によって逆に殺害されてしまう事件があった(9)。被害者の主人たる満家の「訴訟」を受けた室町幕府は、大和の守護たる興福寺に、藤丸宿の亭主の身柄の「搦進」と、宿屋を大路に運び焼却することとを命じた。この命令内容は「被レ仰二興福寺発向検断一」ともいわれ、

興福寺の履行の結果この事件は解決したが、その際、

凡此事、其身狼藉自業自得也、然者為二後昆一全不レ可レ有二宿之咎一之由、学侶及二評定一、然而畠山（満家）挿二欝結一、定以二非分輩一、為二南都人一者於二京都一可レ散レ欝歟、然者却而不レ可レ然、猶如レ此可レ致二沙汰一之由、上意之趣也、仍応二御下知一云々、

と伝えられるごとく、同寺の学侶は、この事件は被害者の「自業自得」ゆえに藤丸宿には「咎」はないとして反対したという。しかし、被害者側が遺恨を抱き、事件とは直接関係のない「南都」の人間が京都で報復を受ける事態となってはかえってよろしくないであろう、との幕府の意向を興福寺側がくみとり、この「検断」は実行された。

［事例2］嘉吉三年（一四四三）、丹波氷所保の地下人が、守護細川氏の領する日置山の柴木を誤って刈ってしまう事件が起こった(10)。元々この山は守護方の検断によって「押領」（闕所）されたといい、氷所保の領主清原業忠(11)としては当然、守護方の検断権行使によるさらなる「押領」を恐れたと想像される。ところが被害者側である「守護」細川持賢(12)からは、

御料所之事候上者、自二本所一可レ被レ罪二科地下人一也、万一令レ対二捍本所之成敗一者、承候て為二守護一堅可レ致二罪科一也、先為二本所一可レ被二糺明一之由、有二返答一之間(13)、

と、まず「本所」から犯人の「罪科」を行うようにとの要請があった。これを受けた清原業忠は早速現地に使者を派遣し、「八郎三郎・九郎五郎等為二張本人一之由、自二地下一差申之間、召二捕之一、於二屋内一者毀出焼払(14)」と伝えられるように、犯人の逮捕とその住宅の破却・焼却が実行された。犯人は京都に連行の上「禁獄」されようとしたが、「地下」の反対によって止められている(15)。この「罪科」の実行により事件は無事落着した。

［事例3］天文九年（一五四〇）、大坂寺内町の住人郡戸屋が、彼を人質に取ろうとした山中蔵人の被官と喧嘩となり、逆にこれを殺害する事件が起こった(16)。加害者の領主たる本願寺は、山中と同じく細川晴元被官の木沢長政とその

被官中坊に仲介を依頼し、以下に伝えられるような和解が成立した。

先度喧嘩之儀、此間以二種々之扱一、彼郡戸屋者蔵人方ニトラヘラレタルモノ也、令二逐電一、其家壊レ之、河縁へ出レ之揚レ煙、但依二中坊意見一雑々物少シ焼レ之、又其方も可二其分一之由、木沢（長政）方へ上野（下間頼慶）彼材木即其地ニ垣ヲシテ可レ置之由候、即属二無事一候、一昨日歟、郡戸屋事随二見合一可二相果一候、又其方も可二其分一之由、遣二一行一訖、就下壊二彼家一儀上、従二山中方一出二見使一、中坊も被レ出候キ、[17]

すなわち、本願寺は加害者郡戸屋を「逐電」扱いとして見つけ次第殺害することとし、その住宅を破却したうえ一部焼却し（「煙を揚げ」）て、被害者側と和解したのである。

右の三つの事例のうち、［事例1］と［事例2］では、犯人ないしそれに準ずる者の身柄拘束とその住宅の破却・焼却とを「罪科」「検断」と呼んでおり、［事例3］でも、加害者の保護権を剝奪した追放（事実上の死刑宣告）とセットで当該行為が行われている[18]。したがって、これらはいずれも、加害者「成敗」の一環たる住宅検断とみられる。しかも、右の「罪科の成敗」としての住宅破却・焼却には、次の二つの共通点がある。

第一は、破却・焼却されたのが、事件における直接の加害者、もしくは事件の発端となった本来の当事者（当時の言葉でいう「本人」）の住宅という点である。［事例1］で藤丸宿亭主に「咎」はないとの反対意見の存在したことは、逆にいえば直接の加害者ではないものの、「咎」のある「本人」として成敗が求められたことを示している。また、［事例3］で被害者側と調停者が「彼の家を壊す儀に就」いて「見使」を派遣した目的の一つは、破却対象が実際に加害者の家であるかの検分にあったと思われる。

第二は、住宅破却・焼却を含む「成敗」主体の、当該紛争における立場である。その主体は、［事例2］と［事例3］では加害者の領主、［事例1］では加害者や「本人」の属する国の守護であるが、問題は、これらの「成敗」主体が当該紛争における中立の第三者ではないことである。この点、最も示唆的なのが［事例1］である。興福寺の「検断」は、形式的には幕府の執行命令にもとづくものであるが、先述のごとく、その実行を決定づけた動機は、事件と直接関係のない「南都の人」に被害者側の報復が及ぶことへの危惧であった。すなわち実質的には、当該期の集団間紛争に特徴的な、個人とその所属集団とが一体視される関係、いわゆる「集団責任の原理」[19]を前提として、むしろ加害者側集団の代表として「成敗」を実行したとみられる。この、加害者側集団による加害者の「成敗」という関係は、［事例3］はもちろん、一見守護と本所との検断管轄の問題のごとくみえる［事例2］においても成り立つ。さきにみた守護からの本所の「成敗」要請は、被害者の領主としての守護から、加害者の領主たる「本所」に対してなされたものだからである。

このように、右の三つの紛争事例から抽出される、集団間紛争の和解にみられる「罪科の成敗」としての住宅破却・焼却行為は、「加害者側集団による加害者成敗」（以下、「加害者側集団の成敗」と略記する）の一環、というパターンである。そこで以下、この「加害者側集団の成敗」としての住宅破却・焼却が、被害者側の復讐の論理・行動とは別の脈絡による「罪科の成敗」といえるかを検討したい。

まず注目されるのは、「加害者側集団の成敗」における「成敗」主体の問題である。先述のように、当該期には、被害者側が「罪科の成敗」を自称して事実上の復讐を行い、かえって紛争を激化・拡大させてしまうケース[20]も散見されるが、右にみた「加害者側集団の成敗」は、こうした事実上の復讐の混在する余地がないばかりか、有効な紛争解決方式として機能していたことが明らかである。しかも、右の三事例の被害者側が、復讐実行能力を欠いた存在であったとはおよそ考えがたく、［事例2］のごとく、守護としての「成敗」権限を有した被害者側でさえ、（やや特殊な事情があるとはいえ）まず加害者側領主の「成敗」を優先させているのである。すなわち、単に被害者側の復讐実行困難などの消極的理由からではなく、むしろ加害者本人に対する「罪科の成敗」の望ましき一つの姿として、「加害者側集団の成敗」が存在したと思われるのである。

興味深いのは、右の認識が加害者側集団の側にもみられることである。当該期、惣村や都市共同体の間の紛争はし

ばしば激しい武力抗争に拡大したが、かかる紛争にあっても、

かやうのらうセき《（狼藉）》人ハ、やかてたうしよ《（当所）》をついはう《（追放）》仕候て候、（中略）わかきものともいかてい《（如何躰）》のらうセきをいたし候とも、たかいにセいはい《（成敗）》をくわゑ、事をふい《（無為）》になすへく候、[21]

と、加害者の「成敗」（具体的には追放）による和解が、加害者側集団から提案されているのである。むろん右の今後の「互い」の成敗協約がただちに実現したとは考えがたいが、加害者側と被害者側のいわば相互の関係において、加害者の属する集団による「罪科の成敗」が紛争解決に有効との認識が存在する点は注目される。

次に問題となるのは、「加害者側集団の成敗」における「罪科の成敗」の核心にある論理である。その論理として我々がまず想起するのは、被害者側の復讐の代行もしくは反映であろう。例えば、殺人犯の処刑としての「大法の成敗」も、「加害者側集団の成敗」の一種とみられ、その同害刑的な「成敗」形態を、被害者側の復讐の論理の反映と解することもできよう。しかし先述のように、ここで問題とする加害者住宅の破却・焼却という「成敗」形態を、同害刑あるいは被害者側復讐の代行とみることは困難である。右の三事例は、加害者もしくは「本人」の身柄の拘束や追放の「成敗」も伴うけれども、やはりその「成敗」の総体を同害刑的な論理で説明することは困難であろう。さらにいえば、以下の事例のごとく、傷害・殺人の事件において、事実上加害者住宅の破却・焼却のみの「成敗」によって和解が成立したケースも存在するのである。

［事例４］寛正四年（一四六三）、東寺寺内で寺僧らが鳥羽の「鳥取」（鳥を捕る者）を打擲する事件[22]があり、被害者側の鳥羽の地下人は、東寺に神木を振ると通告してきた。これに対し、加害者の領主たる東寺は、

今夜既本人千鶴カ家ヲコホチ《（毀）》出テ放火ノ上者、此事可ㇾ然之様ニ為二地下一無為ニ被ㇾ成候者、寺家可ㇾ有二悦喜一、

と、喧嘩の「本人」の住宅破却と焼却を行い、和解を申し出たところ、

放火之御沙汰之上者、千万可ㇾ被《（然）》存候、此上者訴訟留候返事也、但打擲人死去仕候者、其時又可ㇾ申云々、

と、被害者が死去した場合について留保しつつも、東寺側の処置に納得して報復をとりやめたという。当該期の東寺境内や門前の検断の事例と比較すると、ここにみえる「本人」の家の破却・焼却は、寺宝の盗犯(23)や土一揆の「張本人」(24)など重犯の犯人に対するのと同等の「成敗」とみなされる。また、被害者側が「放火之御沙汰之上者」と納得していることからも、この事例では、住宅検断の「成敗」のみにより紛争が解決したことは明らかである。

[事例5]　天文十二年（一五四三）、大坂寺内町の住民が三好政長の被官と喧嘩し、三人を殺害する事件があった。経過がやや複雑であるため、以下に史料を掲げる。

松井十兵衛・水尾源介・小河左橘兵衛此人ヘ令二音信一也、其子細者、去六月下旬於二河縁一、三好神五郎（政長）衆与二寺内衆一喧嘩有レ之、其時神五郎衆を三人打取之、此方衆不レ死候、其相当之儀可二申付一之、神五郎申之間、彼三人以二種々扱一、此方囚人（是ハ河ヲ越向ヘ行候者ヲ召執置候也、本人者其夜逐電候之間、如レ此、）可レ助レ之、神五郎得二其意一由申来之間、彼逐電人家壊出之、於二河縁一揚レ煙也、仍彼相当相調候、其礼儀也、神五郎ハ江州へ下之由候間、遅々候間、先中嶋衆ヘ所二音信候一也、神五郎ヘハ重而之儀也。(25)

右の史料によれば、被害者側の三好方は、「相当之儀」として、事件には直接関係のない寺内町の住民を拉致し、殺害すると加害者の領主たる本願寺に通告してきた。ところが、「中嶋衆」（松井・水尾・小河）の仲介によって和解が成立し、人質の生命は救われることとなった。この和解のために本願寺のとった処置が、逐電した加害者本人の住宅破却と焼却（「煙を揚げる」）であり、その結果（「仍」に注目）「相当」が成立したと認識されている。この事件のごときケースで加害者の属する集団のとりうる有効な対処は、本来の加害者に対する「成敗」であるから、(26)この住宅焼却も、やはり加害者への「成敗」とみられるのである。(27)

さて、右の二つの事例のごとく、同害刑的性格が皆無に等しい住宅検断のみでも和解が成立しうることから、「加害者側集団の成敗」における「成敗」の論理の核心にあるのは、被害者側の復讐の代行・反映ではないと考えざるをえない。では、いかなる論理が、「加害者側集団の成敗」の核心なのであろうか。その一つの手がかりを示すのが［事例5］である。この事件では、如上の「成敗」形態にもかかわらず、「彼相当相調」うと認識されているが、この「相当」とは、当該期の紛争解決の一つの鍵というべき、衡平観念や相殺主義をあらわす言葉である。[28] しかもこの「相当」は、この事例で被害者側が主張した「相当之儀」のごとき、復讐による被害の相殺という論理でないことは明らかである。すなわち、この「相当」という論理のあり方に、「加害者側集団の成敗」の論理をさぐる手がかりがあると思われる。そこで、「加害者側集団の成敗」にみえる「相当」の論理を、住宅破却・焼却の「成敗」に限定せずにさぐってみることにする。

　文明十一年（一四七九）、一色義直の被官成吉某の下人が北野社近辺の筍を盗んだことから、これを咎めた同社の宮仕との喧嘩となり、三人の宮仕を殺害してしまう事件があった。[29] 宮仕らの訴えを受けた幕府が、加害者の主人たる義直に「相当之罪可レ有二成敗一」きことを命じた結果、成吉の「逐電」、喧嘩の「本人」の自害という成敗の実行によってこの事件は解決をみている。この「相当の罪」という表現であるが、当時の「罪」という語には、現代と同様の「罪」の意に加え、「罪に対する罰」の意があり、ここではもちろん後者の意味で用いられている。したがってこの場合の「相当」とは、被害の相殺の問題というより、直接には、例えば量刑の面から充分な「罪科の成敗」といった、加害者本人の「罪」に対する追及・処置の程度を問題としたものとみられるのである。

　ところで、加害者本人の「罪」の追及・処置の程度という問題は、彼のもたらした被害の問題とも関わることは想像に難くない。天文十四年（一五四五）、鷹司忠冬の侍熊原新介なる者が、課役賦課をめぐって六角今町の粟津供御人の店棚に乱暴狼藉をはたらいた事件で、[30] 被害者側（供御人を管掌する内蔵頭・御厨子所別当）として、鷹司家に「相当之御成敗」を要求した山科言継は、当初鷹司家側が行った熊原への「折檻」に不満を示し、「相当」を満たす具体的な処置として、加害者の「生害」（処刑）、もしくは「破却の具・くり屋」（破壊された資財・建物）の弁償の、二つの案を提示している[31]。前者は、客観的に妥当な量刑かどうかはさておき、加害者の「罪」を追及する「罪科の成敗」といえ、後者は発生した被害に着目した弁償もしくは賠償であろう。すなわちここでは、加害者の「罪」の追及という方法と被害の相殺という方法とを、ともに「相当の成敗」とみなし、両者を置き換え可能とみているわけである。［事例5］もまさにこの「相当」の論理にもとづき、加害者側集団の「罪科」の追及・処置の度合が、被害者側の復讐による被害の相殺に見合うと認識されたとみられる。こうした、集団相互の関係において、被害者側の復讐と加害者側の「罪科の成敗」とに等価性を見出しうる論理も、「相当」に含まれるのである。

さて、右のごとき「相当」の論理を媒介とすれば、加害者本人の住宅検断のみでも成立しうる「加害者側集団の成敗」の「成敗」の核心をなすのは、加害者本人の「罪」の追及・処置を第一義とする論理であり、その追及・処置の程度や度合が充分であれば、被害者の復讐、被害の相殺に代替しうるという関係が存在することになる。したがって、被害者側の復讐や被害の相殺の論理が必ずしも反映される必要はなく、事実右の事例でも、量刑上の充分さ、加害者側集団の処置の厳重さなどが、「加害者側集団の成敗」の成立要件であったといってよい[32]。その意味で「加害者側集団の成敗」は、「成敗」の論理の上でも、復讐とはひとまず区別されうる論理をもつものといえよう。

以上のように、当該期の集団間紛争では被害者側の復讐の行動・論理と判別しがたい「罪科の成敗」の中でも、とりわけ加害者住宅の破却・焼却という「成敗」形態をとる「加害者側集団の成敗」は、明らかに復讐とは別の脈絡によるものとみられる。ただ、右の立論をより確実なものとするには、「加害者側集団の成敗」としての住宅破却・焼却が、同じく加害者側集団による住宅焼却行為たる「煙を立てる」作法とは別のものであることを確認しておく必要があろう。むしろ「加害者側集団の成敗」としての住宅焼却と「煙を立てる」作法との相違の中に、当該期の紛争における「罪科」の一つの特質が隠されているようにも思われるからである。この問題は節を改めて検討しよう。

二　「解死人と煙」との対比

本節では、「加害者側集団の成敗」としての住宅破却・焼却を、同じ住宅焼却行為たる「煙を立てる」作法を伴う和解慣習と対比し、両者の相違を明らかにすることを通して、当該期社会の紛争解決の場における「罪科」の一つの特質にアプローチしたい。

当該期の紛争和解における住宅焼却行為は、そのすべてが前節にみた「罪科の成敗」としての意味をもつわけではなく、しばしば「解死人を引く」作法と合わせた「解死人と煙」という和解方式の一環としてあらわれる[33]。「解死人を引く」とは、特に殺人事件に際して、加害者の属する集団から、加害者のかわりの者を被害者側に引き渡す一種の謝罪儀礼であり、当該期にはこの作法により、いわば謝罪意思に免じて和解を成立させる（「解死人」は殺さない）慣習が存在した[34]。しかし従来、「加害者側集団の成敗」としての住宅焼却と、「解死人と煙」のそれとが特に区別して論じられたことはないため、まずこの二つの和解方式総体に関する相違点を明らかにしておきたい。

第一の相違点は、焼却される家にある。「解死人と煙」における「解死人」は、先述のごとく、加害者と同じ集団の成員であれば誰でもよいとの通念が存在していたが、「煙を立てる」ために焼かれる家については従来、「村の責任者たちが自分自身の家を焼く」のが本来の姿と指摘されていた程度で[35]、詳細は不明であった。しかし、典型的な「煙を立てる」作法には、それとはやや異なる認識がみられる。

御伽草子「鴉鷺物語」は、擬人化された鴉《からす》と鷺の間の空想の合戦を描いた作品であるが、作中に二回、合戦の回避策として、紛争の発端となった打擲事件の加害者たる鷺の側に「煙を立てる」作法をとらせ和解しようとする場面が描かれている[36]。一つ目は、報復の合戦を企図する鴉側の軍議の場で、

A
当時は無為をさきとする時分なり、雅意に任せたる合戦、理を持ちながら負くる事や侍らん、上裁を経るか、しからずは敵方大望もあらば、小家の一間にも煙を立てさせてやむべき、

との案が出された場面であり、二つ目は、争いの調停を試みた鵲《かささぎ》が鷺側に対して、

B
当世を見るに兵革久しく絶えて干戈動かず、異敵跡をけづり、弓矢袋に有時分、ことに私の弓矢とゞまり、故戦防戦ともにその咎のがれがたし、あはれ、下司をも出し、せゝり鷺の古巣の一間にも煙を立てて、自他安穏なるやうに御はからひ候へかし、

と進言した場面である。ここでは、Aに「小家の一間にも煙を立てさせて」、Bに「下司をも出し（「解死人を引く」こと同義）、せゝり鷺の古巣の一間にも煙を立てて」とあるように、「煙」のために加害者側が焼く家は、その集団の成員の家でさえあればどの家でもよい、と認識されているのである。文学作品にあらわれたこの認識はおそらく、当時の典型的な「煙を立てる」作法のあり方を反映するとみられ、後述のように、実際にほぼこの認識通りに「煙を立て」た事例が存在する。この、集団内での家の任意性は、集団内で「解死人」となる人の任意性に通ずるといえ、「解死人と煙」をつらぬく一つの原理的なものの存在を示唆する。

第二の相違点は、前節にみた、紛争解決における「相当」の論理のあり方に関わる。「解死人と煙」における「解死人」は元々、「下手人」（本来の加害者）を被害者側に引き渡して処刑させ、復讐感情を満たすことに起源をもつ。それゆえ、この和解方式がそもそも、被害者側の復讐による被害や名誉の回復に基礎を置くことは想像に難くない。次に掲げる史料は、まさにこの観点からすでに「相当」であるから「解死人と煙」による和解が成立するはず、との認識を述べたものである。

一　死人之事、為二喧嘩一之間、以二解死人・煙一可レ有二落居一之由、雖下被二仰出一候上、不レ能二承引一、於二数度一執
　懸候上者、可レ為二相当一歟、(37)

右の史料は、大永八年（享禄元年、一五二八）から翌年にかけての、東寺・稲荷社と東福寺（および同寺門前の「法性寺」）との間の紛争(38)に対する九条稙通の調停案を、被官の矢野在清が細川晴元方に説明した中の一節である。この紛争では、死者を出し、神輿に矢が刺さるなどの被害を受けた東寺・稲荷社側をなだめ、和解させることが課題であったが、報復を阻止できず(39)、ついには細川晴元らに斡旋ないし裁定が依頼されようとしていた。右の史料では、東寺・稲荷社側の死者の問題について、「死者の件については「解死人と煙」による和解案を（稙通が）示したけれども（東寺側が）了承しない。（しかし東寺側が何度も）報復攻撃を加えたのであるから、すでに「相当」が成立しているはずではないか(40)」と、「解死人と煙」による和解案拒否の事実と、それに対する稙通側の見解を述べているのである。すなわち、すでに行われた復讐そのものが「解死人と煙」の前提たる「相当」であると認識されているわけであるが、別の角度からいえば、加害者側による住宅焼却行為が「相当」をもたらすのではない、という関係も読みとれよう（前節［事例5］の加害者の成敗→「相当」の成立という関係と比較されたい）。

もっとも、この和解方式の目的は、謝罪を受け入れさせ爾後の復讐を防ぐことにあるはずであり、その前提として、右の事例のごとく、被害者側と加害者側との間には、すでに何らかの相殺・均衡状態が成立しているとの論理を必要とするのである。その論理の特徴を示すと思われるのが、さきの「鴉鷺物語」である。Bで加害者側に「解死人と煙」による謝罪をすすめた鵲は、被害者側の鴉にも書状を送り報復の合戦を思いとどまるよう説得しているが、その中で、当該紛争を次のように分析している。

　この確執一向御振舞の緩怠より起こる、しかりといへども非を立て合はするに打擲の咎いささか重し、

この紛争はそもそも被害者側にも「非」があるが、加害者側の「非」と比較考量すれば、やや被害者側に分がある。

こう述べた上で、いわば相殺しきれない残りの「非」「咎」は加害者側に謝罪させるから許してやってほしいというのが、右の説得の含意であろう。すなわち、被害者側の行動やその「非」を勘案すれば、その（さらなる）復讐、紛争継続の正当性は減殺されるとする論理である。このように、「解死人と煙」の前提となる「相当」の論理は、主として被害者側の行動・正当性に目を向け、もっぱらその復讐の論理の枠の中ではたらくことを特徴とし、加害者の「罪」に目を向けた「罪科の成敗」とは、着眼点や当事者の正当性の認識を異にするといえよう。

さて、右のような、「解死人と煙」と「加害者側集団の成敗」との相違からも、「煙を立てる」作法はやはり、「罪科の成敗」とは異なる意味をもつ行為とみるべきである。しかし問題はそれにとどまらず、右の相違はおそらく、二つの和解方式を支える紛争解決の思想や観念、およびそれと関わる「罪科」の性格にむすびつくと思われる。そこで以下、右に挙げた「解死人と煙」の特徴のもつ意味をいま少し掘り下げて検討することを通して、これらの問題を考えることにしたい。

まず検討したいのは、「解死人と煙」における、集団内の人・家の任意性の意味である。永正十二年（一五一五）、播磨鵤荘では、検断のために入部せんとした守護赤松義村の使者を、同荘内平方村の住民が殺害する事件があった[41]。同荘の政所僧は、住民の行動を「言語道断、卒爾之子細也」と非難するコメントに続けて、次のように記している。

雖レ然、彼死人カヤヲ、卄物を取条曲事之趣申立、及二御公事一条、可レ然成下、解死人ヲヒカセ、在処ニ煙ヲ立、内山中与三兵衛方礼仁出落居了、少〔小〕家一ツ二百文ニカウテヤク、解死人ニハ、兵庫ト云者ニ料足スコシトラセテ、置塩マテ遣了、

この事例では「解死人と煙」のための家・人はそれぞれ、「少〔小〕家」と「兵庫ト云者」であり、ここでも加害者本人とその家ではなく、集団内の任意の家・人が用意されている。興味深いのは、「少〔小〕家」は代金を支払って購入し、「兵庫」には「料足」を与えたと記されるように、人・家に何らかの対価が出されていることである。このことは、加害

者側集団において、「解死人と煙」のための人・家が決して無償の犠牲や負担とは認識されていないことを物語る。

　さらに興味深いのは、「煙」の立つ場所についての認識である。先述の通り「煙」は「少〔小〕家」を焼いて立てたものであるが、「在処ニ煙ヲ立」とあるごとく、その場所は「在処」と認識されている。この「在処」を先学のように殺害の事件現場と解する[42]のは少し飛躍があり、素直に解すれば、加害者側集団の居所としての「在所」＝村である。他の事例でも「煙」を立てる場所はしばしば、「庄」「郷[43]」や「城[44]」など、加害者側集団の居所や拠点と表現されていることも、この解釈を裏づけると思われる。ここには、加害者側集団内の任意の家を焼いた「煙」を集団全体の「煙」とみなす関係、すなわち、個人と集団全体との一体関係が認められるのである。かかる関係を前提とすれば、右にみた人・家への対価は、集団全体への貢献に対する反対給付の意味をもつといえる。中世末から近世初頭にかけての村掟にみられる、村の「解死人」に出た者が落命した場合、その子孫に役負担免除などの報償を与えるとの条項[45]もこれと同趣旨と理解され、右の関係は「解死人と煙」の一つの特徴とみられるのである。

　右のような「解死人と煙」の人・家をめぐる集団と個人の関係はそもそも、当該紛争が加害者個人の問題ではなく、その所属集団全体の問題と自覚されない限り、成立しないはずである。すなわち、「解死人と煙」では、紛争の本来の「加害者」を囲んで結束する方向に、所属集団の意思がはたらくといえる。一方、「加害者側集団の成敗」では、「成敗」される加害者に対価など支払われなかったばかりか、すでに逐電した加害者の住宅を「成敗」し、見つけ次第殺害するとした事例さえあった。「解死人と煙」と比較すれば、「加害者側集団の成敗」における「罪科」の最大公約数的な特質とは、加害者の集団からの疎外・排除の論理にあるといっても過言ではないであろう。

　次に、もう一つの「解死人と煙」の和解の特徴である、被害者側の行動や正当性に目を向けた相殺のあり方は、当該和解の性格そのものに影響を及ぼすはずである。右の鵤荘の事件でも、鵤荘側は、殺された被害者（「彼死人」）が「カヤヲ、ヰ物」をとったことはけしからぬ（「曲事」）と主張して被害者側である守護方に訴え[46]（「及二御公事一」）、その結果として「解死人と煙」の和解に成功しているが、こうした被害者側の「非」への着目が、当該和解を「罪を問わない」ものとすることは想像に難くない。

これを裏づけるのが、やや変則的な和解ではあるが、寛正二年（一四六一）の、近江菅浦惣と大浦荘との紛争[47]である。この紛争は同年七月、菅浦住人が大浦荘内で盗みの疑いを受け殺害され、菅浦側がその復讐を行ったことから始まる。紛争は双方の領主日野家の法廷に場を移し、結果として、盗犯もしくはその共犯の「罪」が確定した菅浦は、代官松平益親を大将とする日野家の討伐軍から「退治」を受ける立場となった。この紛争には、第三者たる領主による「罪科の成敗」という性格が加わったのである。この討伐軍には当事者の大浦を含む近隣の在地領主や村も加わり、菅浦は孤立無援の状態となったが、最終的には、

よせてこわ〱やおもわれ候ける、くまかゑ《（熊谷）》の上野守《（ママ）》の手より籌策をめくらし、色々依ニ口入一、煙をあけ、けし《（解死）》人には道清入道・正順入道命を捨、しほつ《（塩津）》との、同道にて、松平遠江守《（益親）》まゐ出、かうさん《（降参）》をいたし候て、地下ニ無為無事ニ候し、

とあるごとく、討伐軍の大将益親に「降参」し、危機を逃れることができたという。

さて、この紛争にみえる「解死人と煙」の和解は、本来の紛争相手たる大浦ではなく、第三者たる菅浦討伐軍への「降参」である点、これまでの事例とは異なる。この「降参」の結果、菅浦の「罪」がいかに扱われたかについて、後に興味深い主張の応酬がみられる。事件の翌々年、大浦の代官でもあった松平益親は、大浦荘民からその苛政を糺弾され、両者の間に訴訟が展開された。この訴訟で大浦は、さきの事件では菅浦を「贔屓」し「退治」をやめてしまったと、益親を非難している[48]。これに対し益親は、贔屓ではなく、菅浦が手順を踏んで「降参」したため「弓箭の儀理」によって合戦を中止したと反論した[49]。両者の主張は、合戦の中止により菅浦が事実上赦免されたという点では、ほぼ認識が一致しており、実際に菅浦の「罪」は不問に付されていたことを物語る。この紛争は菅浦惣の「罪科」を

問題とした討伐戦であるだけに一層、当該和解における罪の不問という特徴が際立つといえよう。
以上、加害者に対する所属集団の態度、めざす和解そのものの性格という点から「解死人と煙」と「加害者側集団の成敗」との相違を指摘したが、これを簡単にまとめると、前者は、集団が加害者を囲んで結束し、集団相互の間では「罪」を不問にした和解を目指すのに対し、後者は、所属集団が加害者を排除し、その「罪」の「成敗」による解決を志向するのである。
さて、かかる相違から明らかなように、この二つの和解方式は、加害者側集団による住宅放火行為を伴うものの、紛争解決の観念・思想を全く異にしている。この点注目されるのが、右の紛争において、益親が、菅浦の赦免を「弓箭の儀理」すなわち合戦のルールを持ち出して正当化したことである。これは、平安時代以来、特に「私戦」と呼ばれる、私的な利害や名誉をめぐる合戦に特徴的にみられた、「降参した者の罪をゆるす」という慣習である。[50]この菅浦討伐戦は、検断を目的とする「公方」の戦いであるから、益親の論理はやや牽強付会の感もあるが、菅浦の表現をかりれば、大浦が「公方相共ニ無念をさんし候ハん」と私的復讐のため討伐軍に加わっているごとく、「私戦」の性格が混在することも確かである。したがって、益親の事実認識の是非はさておき、「解死人と煙」という紛争解決方式の背後に、罪を問わない解決を正当とする紛争の観念が存在するといえよう。おそらく、「罪科の成敗」ではない「煙を立てる」行為の意味は、この観念を前提とした「降参」の意思表示にあると思われるのである。[51]
同時に、実はこの二つの紛争和解方式は、「罪科」の扱いについて、ある共通の傾向の上に成立するものではなかろうか。右にみたように、「罪科」の有無は加害者の所属集団からの排除の有無に規定されるわけであるから、それは、結局は所属する小集団に対する「罪」という性格を帯びるであろう。また、集団相互の間で不問にされうる「罪」とは、一種の当事者間的な「罪」ともいえよう。すなわち両者とも、地域や社会全体の秩序に対してというより、はるかに狭い小集団的・当事者間的な問題として「罪」を扱う傾向の上に成立するとみられるのである。

この点示唆的なのは、右の菅浦討伐戦にみられる、菅浦惣の「罪」の性格と、その処理のされ方である。まず確認しておきたいのは、この紛争において菅浦が「罪」を問われた理由は、直接には、先学の指摘されるような過剰な報復行為(52)ではないことである。ここで主に問われたのは、「ぬすミをするのミならす、山田百姓を四五人生涯させ、放火し、（中略）かやうの事ハ、一向地頭へたいして不足なりとて」とあるように、「盗み」の共犯罪であり、しかも一連の菅浦惣の行動が「地頭」すなわち（個別の）領主に対する反抗・敵対行為と認識された点に特徴がある。

しかしこの紛争には、周囲の地域社会からみた「罪」という問題も存在したようであり、それは菅浦惣に対する周囲の「合力」（軍事的協力）のあり方にあらわれている。「退治」を受けることとなった菅浦惣は、

地下の談合には、かねて申承候方へハ、皆々京都より御奉書付、ふさかり、弓矢のまゐには、無二御心元一ハ我も〱と状をこし、合力あるへきよし候へしか共、盗賊の名取にて日野殿よりの御勢相向とき、、又ハ御奉書をつけまわさる、間、地下よりたのむといふとも、公方事候ハ、、をくれ候ハすハ、面目なき事にてあるへく候、さるまゐハ余所勢ハ一人も不レ入、只地下勢はかり、ゆにも水にも成候ハんと一味同心候て、

とあるごとく、今回の紛争は、先方からすすんで「合力」を申し出てくれた過去の紛争とは異なり(53)、仮にこちらから頼んでも「合力」は得られないであろうと判断して(54)、自ら要請を断念しているのである。菅浦がかくも追いつめられたのは、当該期の在地社会において「盗み」がほぼ例外なく忌み嫌われ、「検断」の対象とされる犯罪であったから(55)であろう。したがってこの紛争での菅浦は、地域全体から指弾され「成敗」されうる「罪」を負っていたことも、おそらく確かだと思われる。

しかし、この紛争では最終的には「解死人と煙」による領主代官への降参が成立し、地域全体に対する「罪」というより個別領主に対する領民の「罪」として、むしろ当事者間的に処理されたのである。討伐軍に加わった在地の一領主（熊谷氏）がこの和解を斡旋したと伝えられるように、この紛争では、地域社会の中に、この「罪科」を地域全

体の問題として断固「成敗」する意思よりも、むしろ、個別の領主と領民との間の局地的、もしくは当事者間的な「罪」の問題と捉える認識が強かったといえよう。

以上のような「解死人と煙」[56]との対比からいえば、被害者側の復讐の論理とは別に「罪科の成敗」の論理によって紛争を解決しようとする「加害者側集団の成敗」は、ある種の刑事的紛争解決を志向してはいるが、その「罪」の視野が小集団や当事者間の問題にしか及んでいない点で、当該期の公権力による紛争解決の「罪科の成敗」よりはるかに視野の狭いものといえよう。では、本章の対象とする紛争解決の場において、例えば当事者集団の武力行使を、社会のより広い秩序に対する「罪」とみなす「罪科の成敗」への志向は存在したのであろうか。この問題は節を改めて検討しよう。

三　新たな「罪科の成敗」への志向

本節では、集団間紛争の地域的裁定にあらわれる、小集団・当事者間の問題を超えた「罪科」を追及する動きをみることにする。その動きは、やはり住宅焼却行為を伴い、研究史上よく知られた、ある集団間紛争の裁定の中に見出すことができる。だが、それを把握するためにはまず、さきの「加害者側集団の成敗」の中にあらわれた、以下のような「罪科の成敗」としての住宅検断の派生形態をおさえておく必要があると思われる。

その第一は、村落間の紛争における、加害者の所属集団たる「惣村」(村全体)に対する「成敗」である。応永年間(三十年か)、延暦寺領近江富永荘野村郷の郷民が、近隣の余呉荘中郷の山木を盗伐し、「出合」ってきた中郷の郷民を逆に殺害してしまう事件があった[57]。余呉荘の領主たる畠山満慶[58]は、山徒の乗蓮房兼宗を介し、富永荘領主の延暦寺に加害者の「罪科」を要求した。だが、この「加害者側集団の成敗」がこれまでみた事例と異なるのは、「厳密被レ相二懸野村㆒、於㆓下手人㆒者、被㆑致㆓糺明㆒、任㆑法可㆑有㆓沙汰㆒候、至㆓惣村㆒者、老二三人可㆑有㆓罪科㆒候[59]」と、兼宗から富永荘預所に、下手人（犯人）の糺明に加えて野村郷全体（＝惣村）の「罪科」の追及が指示された点である。この指示はさらに、預所の意を奉じた兼全から「於㆓其身㆒者、任㆓大法㆒可㆑有㆓罪科㆒候、於㆓彼郷内老二三人家㆒者、令㆓検封㆒、厳密可㆑有㆓注進㆒候也[60]」と同荘中司に伝えられており、具体的には「老」二・三名の住宅の検封（住宅検断）が、「惣村」に対する「罪科の成敗」とされていたことがわかる。

右の「惣村」の成敗は、むろん一種の連座とみなされるが、その連帯責任のかけ方が興味深い。右にいう「老」とは、当該期の自治村落たる惣村に広くみられた、老―中老―若衆という年齢・臈次階梯のうちの「老」（おとな）をさすとみられ、一般に「おとな」は、団体としての惣村の意思決定や行動を主導する存在である[61]。したがって右の「惣村」に対する成敗は、団体の意思決定・行動のあり方に即した、一個の自律的団体としての責任を問うものともいえよう。もっとも、この事件の場合、犯人（個人）の糺明が行われる間の暫定的措置として「惣村の罪科」が問われたとみることもできるから、ここでは右のような考え方の萌芽、との評価にとどめるのが妥当かもしれない。

さて、当該期の「加害者側集団の成敗」の第二の派生形として、第三者への「成敗」委託を挙げることができる。もちろん、第三者たる公権力の「成敗」実行を求める傾向は一般的に存在するが、ここで指摘したいのは、公権力ではなく地域社会の第三者集団への「成敗」委託である。天文十八年（一五四九）、京都上京において四辻季遠の被官田口兵衛尉が喧嘩の末殺された事件[62]で、被害者側は、犯人の属する正親町室町の「町」共同体全体へ報復攻撃を加えようとした。この事件は次の史料のごとく解決している。

　四辻（季遠）室町へ被㆓取懸㆒之由風聞之間罷向、従㆓彼町㆒、可㆓成敗㆒之処逐電之間、不㆑及㆓是非㆒、然者為㆓隠〔穏〕便之躰㆒可㆑有㆓成敗㆒之由申之間、近所六町之宿老衆・四辻上使罷向、彼家コホチ（毀）出放火云々、自然為㆓用心㆒五百計用意也、方々合力之人数者被㆑閣了、無㆓殊事㆒[63]、

ここでは正親町室町（「彼町」）が、「成敗」を行おうとしたところ加害者が逐電したとして「隠〔穏〕便之躰」の成敗を求めているが、これは、「加害者側集団の成敗」の必要を認めた上で、事実上、他の主体に「成敗」実行を委ねたものと理解される。その結果、「近所六町之宿老衆・四辻上使」が、「成敗」として加害者住宅を破却・焼却したのである。さてこの「成敗」実行主体のうち、「四辻上使」は被害者側として参加したとみられるが、「近所六町之宿老衆」すなわち禁裏六町の宿老たちの立場が問題となる。禁裏六町は、戦国時代、禁裏役の請負を契機として上京に形成された町組であり、一種の自治組織でもあった(64)。ただ、加害者の属する正親町室町はこの町組に加わっておらず(65)、六町の宿老が、加害者側の上位団体として「成敗」を託されたとみることは困難である。したがって彼らの立場は、直接の上位者ではない、近隣の中立的第三者（いずれの側にも「合力」した形跡がない）とみるほかない。こうした地域の第三者集団が、被害者側の代表とともに「成敗」を行う事例も、当該期には存在する。

さて、前置きが長くなったが、右のような「罪科の成敗」の派生形態をふまえて検討したいのは、永禄八年（一五六五）の、近江甲賀郡の桧物下荘と石部三郷との紛争の裁定である(66)。用水相論に端を発するこの紛争は、近隣の「合力」も加わって、死傷者を出す大きな武力抗争に拡大したとおぼしく、同郡内の柏木御厨を本拠とする伴・美濃部・山中の三つの同名中惣「三方」(67)がその裁定をこころみた。「三方」はいずれも両当事者の直接の領主ではないため、これは、近隣の第三者集団が、一種の地域的裁定を下したものと理解される。次に掲げるのは、「三方」が桧物下荘側に示した裁定案である。

今度石部三郷与井水之儀ニ付而異見申条々

一　本訴之儀者、前之判者衆之被レ得二御異見一之、可レ被二相果一候事、

一　桧物名主中二階門、悉被二伐破一、可レ有二放火一候、若二階門無レ之候者、内門ヲ可レ有二放火一候、并本人名主中家次一人宛、墨衣入道にて、石部三郷名主中得、河田宮鳥居之前にて、可レ有二御礼儀一候之事、

一　桧物百姓本人、年老次第ニ家三十間可レ有二放火一候、然者、彼方身寄五人・同人夫二十人被レ出候へと申付候間、各々罷下、同前ニ放火可レ仕候、然者来十日ニ各々罷下、御取合可レ申候、万一於レ無二御同心一者、各々彼方江片付可レ申事、

右之旨、無二贔屓偏頗一異見申候、若私曲偽於レ在レ之者、此霊社起請文御罰ヲ深厚可レ蒙レ罷者也、仍前書如レ件、(68)

右の第一条に、本来の争点（「本訴之儀」）である用水の問題は、「前之判者衆」の裁定通りに解決せよとあることから、この裁定案の主眼はむしろ第二・三条の、紛争における死傷者の問題をいかに処理するかにあったとみられる。そこでは加害者への「罪科の成敗」の問題がいかに扱われているかを、やや煩雑ではあるが、第二・三条にみえる「放火」行為の主体・性格を確定することを通して検討したい(69)。

まず、右の「放火」行為の主体であるが、ややわかりづらいものの、第二・三条の最初では「可レ有二放火一」と無主格で述べ(70)、第三条後半に「然者……各々罷下、同前ニ放火可レ仕候」とまとめて明示されているとみてよい。このくだりは、一人称複数として用いられる「各々」の用法(71)（ここでは「三方」をさす）に注意すれば、「石部三郷側（「彼方」）には、「被害者の親族（「身寄」）五人と人夫二十人とを寄越されるように」と申し付けておいたので、我々「三方」も出向いて一緒に（「同前ニ」）放火を行う」と解釈されよう。したがってここでの「放火」主体は、裁定者たる「三方」と、被害者側（主に親族）の代表であることになる。

右の解釈からすれば、この「放火」行為に、加害者側の謝罪行為たる「煙を立てる」作法の性格を認めることは困難であり、さきの禁裏六町の事例と似た、第三者と被害者側代表による「罪科の成敗」とみなさざるをえない。しかも第三条では、「放火」の対象を、「年老次第ニ家三十間」と、年齢もしくは臈次順の家と指定することから、この「成敗」は、さきの富永荘野村郷の事例と同じく、桧物下荘の「百姓」集団＝惣村全体に対するものと理解される。

したがっておそらく、第二条に、名主中の門を「悉く」破却させた上で（「三方」が）放火するとあるのも、名主中全体に対する一種の「成敗」であろう。すなわち、ここに示された「放火」行為の意味は、事実上、桧物下荘の名主中・百姓全体に対する「成敗」と理解されるのである。

ところで、この裁定案はいま少し複雑な構成をとる。右のような裁定者による「成敗」と同時に、第二条後半によれば、桧物下荘「本人」の名主中の家ごとに一人、法体となって石部三郷の名主中に「御礼儀」をなすこと、すなわち各名主のイエ集団ごとに一種の「解死人を引く」謝罪儀礼も行われるのである。このことは、右の「成敗」が追及せんとする「罪」の性格を暗示すると思われる。さきにみたごとく、この作法は桧物下荘・石部三郷双方の名主中の間では「罪」を不問とすることを意味するから、「放火」に参加させる被害者側を、親族を中心にかなり限定していることと合わせて、この裁定には、当事者間的な「罪」の問題を最小限にとどめようとする意図がうかがえる。それに対し、「成敗」の対象は先述のごとく逆に拡大されている上、さきの禁裏六町の「成敗」と比較しても、この「三方」の「成敗」は、裁定者としての強い主体性によることは疑いない(72)。したがって、ここで問われたのは、これまでみた当事者間的な「罪」というより、むしろ、第三者たる彼ら「三方」にとって看過できない「罪」であると考えざるをえないのである。

では、かかる「罪」とは、何を、いかなる点から問題視するものであろうか。この紛争の具体的な経過は不明であるが、さきの富永荘野村郷の事例とは異なり、この裁定は直接の加害者の糺明・成敗にふれず、事実上「本人」の範囲が桧物下荘名主中・百姓のほぼ全体に及んでいる。したがってここでは、彼らの組織的な武力行使の結果を「罪」に問うたとみるのが妥当であろう。とはいえ、直接的な支配権をもたない彼らがかかる「罪科の成敗」を行うには、何らかの強い動機が存在し、強制力の裏づけはもちろん、「成敗」を正当化する論理が必要であったはずである。残念ながらこの紛争に即してそれらを明らかにすることは困難であるが、この紛争のすぐ後の、「三方」を含めた当該地域の在地の領主層の動向から、ある程度の推定が可能と思われる。

よく知られているように、この紛争のあと、当該地域には、右の「三方」による一揆、さらには、郡内の在地領主層による「郡中惣」という連合体の結成が明確に確認される。(73)この動きの中で注目されるのが、右の紛争の翌年、永禄九年に作成された「三方」の一揆契状(74)にみえる、若党(75)・百姓独自の、あるいは「三方」以外との「与《くみ》」(同盟関係)結成は、「三方」が一丸となって破棄させるという条項である。一般に、「与」結成の主要目的の一つに、紛争における武力の確保があることは疑いないから、当該期の「三方」には、村落の武力に対する強い警戒・危険視が存在したといえる。逆にいえば、かかる意識から、紛争で武力行使する村落を「成敗」し、村落の武力そのものを統制下に置くことを意図したものと、当時の彼らの動向を整合的に理解できると思われるのである。

右のように「成敗」の動機を推定したところで、次に、その実現のため、彼らがいかなる手段や論理を用いたかである。当然のことながら、「三方」の個々の同名中惣は、支配領域外の、しかも周囲の「合力」も得た村落を「成敗」する公的権限も、充分な物理的強制力も持ち合わせていない。いま後者の問題に目を向ければ、彼らにとっては、右の史料第三条に「万一於レ無二御同心一者、各々彼方江片付可レ申」とある、「片付」行為のみが独自の強制力といってよい。この「片付」とは、直接には紛争の相手方に一方的に加勢するという意味であり、一揆契状にしばしばみられる、「道理の方人」(76)となることと等しい、一種の集団権力の発動である。こうした集団権力の形成のため、「三方」は一揆を形成し強化していったといえるが、ここで注目されるのが、翌年の一揆契状にみえる、

一　為二其同名中一咎人申付旨、若違犯之輩在レ之者、三方一味ニ可二成敗一事(77)

との条項である。この条項の趣旨は一同名中の咎人成敗を「三方」全体として支援することにあり、そこには、「三方」全体もしくは共同の問題として「罪」を捉えようとする意思がみられる。すなわち、これまでみた小集団的・当事者的な「罪」とは異なる、全体もしくは共同の問題としての「罪」の概念である。一揆結合をさらに拡大させた

「郡中惣」もまた、「片付」という集団権力の発動を裏づけとして裁定を行っており[78]、そこにはおそらく「郡中」という地域全体の問題として「罪」を捉える意識が存在したとみられる。

以上のように、この紛争の直後の当該地域の在地領主層の動向からみると、彼らはおそらく一種の階級的な動機から、紛争における村落の武力行使を「成敗」しようとし、そのために「郡中」のごとき地域全体の秩序に対する「罪」の追及という論理を展開させていったのである。すなわち、さきの「三方」による紛争裁定の中には、明確な言葉では表現されていないけれども、紛争における共同・全体の秩序に対する「罪」という概念の、少なくとも萌芽が存在するとみられる。

さて、最後にみておきたいのは、こうした地域紛争における当事者間的でない「罪」の追及への動きの、一つの帰結である。右の紛争の二年後に制定された、近江南半（甲賀郡域を含む）の大名六角氏の分国法「六角氏式目」の一三条は、紛争における村落の武力行使の否定の先駆的事例として、これまでにも注目されてきた[79]。ところでその条文、

一　野事、山事、井水事、可レ准二先条一、但、一庄一郷打起、於レ及二鉾楯一者、科人指二交名一、雖レ申レ之、不レ可レ被二聞召入一、一庄一郷江、可レ被レ相二懸其咎一事、[80]

をみると、「但」以下の、山野水論において「一庄一郷」をあげて武力行使を行った場合は、その「一庄一郷」全体に「咎」をかけるとの規定は、さきの「三方」の裁定における「成敗」のあり方にほぼ等しい。しかも、「六角氏式目」という分国法の以下の性格をふまえれば、これは単なる偶然の一致ではないとみられるのである。

「六角氏式目」条文にみえる法規制には、家臣団相互の自己規制と、大名六角氏の施政に対する家臣からの規制の二つが含まれているが[81]、右の条文の「但」以下にみえる敬語表現は当然、大名六角氏による紛争裁定でもかかる「咎」を成敗すべしとの、家臣側からの規制と解される。さらに、この分国法の、特に所務関係の条文には、六角氏家臣たる当該地方の領主層相互の協調・自己規制により、大名への強権付託を通して、彼らの権益を護持せんとする志向が

顕著である。[82] 本条も、「先条」すなわち直前の一二条の、「喧嘩・闘諍・打擲・刃傷・殺害」の事件の際には、家臣相互の関係では復讐を抑え六角氏に紛争解決を委ね、六角氏からは迅速に、かつ復讐や紛争での「合力」を行った者に対しても「成敗」がなされるべしとの規定[83]をふまえているのであり、所務条項と同じ方向性を確認しうる。その上でさらに「但」以下において、在地領主層が紛争裁定でみせた村落「成敗」への志向を、大名裁判のもとでより広く実現させようとしたものと理解される。[84] したがって本条はまさしく、当該地方の在地領主の一揆の裁定にみえた当該「成敗」への志向の、一つの帰結と位置づけられるのである。

以上のように、「加害者側集団の成敗」「解死人と煙」という和解方式の性格をふまえることによって、それらが問題とするのとは異なる、おそらくは地域全体の秩序に対する「罪科」を「成敗」する動きを摘出しうる。この動きが、その担い手たる在地領主層の一揆結合を通して直接、公権力による刑事的紛争解決への期待に結びつくのをみるとき、それは確かに、当該期社会の「下から」の刑事的紛争解決への期待、自力救済否定の一つの動きと評価されよう。ただ、地域社会におけるかかる「罪科の成敗」への動きを、村落との関係から生ずる在地領主の一揆固有の動きと理解するか、それともいま少し広がりをもった運動と把握するかは、いまだ充分な検討材料を欠いている。また、右の「六角氏式目」にあらわれた村落の武力行使否定を、「国」の秩序に対する「罪」という概念にもとづくとみるならば、当該行為をさらに「天下」の秩序に対する「罪」とする意識の形成も問題となる。これらの問題を検討するには、地域社会の紛争解決の場における「罪科の成敗」の具体像を、従来明らかにされた復讐の行動・論理と合わせて、今後さらに豊かにする必要があると思われるのである。

おわりに

以上、住宅破却・焼却という「成敗」形態に着目して本章が明らかにしえた、紛争の和解・調停・地域的裁定にみえる「罪科」をめぐる紛争処理の型と、そこにおける「罪科」の性格、および当該期公権力による刑事的紛争解決の拡大との関係は、以下のようにまとめうる。

(一) 当該期の集団間紛争には、加害者本人の「罪」の充分な追及・処置を重視し、所属集団による「成敗」が被害者側の復讐と等価値との論理に裏づけられた、「加害者側集団の成敗」という、復讐とは別の脈絡による和解方式が存在した。その「成敗」形態として、加害者本人の住宅破却・焼却がある程度有効と認識されていた。

(二)「加害者側集団の成敗」と「解死人と煙」という和解作法とは、同じく住宅焼却行為を含んでいても、加害者に対する所属集団の態度、紛争解決の思想(特に「罪科」のあり方)を大きく異にする。後者は、加害者が集団から排除されない関係にあり、被害者側の復讐に基礎を置く、被害者側の行動・正当性に目を向けた相殺論理を特徴とする。その結果、後者の和解ではむしろ、「罪」を不問にした解決が志向されている。

(三) この二つの和解方式に通底するのは、当該紛争の解決において、小集団的・当事者間的に「罪科」を処理しようとする傾向である。しかしその中にあって、十六世紀後半の近江の在地領主層による紛争裁定には、村落の武力行使を、おそらくは地域全体に対する秩序侵犯とみなして「成敗」する動きが出現する。さらに、在地領主層を代表する大名家臣団が、この村落武力行使への「成敗」を、当該地方の大名権力による「成敗」への期待として、その分国法の中に定立している。このことは、当該期公権力による刑事的紛争解決の拡大の動きの少なくとも一部が、在地社会の紛争解決の場からの要望に支えられていたことを示す。

右のように、本章の不十分な検討のみからも、当該期の地域的な紛争解決の場において、「罪科の成敗」による紛争処理が意外に重要な意味をもって存在していたと予想される。もちろん、そのことによって、従来明らかにされた、復讐の行動・論理と関わりの深い紛争解決慣習の意義が失われるわけではない。しかし、当該期の集団間紛争をみるとき、復讐の行動・論理と合わせて「罪科の成敗」による解決にも目を配る必要があり、また、そのことによってより深い理解が得られる可能性があると思われる。

最後に、残されたいくつかの課題について述べておきたい。まず、本章では、住宅検断を「穢れの祓」とみるか否かをめぐる研究史上の問題を棚上げにしたため、紛争における「罪科」の性格を問題としながら、その中心にあるはずの秩序観念（おそらく近現代の刑法思想とは異なった、個人・社会・自然の相互関係を前提とすると思われる[85]）にはほとんどふれえなかった。また、本章にみた、小集団的・当事者間的な「罪」と、より広い秩序に対する「罪」との関係は、一つの問題となると思われる。中世末から近世にかけて、後者が前者に観念的に優越する関係が形成されると予想されるが、小集団的・当事者間的に「罪」を処理する傾向は、おそらく残存しつづけることであろう。したがって両者の「罪」の関係がいかに整序されていくかが、当該期の紛争解決における「罪科の成敗」の展開の、一つの問題となるであろう。いずれも容易には解決しがたい問題であるが、ここではひとまず今後の課題としてその存在を指摘し、筆をおくことにする。

（1）　本章にいう「集団間紛争」とは、被害者が集団・領域の外に存在し、加害者の属する集団全体が被害者の属する集団と敵対する可能性を帯びた紛争をさす。

（2）　かかる「自力」の理解は、勝俣鎮夫「戦国法の展開」（永原慶二、ジョン・W・ホール、コーゾー・ヤマムラ編『戦国時代——一五五〇年から一六五〇年の社会転換』吉川弘文館、一九七八年、のち永原慶二編『戦国大名論集1　戦国大名の研究』〈吉川弘文館、一九八三年〉所収）などを参照。

（3）中近世移行期における自力救済否定をめぐる論点整理・課題の提示は、村井章介「中世の自力救済をめぐって――研究状況と今後の課題」（『中世の国家と在地社会』校倉書房、二〇〇五年、初出は一九八六年）の指摘が現在でも有効と思われる。
（4）藤木久志『豊臣平和令と戦国社会』（東京大学出版会、一九八五年）。
（5）室町時代以降を主な対象とした論考として、藤木久志『戦国の作法――村の紛争解決』（講談社学術文庫、二〇〇八年、初出は平凡社より一九八七年）、同『村と領主の戦国世界』（東京大学出版会、一九九七年）、酒井紀美『日本中世の在地社会』（吉川弘文館、一九九九年）、稲葉継陽「中世史における戦争と平和」、同「中・近世移行期の村落フェーデと平和」（ともに『日本近世社会形成史論――戦国時代論の射程』校倉書房、二〇〇九年）、清水克行『室町社会の騒擾と秩序』（吉川弘文館、二〇〇四年、二〇二二年に講談社学術文庫より増補版）、同『喧嘩両成敗の誕生』（講談社選書メチエ、二〇〇六年）などがある。
（6）勝俣鎮夫「戦国法」（『戦国法成立史論』東京大学出版会、一九七九年）。
（7）勝俣鎮夫「家を焼く」（網野善彦・石井進・笠松宏至・勝俣鎮夫『中世の罪と罰』東京大学出版会、一九八三年、二〇一九年に講談社学術文庫）以降、住宅検断に犯罪穢の除去の意味があるか否かをめぐって、研究史上の大きな議論がある。その研究史は、清水克行「室町後期における都市領主の住宅検断」（前掲注（5）清水氏『室町社会の騒擾と秩序』所収）などに整理されている。本章は直接には領域・集団内の犯罪に対する住宅検断を対象としない上、いずれの学説も、住宅検断に「罪科」や「成敗」の性格がないとみるわけではなく、その本質を問題とするのであるから、この問題はひとまず棚上げにしても、行論には支障がないと思われる。
（8）藤木久志「身代わりの作法・わびごとの作法」（前掲注（5）藤木氏『戦国の作法』所収）。
（9）『建内記』永享二年二月廿三日条。以下この事例の史料引用はすべて同日条による。なお、この事件は前掲注（5）清水氏『喧嘩両成敗の誕生』七二―七四頁にも取り上げられている。
（10）『康富記』嘉吉三年四月十一日・十四―十六日・十八日・廿日条。
（11）氷所保は主水司領の保であり、鎌倉期以降、主水正を世襲した外記家清原氏（中原俊章『中世王権と支配構造』〈吉川弘文館、二〇〇五年〉などを参照）によって相伝知行されていたとみられる。なお、当該期には同保は禁裏料所と位置づけられていたようである。
（12）室町期、丹波は細川京兆家が守護を務める国であったが、当時細川京兆家の当主勝元は幼少であったため、叔父の持賢（法名道賢）が代理となったのであろう。
（13）『康富記』嘉吉三年四月十一日条。

(14)『康富記』嘉吉三年四月十六日条。
(15)『康富記』嘉吉三年四月廿日条。
(16)『天文日記』天文九年三月廿二日条。
(17)『天文日記』天文九年四月廿日条。
(18)「煙を揚げる」と記されているが、これは第二節で後述する、「解死人を引く」作法とセットで行われる「煙を立てる」作法ではない。なお、当該期の石山本願寺寺内町の検断については、鍛代敏雄『中世後期の寺社と経済』（思文閣出版、一九九九年）、および神田千里「『天文日記』と寺内の法」（『戦国時代の自力と秩序』吉川弘文館、二〇一三年、初出は一九九八年）などを参照。
(19)勝俣鎮夫「国質・郷質についての考察」（前掲注(6)勝俣氏著書所収）を参照。
(20)例えば、第二節に後述する近江菅浦・大浦の相論の発端において、被害者側が盗犯の容疑者を殺害してしまったケースは、その一例である。
(21)年月日未詳堅田宛菅浦書状案（『菅浦文書』三九六号、以下、同文書の番号は滋賀大学日本経済文化研究所史料館〈滋賀大学経済学部史料館〉編纂『菅浦文書』上・下巻〈有斐閣、一九六〇年、一九六七年〉の文書番号による）。この史料の推定年代、および相論の性格については、田中克行「村の紛争解決と乙名・文書――堅田相論文書の考察」（『中世の惣村と文書』山川出版社、一九九八年）に詳しい。なお、菅浦がこの堅田との相論を有利に展開させるべく、この他にも様々な働きかけを行っていたことは、田中氏の明らかにされた通りである。
(22)『東寺執行日記』寛正四年十二月六日条。本事例における史料引用はすべて同日条からのものである。
(23)「廿一口方評定引付」文明五年二月十六日条（「東寺百合文書」ち函二〇号）。
(24)「廿一口方評定引付」寛正三年十一月三日条（「東寺百合文書」ち函一七号）。
(25)『天文日記』天文十二年八月五日条。
(26)「塵芥集」一三〇条（佐藤進一・池内義資・百瀬今朝雄編『中世法制史料集　第三巻　武家家法Ⅰ』岩波書店、一九六五年）は、この事件と同様のケースを想定した条項であるが、同条では「根本おかし候つミのやからを尋さくり、せいはいをくわふへきなり」とある。
(27)前掲注(3)村井氏論文は、この「煙を揚げる」行為を和解確認の宗教的儀式と理解するが、神田千里「国質・郷質と領主間交渉」（前掲注(18)神田氏著書所収）のように「成敗」と理解するのが正しいと思われる。
(28)前掲注(6)勝俣氏著書などを参照。なお前掲注(5)清水氏『喧嘩両成敗の誕生』一一六頁ではこの語を「あいとう」と訓じているが、この訓をもつ語は「相手になる」の意（『中世法制史料集　第三巻』補註一三四および追加補註二六）とされるから、少なくとも本章の扱う事例では、「そうとう」とよむ方が適切と思われる。

(29)『長興宿禰記』文明十一年六月一日条。なお、前掲注(5)清水氏『喧嘩両成敗の誕生』一五六―一五七頁でも、この事件を「本人切腹刑」の一事例として挙げている。

(30)『言継卿記』天文十四年二月二―八日・十―十三日・十五日・十八日・廿一日・廿六日、三月二日条。なお、この相論はその後、熊原の成敗よりも粟津供御人の諸公事免除特権の問題に争点が移る。その展開については、今谷明『言継卿記――公家社会と町衆文化の接点』（そしえて、一九八〇年、二〇〇二年に『戦国時代の貴族――『言継卿記』が描く京都』と改題し講談社学術文庫）を参照。

(31)『言継卿記』天文十四年二月廿一日条。

(32)おそらく、加害者住宅の破却・焼却が「加害者側集団の成敗」の形態として充分と認識されえたのは、それが集団・領域内の犯罪に対する厳重な処置の一つであったことに由来すると思われる。なお、本章でみた事例にとどまらず、加害者側集団による住宅破却・焼却の「成敗」は、主従関係よりも、領域的支配関係、もしくは地縁的関係からなる集団の方に高い親和性があるようである。

(33)前掲注(8)藤木氏論文。

(34)前掲注(6)勝俣氏論文、および「下手人」（『日本史大事典』平凡社、一九九三年）を参照。ただ、勝俣氏も指摘されるように、現実には被害者側が引き渡された「解死人」を殺害してしまうケースが存在する。以下本章では原則として、「解死人」が殺されずに和解の成立する、いわば理念的な慣行を扱う。

(35)前掲注(8)藤木氏論文八五頁。

(36)以下、本章で引用する「鴉鷺物語」のテキストは、『新日本古典文学大系五四　室町物語集　上』（岩波書店、一九八九年）による。

(37)「稙通公記」享禄二年四月十一日条（『九条家歴世記録　四』所収）。

(38)この事件の経過については河内将芳「大永八年の稲荷・東福寺喧嘩について――『稙通公記』を中心に」（『朱』五〇号、二〇〇七年）に詳しい。

(39)「稙通公記」享禄二年三月十三日・十六日・十八日条にそれぞれ、東寺側が報復のための「取懸」（攻撃）を行ったことがみえる。注(37)史料の「於二数度一執懸候上者」とは、この事実をさすものであろう。

(40)念のため補足すると、死者の件について「相当之儀」を求めたのは東寺側であるが（「稙通公記」享禄二年三月十二日条）、その後何度も行われた報復攻撃の結果すでに「相当」となったはず、との論理と理解される。

(41) 「鵤庄引付」永正十二年五月廿七日条（『太子町史　第三巻』所収）。以下のこの事件に関する史料引用はすべて同日条からのものである。なお、この事件は前掲注(8)藤木氏論文などの先学の論考で取り上げられている。

(42) 前掲注(8)藤木氏論文八四頁は「「在処」つまり事件現場の村で」とするが、「事件現場の」をあえて補う必然性はないと思われる。もちろん「在所」には「対象として取上げて、問題とする箇所」（『時代別国語大辞典　室町時代編』三省堂）の意もあるが、もし「殺害現場」の意でこの語が使われたなら、例えば「殺害の在所」のごとく上に修飾語を付すであろう。

(43) 「経尋記」大永三年十月三日条（『大日本史料　第九編之二十一』四頁）。

(44) 『経覚私要鈔』応仁元年七月十四日条。

(45) 文禄三年二月二日近江岩倉惣掟（「岩倉共有文書」、笠松宏至・佐藤進一・百瀬今朝雄校注『日本思想大系二二　中世政治社会思想　下』岩波書店、一九八一年）など。

(46) 稲葉継陽「戦国から泰平の世へ」（坂田聡・榎原雅治・稲葉継陽『日本の中世12　村の戦争と平和』中央公論新社、二〇〇二年）二四九頁では、「カヤヲ、ヰ物」を取ったのは鵤荘側、「公事」を提起したのが守護赤松側と解する。しかし当該箇所がその前段と「雖レ然」で結ばれる逆接の関係であることからすれば、この解釈は成り立たない。

(47) 寛正二年十一月三日菅浦惣庄置書（『菅浦文書』三二三号）。本章では主として『中世政治社会思想　下』のテキストによった。以下この相論に関する史料引用は、特に注記しない限り本文書からのものである。なお、この相論についてふれた研究は多いが、湯浅治久「室町〜戦国期の地域社会と「公方・地下」」（『中世後期の地域と在地領主』吉川弘文館、二〇〇二年）が最も体系的に論じている。

(48) 寛正四年九月二日大浦下荘訴状案（『菅浦文書』六三三号）。

(49) 寛正五年四月日松平益親陳状案（『菅浦文書』三二八・八二八号）。

(50) 石井紫郎「合戦と追捕――前近代法と自力救済」（『日本国制史研究Ⅱ　日本人の国家生活』東京大学出版会、一九八六年）。なおこうした「降参」の観念は、例えば「降参申上者、可レ有二御免一」（『看聞日記』嘉吉三年四月廿七日条）との主張のごとく、室町期にもその存在が確認される。

(51) なお、いまだ臆説の域を出ないが、他の「降参」の作法、例えば「頸をのべる」作法が、斬首を部分的に模した戦意喪失、生殺与奪の権の委託の意思表示とみられることからすれば、「煙を立てる」作法は、戦闘行為としての焼き討ちを部分的に模し、かかる意思表示をすることに一つの起源があるのではなかろうか。

(52) 前掲注(8)藤木氏論文八二頁。

(53)「弓矢のまゐには、……候へしか共」の「しか」は過去の助動詞「き」の已然形である。この史料中、明確に過去の時制で書かれているのはほぼこの箇所のみであるから、ここは当該紛争以前の事実を、いわば一般論的に述べたものと解すべきである。
(54)「いふとも」は仮定の事実をあらわす。もちろん実際には「合力」を依頼したが拒否されたことを恥じてかように記した可能性はあるが、ひとまず字義通りに解しておく。
(55)笠松宏至「盗み」(前掲注(7)『中世の罪と罰』所収)。
(56)本章では、藤木氏の指摘された、「解死人と煙」のもつ贖罪・供犠の儀礼としての性格、もしくは宗教的・呪術的性格についてはふれえなかったが、その存在を否定するわけではない。ただ、かかる性格は「罪科の成敗」にも存在しうるであろうから、両者の差異の究明を主たる目的とする本章では扱わなかった。
(57)(応永三十年カ)四月十日乗蓮房兼宗書状案および(応永三十年カ)四月十日兼全奉書案(「井口日吉神社文書」〈福田榮次郎「山門領近江国富永荘史料――『近江井口日吉神社文書』について」『駿台史学』五八号、一九八三年〉の三七号・三六号)。富永荘の支配関係については福田榮次郎「山門領近江国富永荘の研究――中世後期における荘園の支配とその様相」(『駿台史学』三六号、一九七五年)、下坂守「延暦寺千僧供領の研究――室町時代における近江国富永庄の支配機構」(『中世寺院社会の研究』思文閣出版、二〇〇一年)を参照。
(58)畠山満慶がこの時期余呉荘を知行していたことは、牧原成征「戦国・織豊期の土地制度と「小領主」――近江国余呉庄東野家を事例として」(『近世の土地制度と在地社会』東京大学出版会、二〇〇四年)六三頁に指摘されている。
(59)(応永三十年カ)四月十日乗蓮房兼宗書状案(前掲注(57)「井口日吉神社文書」三七号)。
(60)(応永三十年カ)四月十日兼全奉書案(前掲注(57)「井口日吉神社文書」三六号)。
(61)「おとな」を指導層とした当該期のいわゆる惣村の自治については、さしあたり勝俣鎮夫『戦国時代論』(岩波書店、一九九六年)第Ⅱ部、および前掲注(21)田中氏著書などを参照。
(62)『言継卿記』天文十八年十一月十七―廿日条。この事件は、仁木宏『空間・公・共同体――中世都市から近世都市へ』(青木書店、一九九七年)などに、当該期の京都の「町」共同体とその結合のあり方を示すものとして注目されている。
(63)『言継卿記』天文十八年十一月廿日条。
(64)戦国期の禁裏六町については、高橋康夫『京都中世都市史研究』(思文閣出版、一九八三年)の第五章「町組「六町」の成立と構造」を参照。当該期の禁裏六町には「月行事」が存在し、自治的な組織の痕跡も確認されている。
(65)前掲注(64)高橋氏著書を参照。

(66) この紛争について詳細に論じた先学の研究は多いが、主なものとして、前掲注(4)(5)藤木氏著書のほか、村田修三「地域枡と地域権力」(『史林』五五巻一号、一九七二年)、宮島敬一「戦国期における在地法秩序の考察——甲賀郡中惣を素材として」(『史学雑誌』八七編一号、一九七八年)、古宮雅明「近江国甲賀郡における在地権力の形成とその特質」(『文化史学』三六号、一九八〇年)、長谷川裕子「惣国一揆権力の紛争裁定」(『戦国期の地域権力と惣国一揆』岩田書院、二〇一六年、初出は二〇〇二年)などがある。

(67) 「三方」の一構成主体たる山中氏とその同名中の在地領主としての性格、およびそれを前提とした甲賀郡域における在地領主連合の形成については、久留島典子「中世後期在地領主層の一動向——甲賀郡山中氏について」(『歴史学研究』四九七号、一九八一年、のち勝俣鎭夫編『戦国大名論集4　中部大名の研究』〈吉川弘文館、一九八三年〉に再録)を参照。

(68) (永禄八年)三方惣意見条々案(神宮文庫所蔵「山中文書」〈『水口町志　下巻』「山中文書」四〇六号〉)。以下、同文書の文書番号は『水口町志　下巻』の番号による。

(69) 前掲注(66)に挙げた諸先学の論考では、「放火」の実行主体については、特に明示しないものの「処罰」と解する説(宮島氏、古宮氏)、相手方の当事者たる石部三郷と解する説(藤木氏、長谷川氏)がある。

(70) 第二条の「放火」の主体は一見桧物下荘側であるかにみえるが、「被㆓伐破㆒、可㆑有㆓放火㆒」と敬語表現を使い分けていることからすれば、破却のみ桧物下荘側が行うと解される。

(71) 「各々」(「各」、ともに「おのおの」)の当該用例としては、例えば、家臣団の起草になる「六角氏式目」四条の「各一味同心仕可㆓相働㆒」(『中世法制史料集　第三巻』)など。

(72) 永禄八年六月廿九日三方惣起請文案(「山中文書」二三二号)によれば、「三方」は、裁定を受諾するよう何者か(宛所を欠く)に「石部三郷之御本人衆」への説得を依頼している。これとは別に、おそらく「三方」の依頼を受け、「岩根衆惣」他の甲賀郡内の侍衆とおぼしき集団と、隣郡栗太郡の「八郷高野」(慶長十二年六月十四日近江三上村・十郷申合条々〈東京大学史料編纂所架蔵写真帳「大谷雅彦氏所蔵文書」四〉にみえる村落連合「高野八郷」であろう)が、桧物下荘側に「三方」裁定の受諾を勧告している(永禄八年七月二日岩根衆惣他意見条々〈「山本順蔵氏所蔵文書」、『甲賀郡志　上巻』および『滋賀県史　第五巻』所収〉)。これらの集団の位置については別の機会に論じたいが、こうした当事者に近い存在にはたらきかけを行っている点にも、「三方」の主体性がうかがえる。

(73) この一揆形成については、前掲注(67)久留島氏論文などを参照。

(74) 永禄九年十二月十五日三方惣一揆契状案(「山中文書」二三五号、本章では佐藤進一・百瀬今朝雄編『中世法制史料集　第五巻　武家家法Ⅲ』〈岩波書店、二〇〇一年〉六三四によった)。

(75)　この「若党」が村落内の身分をあらわすことについては、前掲注(67)久留島氏論文を参照。
(76)　例えば、応安六年五月六日松浦党一揆契状写（「青方文書」、佐藤進一・百瀬今朝雄編『中世法制史料集　第四巻　武家家法Ⅱ』〈岩波書店、一九九八年〉八九）など。
(77)　注(74)に同じ。
(78)　元亀二年八月廿七日甲賀郡中惣意見条々案（「山中文書」二四三号）。
(79)　前掲注(4)藤木氏著書および前掲注(5)稲葉氏論文参照。しかし両氏とも、後述する家臣団＝当該地域の領主層からの要望にもとづく法定立という点にはふれていない。
(80)　「六角氏式目」一三条（『中世法制史料集　第三巻』）。
(81)　勝俣鎮夫「六角氏式目の所務立法」（前掲注(6)勝俣氏著書所収）。
(82)　注(81)に同じ。
(83)　「六角氏式目」一二条（『中世法制史料集　第三巻』）。
(84)　右にみた「三方」についても、例えば山中氏が六角氏重臣永原氏の下代官を務めるなど、六角氏あるいはその重臣層とのつながりをもつことは、前掲注(67)久留島氏論文を参照。
(85)　かかる罪や秩序の観念については、前掲注(7)勝俣氏論文および石母田正「歴史学と「日本人論」」（『石母田正著作集　第八巻　古代法と中世法』岩波書店、一九八九年）などを参照。

〔付記〕
本章では扱わなかった住宅検断・住宅放火の本源的な意味と性格は、勝俣鎮夫「中世の家と住宅検断」（『中世社会の基層をさぐる』山川出版社、二〇一一年）が明らかにしている。勝俣氏の研究成果を取り入れた改稿も考えたが果たせなかったことを記しておく。

第三部　検断と戦国法

第一章　三好氏「新加制式」の検断立法

はじめに

本章は、阿波三好氏[1]の分国法「新加制式」[2]の検断（司法警察）立法をもとに、戦国大名による領国内の司法警察権掌握のあり方をさぐろうとするささやかな試みである。「新加制式」は分国法の一つとして早くから知られたものの、専論は少なく、現在のところ、若松和三郎氏の「新加制式考」[3]が、律令や「御成敗式目」および他の分国法との比較からの検討を試みた、最も詳細な論文である。ただ、若松氏の論文も、例えば法の内容分類など、現行法の概念や体系にもとづく分析が主であり、当時の法概念にもとづいて書かれた法制史料として「新加制式」を読解・分析する作業は、いまだ充分には行われていないのが現状といえる。一方、戦国大名あるいは畿内政権の樹立者としての三好氏権力の研究は近年大きく進展し、右の分析を進めるための一つの前提条件が整備されている[4]。本章は、このような研究の現状をふまえ、「新加制式」をかかる法制史料として分析・読解することを通して、右の目的にアプローチすることにしたい。なお、本章が扱うのは三好氏の検断の実態というより、もっぱら法にあらわれた理念や志向性であり、その限りにおいて、当該期の公権力に共通する傾向をさぐる試みであることを、最初にことわっておきたい。

一　条文の配列と構成から

「新加制式」は、八条に、「実休《(三好)》時」という文言のあることから、永禄五年（一五六二）の和泉久米田合戦において三好実休が戦死した後の制定と推定されている。(5) 制定の主導者は重臣の篠原長房とみられ、国主の戦死による幼主（千鶴丸、のちの三好長治）への代替りという政治・軍事上の危機を打開し、国内の安定を図る目的で制定されたことは想像に難くない。検断法の検討の前提として、本節ではまず「新加制式」全体を概観し、その特徴と性格を確認しておきたい。

一般に、基本法典の性格を有する分国法はある程度整った条文配列と構成をとることが多いとされ、条文解釈や立法趣旨の推定のため、条文配列・全体構成をふまえた検討が有効である。(6) 全二二箇条からなる「新加制式」は、あまり整った条文配列ではないとも指摘されているが、(7) ある程度の配列の脈絡が見出せるようにも思われる。以下、なるべく当時の法概念に沿って条文を分類しながら（むろん筆者の主観によるしかも便宜的な分類たることを免れないが）、首条から順にその配列をみていこう。

まず、首条の「可下崇二神社一敬中寺塔上事」は神社・仏寺関係法であり、「御成敗式目」など中世の武家の法典の多くが、冒頭に神社・仏寺法を掲げたのにならったといえる。続く二条「固可レ有レ禁二止賄賂一事」は贈収賄禁止の規定であるが、本文に「若訴論人密及二賂之沙汰一者、評定衆互遂二白状一」とあるように、具体的には三好氏の裁判担当者たる「評定衆」(8) の収賄禁止であり、むしろ訴訟関係法の一種と位置づけうる。この後、三条「改二旧境一致二相論一事」から、七条「雖レ无二道理一、無二指損一之故、企二謀訴一之輩、可レ被レ懸二贖銅一事」まで、訴訟関係法と呼ぶべき条文が続いている。

次の八条「強窃二盗罪科、并与党同類事」を検断関係法とみることに異論はないであろうし、九条「失物随二見出一可レ返二本主一事」にいう「失物」とは、後にみるように盗品をさしており、この条もまた検断関係法である。一〇条「号二咎人一、不レ究二事由一而令二殺害一事」、一一条「被官人罪科、懸二主人一否事」を検断関係の条文とみることにも異論はあるまい。

この後、一二条「譜代相伝被官人事」と一三条「一季奉公輩事」とは主従間関係の法（あるいは下人・所従法）、一四条「為二地頭一、百姓田畠等押置事」から一六条「百姓恒例年貢恣令二加増一事」までは、地頭（領主）―百姓間関係の法、一七条「譲二与所領於子孫一事」と一八条「雖レ為二父祖之譲状一、依レ事可レ有二用捨一事」とは相続法といえよう。一九条「以二御恩地一入二質物一事」、二〇条「結二党類一互令二盟誓一事」は、仮に家臣統制法と括ることができるが、その後に、二一条「号二咎人一追来之時、自二他方一令二出合殺害一事」、二二条「被官人及二攻戦一、其咎懸二主人一否事」と、最後に再び検断関係法が配されている。

以上をまとめると、「新加制式」の条文配列と構成は、

一条　神社・仏寺関係法
二条から七条　訴訟関係法
八条から一一条　検断関係法
一二・一三条　主従間関係（下人所従）の法
一四条から一六条　地頭―百姓間関係の法
一七・一八条　相続法
一九・二〇条　家臣統制法（恩地質入と私的結党の禁止）
二一・二二条　検断関係法

のごとくである。このうち最も不自然なのはいうまでもなく検断関係法であり、二分されて一部は末尾に配されるという構成である。

ところが、その末尾二箇条の内容をみると（詳しくは第三節に述べる）、ともに、先行条文（一〇条と一一条）が扱った問題の、ある特殊なケースについての規定であることに気づく。すなわち、二一条は一〇条の、二二条は一一条の、それぞれ「追加法」的性格をもつのである。「御成敗式目」以来、中世武家の法典には、末尾に追加条文の付加されることがあった(9)が、「新加制式」にも、立法制定のある段階で条文の「追加」が行われた結果、右のごとき配列不整序の生じた可能性があると思われる。

さて、右のような条文配列と構成からいえば、首条の次に配され、しかも検断法と並び六箇条と最多の条文数を占める訴訟関係法こそが「新加制式」の中核であったといえる。言い換えれば、「新加制式」は三好氏法廷の裁判規範を中心に編まれた分国法であることになる。この点は検断法の理解にも関わると思われるので、以下少し回り道となるが、訴訟関係法について少しふれておきたい。

まず、「新加制式」の訴訟関係法は、境相論に関する三条、所領相論での「中間狼藉」に関する四条などが示すように、主に所領知行をめぐる裁判（いわゆる「所務沙汰」）に関するものである。このことは、そのあとに続く検断法が、あたかも「所務沙汰」の法に続けて「検断沙汰」の法を配するような構成で、主として三好氏の刑事裁判の規範として定立された可能性を示唆している。

次に、訴訟関係法には、「御成敗式目」をはじめ鎌倉・室町幕府の訴訟法規の法理を意識的に改変・否定するか、否定しないまでも例外規定を設けた条文がみられる。三条は、「御成敗式目」三六条の、係争地相当分の別の所領を敗訴者から勝訴者に割き与えるという処罰規定を、「当時不二合期一」としりぞけ、かわりに、敗訴者から「過銭」を徴するか相当分の所領を没収する方式に改めている(10)。七条でもやはり「御成敗式目」三六条の処罰方式を改め、「謀訴」を提起した者から「贖銅」を徴すると定めるが、その理由を、「御成敗式目」の方式では、奉公・忠節のない者が新恩を受けることになるからだと述べている。すなわち、家臣の「奉公」にみあった「御恩」としての所領の給付という、大名家中の主従関係における原則に則って、伝統的な裁判規範を改変したわけである。

幕府法の裁判規範に例外を設けた条文をみよう。五条では、三度の「召文」による召喚に応じない論人（被告）を敗訴とする、「御成敗式目」三五条に定める「召文違背」の法を原則としつつ、（一）論人に重病や急用のある場合は「評定衆」へ届出をさせ、三箇月までの猶予期間を設ける。その期間が過ぎても、係争地はしばらく凍結状態とする。（二）論人が出頭しても、審理に応じないならば敗訴とする。（三）訴人（原告）が裁判当日に出頭しない場合は、百日間審理をさしおく、といった例外規定を設けている。また四条は、「中間狼藉」（裁判中に係争物件などに対して実力行使をすること）を行った当事者を敗訴とするという幕府の裁判規範を採用しつつ、もう一方の当事者に「理」がなければ勝訴とはしないと定めている。両条に共通するのは、「召文違背」「中間狼藉」という、いわば機械的に一方を敗訴としうる裁判規範を採用しながらも、あくまでも実質的な審理（「理非の糺明」）を重視する態度といえる。六条では、糺明の結果「理」なしとされた当事者が改めて別の証人を立てても却下すると定めるが、これも「糺明」結果の確定とその権威づけを意図した、「理非の糺明」重視のあらわれといえる。

ただ、「理非の糺明」の重視といっても、さきの七条の語るところからすれば、社会通念に根ざした「理非」、あるいは訴訟当事者の利益保護にかかる「理非」よりも、むしろ大名の権力的要請に即した「理非」の追究ではないかとの疑問が生ずる。すなわち、裁判における審理を通して、大名権力の強化安定が企てられたのではなかろうか。検断関係法をみるにあたっても、この視点が必要となるように思われるのである。

以上、回り道が長くなったが、右のような「新加制式」全体の条文配列と構成および訴訟関係法の性格をふまえ、次節では検断法について検討することにしたい。

二　「恩恵」の背後に

本節ではまず、「新加制式」の八条から一一条までの検断関係法にみえる、領国内の検断に対する三好氏の基本姿勢を抽出することにしたい。以下、この前半四箇条の検断法をその内容と形式から「盗み」に関する八・九条と、追加条文のある一〇・一一条とに便宜的に分けて検討しよう。

八・九条の扱う「盗み」という犯罪は、特に中世の在地社会では、少額の窃盗であっても厳しい検断の対象となる「大犯」の一つであった[11]。「新加制式」では、この犯罪を典型例として国内の検断に関する一つの態度を示したものと想像される。

ところが、「盗み」の罪に対する三好氏の態度には、意外なほど「寛大」な傾向が認められる。まず八条では、強盗・窃盗を「罪科殊重」としながらも、「但、実休《三好》時遁来之族者、縡已違期之上、以二寛宥之儀一、今更不レ及二糺明一」と述べ、先代実休の治世に検断から逃れた容疑者を事実上赦免するとしている。まさしく「寛宥之儀」と述べているように、「代替り」に際しての一種の「恩赦」ともいえる寛大な措置である。

続く九条、

一　失物随二見出一、可レ返二本主一事
右、件失物、為二本主一至レ令二取返一者、有二何妨一乎、先可レ尋二究出所一、若其人或令二死去一、或令二他出一者、縦雖レ為二不レ知身之過一、聊盗類難レ遁之条、相二計売之員数一、可レ出二一倍贖銅一、若於二遠国他境土倉等一買得之段分明者、可レ有二差別一乎、但、難《雖カ》レ及二盗賊之沙汰一、於二其人躰一者、非二制之限一

にいう「失物」とは、単なる遺失物というより、盗品（いわゆる「贓物」[12]）をさし、本条は、「本主」（盗難被害者）への

盗品返還についての規定と理解される。というのは、「先……贖銅」とは、幕府法や分国法にみえる、贓物所持者に「手継を引かせる」法のことを述べたとみられるからである。これは、「本主」が贓物の現所持者を訴えた場合、所持者は贓物の入手先を明らかにする義務があり（この行為を「手継を引く」という）、不可能な場合は所持者を盗犯者とみなすという法である。この法は鎌倉幕府の追加法(13)として立法された後、室町幕府(14)、さらにはいくつかの戦国大名の法にも受け継がれた(15)。本条が、前所有者（「出所」、すぐ後で「其人」と言い換えられている）として、死者や遠方に出ている者などの疑わしい者を挙げた（すなわち、「手継」を引けない）贓物所持者を「盗類」とするのは、まさしくこの法に依拠するものである。

ただ本条では、「手継」を引けず犯人とされた者に、贓物の売買価格の「一倍」（中世法では二倍）分の「贖銅」を出させると定め、また最後に「難（雖カ）レ及二盗賊之沙汰一、於二其人躰一者、非二制之限一」とも述べるように、やはり「盗み」の犯人への寛大な処置に一つの特徴がある。

加えて、「本主」への贓物返還に先だって、現贓物所持者に「手継を引かせる」という本条の法理の構成は中世武家の贓物法の中では特異である。中世社会では、贓物は「失われたもの」と認識され、犯人を検断した者に没収される慣行が存在した(16)。この贓物観念や慣行のため、中世法では、無条件に「贓物の本主への返還」が明言されることはむしろ少なく、条件つきもしくは何らかの意図のもとで「本主への返還」の定められるケースが多い。例えば、地頭代など在地の検断権者に対し「贓物の本主への返還」を命じた鎌倉幕府法(17)は、彼らの検断権濫用を規制する意図から出たものといえる。

また、贓物返還に一定の条件を課すのが、次の戦国大名の贓物法にみえる法理である。

A

一　盗物贓物事、或置レ質、或令レ売之間、公文所・市町等仁在レ之時、彼主其所江預置旨相届段、可レ為二勿論一、雖レ然、盗人搦二捕之一、不レ渡レ之者、諸色物不レ可レ返二遣之一、然而件盗人尋捜処、雖レ令二逐電一、於二盗物一者可レ返二付之一、（中略）又盗人者雖下不レ知二其者一、不上レ知二其行末一、為二贓物所持之主一之旨無レ隠、証拠為二分明一者、同可二返付一事、[18]

B

一　諸色買物之儀、（中略）次彼盗賊人於二引付一者、任二古法一贓物可二返付一之事、[19]

A・Bにみえるのは、売買・質入れされて市町などにある贓物を発見した「本主」は、当該品が盗品であることを証明（この行為を「盗人を引付ける」といった）すれば（無償で）取り戻すことができるとする法である。[20]「盗人を引付ける」行為は、究極的にはAにあるように「本主」自ら犯人を捕縛することによる証明を意味した。すなわち、この法は被害者の自力救済行為を前提とするものといえる。Bに「古法」とされるにもかかわらず、この法が戦国時代以前の武家法にほとんどみられないのは、一つには被害者の自力救済行為にもとづく社会慣習に根ざした法であったためかと思われる。

さて、右のような中世の贓物観念と中世武家贓物法のあり方からみれば、本条の特異さは、明らかに三好氏による検断の一環として「手継を引かせる」にもかかわらず、無条件で「本主」に贓物が返還される点にあることがわかる。この法理構成は、検断の結果として当然行使しうるはずの贓物没収の権利をあえて放棄した「本主」への返還、すなわち「本主」への「恩恵」的措置を意味するといえる。[21]だがその真の狙いは、「盗人引付け」の法の前提である自力救済行為から、大名三好氏の検断・刑事裁判へと、「本主」を誘導することにあったように思われるのである。[補注]

このように、八・九条には意外なほど「寛大」で「恩恵」的な姿勢がみられるとはいえ、その背後には、どうやら大名三好氏の権力意思が潜んでいるようである。続く条文からさらにその意思をさぐってみよう。一〇条、

一　号二咎人一、不レ究二事由一而令二殺害一事

右、於レ咎者、対二其主一令二一決一而可二誅戮一、只令二自専一者、敢非二正義一、但、咎人於二其庭一致二勇血之働一、不レ及レ力而於レ令二殺害一者、聊可レ有二差別一乎、

の事書にいう「咎人と号する」殺害とは、犯罪の被害者や犯行現場近くの第三者による、容疑者（とりわけ現行犯の）の処刑を意味する。咎人と「号する」殺害といわれるように(22)、司法警察権が多元的に分有され、被害者の自力救済行為も許容された中世社会では、こうした私的成敗行為は(23)、その行為者がある程度の正当性を主張しうるものであった。

さて、本条はやや難解であり、その解釈にはまず「其主」の語意が問題となる。従来の研究では、この語は「容疑者の主人」と解されてきたが(24)、「新加制式」では、七条（謀訴を提起した者の意）や一九条（恩地を質入れした者の意）のごとく、「其主」の語は「当該問題の当の本人」の意味で用いられている。したがって本条の「其主」も、「咎人」とされた当の本人、すなわち容疑者をさすとみるのが、文脈からみても最も自然である(25)。したがって本条は、「容疑者に対し有罪を確定させてから処刑すべきである。ただ「自専」するのは正しいやり方ではない。ただし、容疑者が（捕縛の）現場で抵抗したため、やむをえず殺害する場合は別である」と解釈できよう。

ここで問題となるのは、本条前半に述べる、容疑者を直接尋問・審理して罪の認定を行う主体である。前述の、「新加制式」の裁判規範的性格という点からすれば、主体を限定せず漠然と一般論として審理の必要性を述べたのではなく、大名三好氏の刑事裁判による罪の認定を経た処刑という原則を述べた可能性が高いことになる。続けて、私的処刑行為を「自専」と非難の意を込めて表現することも、容疑者を尋問し罪を認定すべき他の主体をさしおいた専断、との認識をあらわしており、右の想定を裏づけよう。

加えて、本条後半にみえる、容疑者が抵抗した場合の殺害容認規定は、戦国大名の法では、

一　盗賊之事、即時搦捕、奉行かた迄申届、於二歴然一者、可レ斬レ頸事勿論也、若搦捕事於レ難レ成者、則可二相果一（下略）(26)

一　喧嘩之事、相手於レ令二死去一ハ、一方搦捕可レ有二注進一、自然及二異儀一候者、可二討果一事(27)

などと、犯罪容疑者の捕縛→大名への「披露」あるいは身柄引渡し、という原則の例外として掲げられることが多い(28)。本条後半も、容疑者は捕縛して三好氏の司法警察機構に引き渡し、その尋問・刑事裁判を経ねばならない、との原則を前提とした例外規定とみれば、最も整合的に理解できると思われる。

右のように、本条の趣旨は、大名の刑事裁判を経ない私的成敗の原則的禁止にあると理解される。私的成敗の制限・禁止は、司法警察権の強化拡大の志向と表裏一体のものとして、戦国大名など当該期公権力の検断法の一つのテーマであった(29)。従来、本条は「其主」を容疑者の主人と解して主人の刑罰権を大きく認めた条文とされてきたが、右にみたように、本条は、「新加制式」にも他の戦国大名の法に通じる私的成敗禁止や司法警察権拡大の志向の存在したことを示すといわねばならない。

続く一一条、

一　被官人罪科、懸二主人一否事

右、被官人重科之時、猶於二拘惜一者、主人可レ懸レ咎、仍三ヶ年可レ被レ没二収所領半分一、但、為レ決二実否一、暫相二拘其人一者、非二主人之過一、然者犯科治定之時、随二咎之軽重一、為二主人一可レ加二成敗一、若及二其期一、咎人逃脱之旨雖レ申レ之、主人可レ懸二其咎一也、

は、被官人の罪への主人の連座の有無の問題を扱う。中世の武家法には一貫して「被官の罪は主人に懸からず」との法理が存在したとされ(30)、本条も当然この法を念頭に置いたと思われる。だが本条前半では、「主人」（主として三好氏家臣の）が重罪の被官を蔵匿（「拘惜」）する場合は主人も連座とし、三年間所領半分を没収すると定め、この法理に少なくとも例外を設けたわけである。

さて、他の戦国大名の法でも、この「被官の咎は主人に懸からず」の法は、本条と同様、咎人被官の主人による蔵

匿・隠避の禁止との関係であらわれる。しかも、例えば、

一　被官人喧嘩幷盗賊の咎、主人かゝらさる事ハ勿論也、雖レ然未分明ならす、子細を可レ尋なと号し、拘をくうち、彼者逃うせハ、主人の所領一所を可二没収一、無二所帯一ハ、可レ処二罪過一(31)

のように、この法理を原則としては否定せず、例外として、主人が咎人被官を蔵匿・隠避した場合に連座を適用している。他の戦国大名の法にも「被官の罪は主人にかからず」の法理の例外規定のみられること(32)は、戦国大名の司法警察権が、その家臣の被官（大名の又被官）に対しては直接には及びにくい状況が広く存在したことを物語る。この状況の中で、主人による被官庇護、言い換えれば家臣の有する主人権に対し、大名の司法警察権を浸透させることが、「被官の罪は主人にかからず」の法理に例外をもうけた狙いであったといえよう。もちろん、三好氏もまたこの狙いのもとに本条を定立したことであろう。

ところで、本条後半が、「咎を糺明するために被官の身柄を留める場合は主人に責任はないが、罪が確定した時には主人は被官を成敗せよ。その時になって咎人被官が逐電したと言い逃れをすれば、主人を処罰する」と定めるのは、直接には、咎人被官の蔵匿・隠避容疑の雪冤を主人に強いたものであろう。ただ、一面では被官人に対する主人の成敗権の容認ともいえ、三好氏の司法警察権の限界を示唆するものかもしれない。この問題は二二条に再びあらわれるので、後に改めてふれることにしたい。

さて、右のように、一〇・一一条には、一言でいえば大名三好氏の司法警察権の強化拡大の意思が明確にあらわれている。してみれば、八・九条にみえた「恩恵」的態度も、かかる意図を前提としたものとみなければならない。前述のように、九条にみえた「本主」の自力救済から大名の裁判への誘導は、まさしくこの意図のもとに理解されるが、八条にみえる「恩赦」的措置はどうであろうか。ここでは恩赦もしくは「赦」(33)についてごく一般常識的な事柄からの推測にとどまるが、国家的もしくは国家元首の権能にもとづく刑罰の減少・消滅行為と定義される恩赦や「赦」は当

然、国家的司法警察権上の「特権」を前提とするはずである。したがって、三好氏のごとく司法警察権の強化拡大を試みた権力にとって、恩赦的措置の実施とは、実際には「背伸び」であれ、自らの司法警察権の領国内における特権性・超越性をアピールする意味をもったであろう[34]。かかる推測に誤りがなければ、大名の司法警察権の強化拡大の意図をソフトな形で表現したのが、八・九条の「恩恵」的態度であったと思われるのである。

しかし、こうした司法警察権の強化拡大の意図と同時に、一〇条では捕縛に抵抗する容疑者の殺害が、また一一条では、主人の被官成敗権も容認されている点は見逃せない。それを三好氏による司法警察権拡大の「限界」とみることはもちろん可能であろうが、少なくとも、はじめから司法警察権全体の「独占」が企てられたのではないようである。むしろ、どのような形で司法警察権を拡大浸透させようとしたのか、そのあり方を問い直す必要があると思われる。幸いにも、この二箇条には「追加」的性格をもつ条文が存在する。それらを一つの手がかりとしてそのあり方をさぐってみたい。

三　「追加」的条文の示唆するもの――むすびにかえて

二一条と二二条は、いずれもやや難解な条文であるため、まず各条を解釈することを通して、先行の条文の扱った問題をどのように補足追加したかをみておきたい。

まず二一条、

一　号二咎人一追来之時、自二他方一令二出合殺害一事

右、号二咎人一、以二刀兵一追来之時、近所之人民等令二出向一、不日令二殺害一云云、其公事者、追来人可レ為二所行一、至二出向之人一者、不レ可レ有二別子細一、

の事書にみえる「出合」とは、「刑事事件がおこった時、被害者がたとえば「盗人！」と声をかければ、その声を聞いた者は出合わなければならないという慣行が中世にはあった[35]」とされる、近隣住民による、容疑者逮捕の助勢行為をさす。すなわち本条は、一〇条にいう「咎人と号する」殺害の特殊なケースとして、「近所之人民」すなわち一般の領民が「出合」により容疑者を殺害した場合についての規定であり、いわゆる地下人の検断活動に言及している点で興味深い条文である。一般に、「出合」行為による現行犯に対する検断では、充分な審理なしの処刑も多く、殺された容疑者の関係者との間に紛争の生ずることがあった[36]。このことをふまえると、本条は「（被害者などが）武器（「刀兵」）を携えて容疑者を追撃した際、近所の領民が「出合」の結果殺害したならば、その（容疑者殺害に関する）紛争は、追撃者の所為によるものとし、「出合」を行った者の責任は問わない」と解釈される。すなわち本条では、「咎人と号し」た追撃者の方が先に武器を使用（殺害の意思表示）した場合に限定されるものの、領民の「出合」行為が擁護されているのである。

次の二二条、

一　被官人及二攻戦一、其咎懸二主人一否事

右、件被官人遂二糺明一、令二成敗一者、主人不レ可レ懸二其科一、但、无レ咎之旨、主従同心陳申之処、犯科露顕者、主人可レ懸二其科一也、仍三ヶ年中可レ被レ没二収所領半分一、就中、被官人之科、内々雖レ令二糺明一、依レ不二一決一、暫雖レ申二其旨一、主人无二私曲一之段分明者、難レ謂二同科一乎、然者主人果而彼被官行二重科一、以二一礼一可レ散二其憤一、

は、一一条の扱う主人の連座問題の特殊なケースとして、被官人の「攻戦」（喧嘩や私闘[37]）の咎について規定している。前半では、被官を糺明・成敗すれば主人に罪は及ばないが、被官に咎なしと抗弁すれば罪をかけ三年間所領半分を没収すると定め、基本的には一一条の趣旨を踏襲している。ただ、被官の糺明・成敗から先に述べる点と、「主従同心

陳申」とされる主人の被官へのより積極的な荷担を想定する点は、一一条とはやや異なる。後半（「就中」以下）では、「主人が「内々」に被官を糺明しても罪が確定せず、その旨を（三好氏に）釈明しても、被官を庇う意思のないことが明白ならば主人の罪は問わない。したがって、主人は糺明を結審させて被官を重罪に処し、鄭重に（被害者側に）応対して、その怒りを宥めるように」と定めている。この被害者側との和解という観点からの被官成敗は、当該期の集団間の紛争の際にみられた「大法の成敗」など、加害者の属する集団による加害者の成敗義務にもとづいた和解の慣習を意識したものであろう。(38)前半とあわせ、本条では一一条よりも主人による被官の糺明・成敗が前面に出ているといえる。

右のように二一・二二条では、「出合」や主人による咎人被官の糺明・成敗といった私的成敗が擁護され、より前面に出ている点が注目される。だが、これを三好氏の司法警察権拡大の意思の後退あるいは挫折とみるのは早計である。まず、二一条の一つの趣旨は確かに「出合」の擁護であるが、かわりに責任を問われる「追来人」とは、一〇条にいう「咎人と号する」者と同様、被疑者の罪を専断する者のことであるから、「自専」を禁じた一〇条の趣旨は基本的には変更されていないといえる。

また二二条でも、先述のように一一条の原則は基本的には変更されていない。加えて、主人の被官成敗により多く言及する理由はおそらく以下の点にあろう。(39)多くの戦国大名はその法の中で、喧嘩や私闘を禁じ、大名の裁判に紛争解決を委ねさせる姿勢をとるが、喧嘩の「咎」を問題とした本条の前提として、三好氏もまた喧嘩・私闘禁止の姿勢をとっていたはずである。(40)中世社会では、喧嘩や私闘は正当な自力救済行為とみなされ、所属集団には当事者を支援（「合力」）する義務があると考えられた。(41)本条が蔵匿・隠避よりもむしろ主人が被官に「同心」するケースを想定するのは、まさしくこの喧嘩観念を反映しており、被官に「合力」しないという明確な意思表示をさせて喧嘩拡大を防ぐことに、主人の被官成敗を前面に出す理由があったと思われる。

したがって、むしろ「追加」の二箇条は、三好氏の司法警察権拡大の意図をそのまま受け継ぐと同時に、私的成敗もより多く許容したといわねばならない。この一見矛盾する態度をどのように理解すべきであろうか。

ここで、この二箇条が先行条文の補足として取り上げた問題をいま少し抽象化するならば、二一条では罪の専断主体と処刑の実行主体が異なるケースを、二二条では、主人が被官の行動を正当化しうる「咎」のケースを取り上げているから、いずれも、容疑者の「罪の認定」に関わる問題といえる。この「罪の認定」という点に着目すると、二一条では、罪の専断、すなわち三好氏による「罪の認定」の侵害を含まないがゆえに「出合」は擁護されたといえる。また二二条では、主人に被官を糺明させるとはいえ、有罪が確定せずとも被害者側に配慮して重罪に処せと定めたことから明らかなように、究極的には三好氏による「罪の認定」に沿った成敗執行が主人に強制されている。すなわち、「三好氏による「罪の認定」権を侵害しない限り私的成敗は容認される。逆に、私的成敗が容認されるとはいえ、究極的には大名の「罪の認定」に従って行われなければならない」という、三好氏による「罪の認定」権独占を前提とした私的成敗の容認・統御として、「追加」条文の姿勢を理解しうるのである。

ふりかえってみると、この「罪の認定」権の独占志向こそ、「新加制式」にみえる司法警察権の強化拡大の中心といえる。一〇条にはまさにこの志向が最もよくあらわれているが、一一条も、連座という一種の「罪の認定」の問題から、主人権への介入を図っていた。また、八条では恩赦的措置を「糺明に及ばず」と表現し、九条では「手継を引かせる」ことによる罪の糺明を経た贓物返還を定める一方、「盗類」と認定された贓物所持者への厳刑執行は猶予したように、「恩恵」的措置は三好氏の「糺明」すなわち「罪の認定」を軸としていた。さらにいえばこの志向は、前節に述べた、訴訟関係法にみえる「理非の糺明」重視の延長線上に存在し、その意味では「新加制式」全体をつらぬく権力意思の一つの具体的表現ともいえよう。

さて、問題は、この「罪の認定」権の独占志向と、それを前提とした私的成敗の容認が何を意味するかである。そこで確認しておきたいのは、まず、地下人の「出合」や主人の被官成敗、やや抽象化すれば中間集団による私的成敗の容認が、三好氏のみならず当該期の公権力にしばしばみられることである。「出合」は、他の戦国大名の法令でも領民に命ぜられることがあり、(42)十七世紀、江戸幕府による幕領の盗賊取締令でも、盗賊召捕りのための「出合」が郷村に命じられている。(43)領民の「出合」は、当該期の公権力によって否定されることなく、むしろその治安維持の前提となっていたとさえいえる。

また、主人による咎人被官の成敗は、他の戦国大名の法でも、被官を蔵匿・隠避しないことの証明として主人に義務づけられており、(44)大名伊達氏の分国法「塵芥集」は原則として私的成敗を禁止するが、例外として主人の咎人被官成敗は認められている。(45)さらに、近世の武家奉公人に対する主人の「手討」慣行(46)などをみれば、他の戦国大名はもとより幕藩権力のもとでも、主人の被官成敗権は完全に否定されることなく一定程度容認されていたとみられる。

もう一つ確認しておきたいのは、「罪の認定」権の独占の志向も、やはり当該期の公権力にある程度共通してみられることである。例えば、「塵芥集」の検断法が禁じるのは、何より大名に「披露」してその「罪の認定」を経ない私的成敗であり、逆に大名の「成敗」(罪の認定)を経た後では被害者の私的復讐も容認されている。(47)また、大名浅井氏の地頭が菅浦惣に「為二地下一糺明申事有間敷候」(48)と誓約させた事例や、豊臣政権の海賊停止令執行過程で、大名が海賊を勝手に処刑することを禁じ、審理のため「生口」として豊臣政権のもとへ送進させたことも、(49)下位の集団や検断権者の検断権や刑罰権の否定というより、むしろ彼らが自由に「糺明」し罪を認定することの否定であったといえる。(50)

これらのことをふまえると、まず、「新加制式」にみえる、「罪の認定」権の独占を前提とした私的成敗の容認という姿勢は、三好氏固有の司法警察権の脆弱さのあらわれではないことになる。むしろこの姿勢は、三好氏のみならず当該期の公権力が直面した司法警察権上の課題への、以下のような対処の筋道を示唆すると思われる。すなわち、武士のみならず村や町などの中間集団も独自に治安維持活動を行っていた戦国期社会において、それに代替する警察機構を公権力がただちに構築することなど、およそ不可能であったろう。ならば家臣や領民の中間集団による治安維持活動をある程度容認し、それを前提として領内の司法警察体制を構築するしかないが、単に容認するだけでは、それはバラバラの状態で存在するだけであって、何らかの方法でこれを統御・統合しなければならない。そのための論理が「罪の認定」は究極的には公権力のみが正当に行いうるというタテマエであって、この論理により、家臣や領民の中間集団が「実行」する治安維持活動を、公権力が「判断」という次元から統御しようとしたのではないか。これが「新加制式」検断立法の「追加」的条文が示唆する事柄である。従来、戦国大名の「罪の認定」権の独占志向はむしろ司法警察権拡大の「限界」と把握されていたのであるが、むしろ逆に、当該期社会の現実の中で中間集団のもつ司法警察的能力を統御・統合する「現実的」な方策であったように思われるのである(51)。

以上、本章にみた「新加制式」検断法の姿勢は、法にあらわれた志向や理念にとどまり、また他の戦国大名はじめ当該期の公権力との共通面を強調しすぎたきらいはある。これが三好氏の検断・刑事裁判の実態をどこまで反映したものかという問題や、検断法における三好氏の独自性の解明は、今後の課題とせざるをえない。

（1）　三好長慶の弟実休（一般に実名は「義賢」とされるが、本章では法名実休で呼称を統一する）は阿波勝瑞、のち河内高屋城に拠り、東四国と南河内を領した。実休の家は、長慶の三好本家とは別に分国支配を行っており、本章では特にことわらない限り実休の阿波三好氏（家）を単に大名三好氏と呼ぶことにする。

（2）　「新加制式」が三好氏の分国法であることを最初に指摘したのは、中田薫「板倉氏新式目に就て」（『法制史論集　第三巻上　債権法及雑著』岩波書店、一九四三年）である。なお本章に引用する「新加制式」のテキストは、すべて佐藤進一・池内義資・百瀬今朝雄編『中世法制史料集　第三巻　武家家法Ⅰ』（岩波書店、一九六五年）による。

（3）　若松和三郎『篠原長房』（原田印刷出版、一九八九年）所収。

（4）　天野忠幸『戦国期三好政権の研究』（清文堂出版、二〇一〇年、二〇一五年に増補版）など。三好氏に関する研究史も同書に的確に整理されている。
(5) 以上の「新加制式」についての概説は前掲注(2)中田氏論文および前掲注(3)若松氏著書による。
(6) 勝俣鎮夫「「今川かな目録」の制定」(『静岡県史　通史編2　中世』、一九九七年)、「「甲州法度之次第」についての一考察」(『中世社会の基層をさぐる』山川出版社、二〇一一年)などを参照。
(7) 「新加制式」(『日本史大事典』平凡社、一九九三年、勝俣鎮夫氏執筆)。
(8) 阿波三好氏の他、三好政権にも「評定衆」の置かれていたことは、高橋敏子「東寺寺僧と公文所との相論にみる三好政権」(東寺文書研究会編『東寺文書にみる中世社会』東京堂出版、一九九九年)を参照。なお、前掲注(4)天野氏著書では、「評定衆」の設置には懐疑的な見解が示されている。
(9) 拙稿「日本中世の幕府「追加法」生成と伝達の構造」(林信夫・新田一郎編『法が生まれるとき』創文社、二〇〇八年)。他の分国法でも、「今川仮名目録」の追加は別としても、「結城氏新法度」や「六角氏式目」などが末尾に追加の条文を載せている。
(10) 「御成敗式目」三六条と分国法との関係は、石井進・石母田正・笠松宏至・勝俣鎮夫・佐藤進一校注『日本思想大系二一　中世政治社会思想　上』(岩波書店、一九七二年)「今川仮名目録」二条補注四五〇―四五一頁(勝俣鎮夫氏による)を参照。
(11) 笠松宏至「盗み」(網野善彦・石井進・笠松宏至・勝俣鎮夫『中世の罪と罰』東京大学出版会、一九八三年、二〇一九年に講談社学術文庫)。
(12) 「贓物」については、上杉和彦「中世の贓物について」(『日本中世法体系成立史論』校倉書房、一九九六年)を参照。
(13) 鎌倉幕府追加法三〇五(佐藤進一・池内義資編『中世法制史料集　第一巻　鎌倉幕府法』岩波書店、一九五五年)。
(14) (明応七年)七月五日室町幕府政所執事代諏方貞通書状(『大日本古文書　蜷川家文書之二』三三四号)では、鎌倉幕府追加法三〇五を「古今御用」と述べており、この法が室町幕府のもとでも先例として通用していたことを物語る。
(15) 「相良氏法度」一一条、「大内氏掟書」一二、「塵芥集」四二・四三・六九・一七〇条などにこの「贓物の手継」法がみられる。
(16) 前掲注(11)笠松氏論文および前掲注(12)上杉氏論文を参照。
(17) 鎌倉幕府追加法二八四(『中世法制史料集　第一巻』)。
(18) 「六角氏式目」四三条(『中世法制史料集　第三巻』)。
(19) 天正五年六月日織田信長近江安土山下町中定書(「近江八幡市所蔵文書」、佐藤進一・百瀬今朝雄編『中世法制史料集　第五巻　武家家法Ⅲ』〈岩波書店、二〇〇一年〉八八五)の第七条。

(20) 他に「盗人引付け」の贓物法の影響を受けた法として「吉川氏法度」三三条がある。
(21) 「今川仮名目録追加」一六条は、贓物の「本主」が「小身」「無力」の場合は「不便」として、贓物は一品だけ検断権者が没収し、残りは返付することを定めており、贓物の「本主」への返付が「恩恵」的性格をもつとの認識を示している。
(22) 「……と号する」という表現が、それを主張する者にとって少なくとも主観的には正当性の論理を含んでいたことは、勝俣鎮夫「地発と徳政一揆」(『戦国法成立史論』東京大学出版会、一九七九年)を参照。
(23) 本章では、大名などの公権力からみて「私的」な司法警察行為、例えば被害者による自力救済行為、領主や主人による領民や被官の成敗を「私的成敗」と呼ぶことにする。
(24) 前掲注(3)若松氏著書二四〇—二四一頁など。
(25) 他にも、「解死人を引く」作法について述べた室町幕府法参考資料三一六(佐藤進一・池内義資編『中世法制史料集　第二巻　室町幕府法』岩波書店、一九五七年)などにも、これと同じ「其主」の用法がみられる。
(26) 「長宗我部氏掟書」二六条(『中世法制史料集　第三巻』)。
(27) 永禄元年六月日尼子晴久杵築社法度写(「千家所蔵古文書」、『中世法制史料集　第五巻』四八二)の第六条。
(28) 他に、(永禄五年)卯月五日北条氏武蔵松山本郷掟書写(「武州文書」十四、『中世法制史料集　第五巻』五四〇)、霜月廿三日北条氏鷲宮掟書(「鷲宮文書」、『中世法制史料集　第五巻』八九八)などにも同趣旨の規定がみえる。
(29) 勝俣鎮夫「塵芥集に見られる伊達氏の司法警察権についての一、二の問題」(『中世の窓』一〇号、一九六二年)、および「戦国法」(前掲注(22)勝俣氏著書所収)などを参照。
(30) 前掲注(10)『中世政治社会思想　上』一五頁、「御成敗式目」一四条の頭注(笠松宏至氏による)参照。
(31) 「今川仮名目録」一〇条(『中世法制史料集　第三巻』)。
(32) 「甲州法度之次第」(五十五箇条本)一八条、「塵芥集」一八条など。
(33) 古代中国の恩赦制度および日本におけるその継受や前近代の恩赦の沿革については、佐竹昭『古代王権と恩赦』(雄山閣出版、一九九八年)を参照。日本中世の武家法における恩赦もしくは「赦」については、幕府や大名によるいくつかの事例が知られ、大名の「赦」としては、「大内氏掟書」一二九が、足利義尚追善のため領国内に「常赦」を布いた事例である。
(34) ただ、「新加制式」にみえる「恩赦」的措置が刑の減免ではなく八条に「不レ及二糺明一」とされる犯罪捜査・審理の抑制である点は注意すべきであり、この点は次節でふれたい。
(35) 瀬田勝哉「神判と検断」(朝尾直弘・網野善彦・山口啓二・吉田孝編『日本の社会史　第五巻　裁判と規範』岩波書店、一九八七年)七一頁。

（36）例えば『北野社家日記』明応三年正月二日条には、被害者・容疑者双方の関係者が「出合」を行い、現場の混乱の中で、容疑者の関係者が殺害された事件が記されている。
（37）前掲注（3）若松氏著書二二一頁の指摘するように、あるいは、喧嘩の中でも特に先に実力行使を行うことを意味する「故戦」をさすのかもしれない。
（38）前掲注（29）勝俣氏「戦国法」、清水克行『喧嘩両成敗の誕生』（講談社選書メチエ、二〇〇六年）、および本書第二部第二章などを参照。
（39）前掲（29）勝俣氏「戦国法」参照。
（40）実休の戦死後、河内にあった阿波三好氏重臣たちによる、永禄五年十一月廿九日河内高屋在城衆契状（「森田周作氏所蔵文書」、『中世法制史料集　第五巻』五五五）の第六条は、彼ら自らも喧嘩に際し自制的行動をとり、裁判により紛争を解決すべきことを強く自覚していたことを物語る。三好氏も喧嘩を強く禁じる姿勢をとっていたことの間接的な裏づけとなろう。
（41）前掲注（29）勝俣氏「戦国法」参照。
（42）（永禄五年）六月四日北条氏伝馬定書（「田中芳男氏所蔵文書」、『中世法制史料集　第五巻』五四五）など。
（43）「御当家令条」二七七（石井良助編『近世法制史料叢書2』〈復刊訂正版〉創文社、一九五九年）。
（44）「今川仮名目録」九条、「塵芥集」一八条など。
（45）前掲注（29）勝俣氏「塵芥集に見られる伊達氏の司法警察権についての一二の問題」参照。
（46）塚本学「江戸時代人の生命維持のための情報」（『歴史学研究』六五一号、一九九三年）、『生きることの近世史——人命環境の歴史から』（平凡社、二〇〇一年）などを参照。
（47）前掲注（29）勝俣氏「塵芥集に見られる伊達氏の司法警察権についての一二の問題」参照。
（48）永禄十一年八月十八日菅浦惣中誓約状案（滋賀大学経済学部史料館編纂『菅浦文書　下巻』〈有斐閣、一九六七年〉九二三号）。
（49）藤木久志「海の平和＝海賊停止令」（『豊臣平和令と戦国社会』東京大学出版会、一九八五年）を参照。
（50）なお、仁木宏「三好・織田政権の都市支配論理」（『京都の都市共同体と権力』思文閣出版、二〇一〇年）一四八頁は、三好政権が京都の町共同体に「糺明」を委ねたとする。だがその根拠とされた史料、年未詳七月廿一日三好長慶書状（「室町頭町文書」、京都町触研究会編『京都町触集成　別巻二』〈岩波書店、一九八九年〉一五三）は、「（三好氏側が）「糺明」を行った上で厳正に処置するので事情を説明せよ」と「町中」に命じたと解釈する方が自然であり、むしろ三好氏権力が自らの公正さの前提にその「糺明」行為を位置づけたことを示すものである。

(51)　この点、本章は前掲注(29)勝俣氏「塵芥集に見られる伊達氏の司法警察権についての一二の問題」に近い事実を指摘しながら、その評価や意味づけを異にするといえる。だが、それは伊達氏と三好氏の権力の性格や地域的な相違というより、学界全体の研究状況の相違、特に中世の自力救済や私的成敗のあり方の解明が、今日では半世紀前より格段に進んだことによる部分が大きいと思われる。また本章にいう検断における「罪の認定」権の独占とは、研究史の蓄積のある戦国大名の裁判権掌握を通した領国支配という問題ともちろん関わるであろう。ただ、従来の研究が扱う事例が主として集団間の紛争解決に関わる大名裁判であるのに対し、本章ではむしろ集団内の治安維持機能との関わりを論じている。議論の混乱を避けるためひとまずこの点の区別は必要と思われる。

[補注]　九条および贓物法の理解については、後にやや考えを改めた。本書第三部第四章を参照。

第二章 「塵芥集」の「とが人」と私的成敗

はじめに

本章は、戦国大名伊達氏の分国法「塵芥集」[1]の刑事法規の性格を再検討し、立法制定者の意図に即して理解することを試みるものである。

全一七一箇条からなる「塵芥集」のうち、一六条から七五条までが殺害・刃傷・打擲・盗犯に関する条文であり、他の条文も合わせて全体の三分の一以上を刑事法規が占める。その刑事法規の性格の理解にあたり、研究史上大きな位置を占めるのが、勝俣鎮夫氏の研究[2]である。勝俣氏は、「塵芥集」の刑事法規をつらぬく原則は犯罪事件の被害者などによる「私的成敗」の禁止と指摘し、同時に刑事法規には、特に刑の執行に被害者側の当事者主義的性格が強くみられることを明らかにされた[3]。勝俣氏の論文より引用すれば、「私的成敗の禁止を、その分国法の一つの法理としてかかげながら、現実には、公的権力をバックにしていたとはいえ、私的成敗を認めていた」のであり、勝俣氏はこれを「法理と現実のギャップ」と表現されたのである[4]。

こんにちの目でみれば、勝俣氏の論文の発表当時、一九六〇年代前半の日本中世史学界の研究状況は、「私的成敗」も一定の正当性をもつ中世社会の独特のあり方の解明がまだ始まったばかりであった。そのような中、勝俣氏の学説は、法制定権力の掲げる原則の不徹底を描くという逆説的な形で、中世社会のあり方を先駆的に示した点に大きな意義があったといえる。

一方現在の研究状況では、その後に勝俣氏の明らかにされた、一定の正当性をもつ中世社会の独特のあり方がもはや研究の一つの前提となったといえる。(5)したがってさきの点も必ずしも「ギャップ」とみる必要はないのかもしれない。そこで本章では、勝俣氏はじめ先学の研究成果に学びつつ、同法にみえる「私的成敗の禁止」を、法の中での「ギャップ」や矛盾のないものと仮定して理解することを試みたい。なおこのような問題設定からして当然、以下本章で論ずることは、右の仮定のもとでのみ成り立ちうる議論にすぎないことを最初にことわっておく。

一　「とが人」

本節ではまず、「塵芥集」中の「とが人」という語を手がかりとして、「塵芥集」が容認した「私的成敗」のあり方を検討する。この語は「塵芥集」では「とかにん」もしくは「とか人」と表記され、同時代の他の史料では「科人」あるいは「咎人」と漢字表記されることが多いが、本章では「とが人」と表記する。

「とが人」の辞書的な語意は、罪科のある人、罪を犯した人、といった罪人・有罪者の意であるが、後にみるように、「塵芥集」には、被害者側の者が「とが人を討つ」ことを前提とした条文があり、これは「伊達氏の裁定が下った後、公権力をバックに被害者が科人を討つ」(6)ものとされている。すなわち、「塵芥集」にみえる「私的成敗」の事実上の容認であり、「法理と現実のギャップ」の一例である。

さて、この「とが人」について「塵芥集」条文中には少々気がかりな用例がある。それは、条文中既出の特定の罪の有罪者をあらわす語を「とが人」と言い換える事例である。例えば、

［七三条］

一　ぬす《盗》人のさいしよ《在所》へおし《押》かけ候とき、かのとか人あひはつ《迦》る、のうへ、ぬすむところのさうもつ《贓物》たつぬるところに、となりのいへにあり、（下略）[7]

では、既出の「盗人」を「かのとが人」と言い換える。後に全文を掲げる一八条でも、「たゝししうにん《主人》、せつかいにん《殺害人》をきよう《許容》におゐてハ、（中略）又くたんのとかにん、しうにんかくこ《格護》のよし」と、「殺害人」を「件のとが人」と言い換えている。だが、一条文中での「とが人」への言い換えが常に起こるわけではなく、例えば、「ぬす人せいはい《成敗》をハつてのち、くたんのぬす人かくこ《格護》いたし候ともから」（五五条）、「たうそく《盗賊》としてせいはいののち、くたんのぬす人とも」（六一条）と、既出の「盗人」（「盗賊」）の語を基本的にはそのまま繰り返し用いる場合もある。

前述の「とが人」の辞書的な語意は、具体的な罪名を限定しない、罪科ある者や罪を犯した者の総称といえる。例えば次の九八条、

［九八条］

（上略）しかるにうりぬしさいくわ《罪科》あるのとき成敗をくわへ、所帯等けつしよ《闕所》せしむ、とかにんのうり地たるにより、おなしくけつしよになる、（下略）

では、「とが人」は、所領没収の原因たる「罪科」は特に限定・特定せず（また文脈上その必要もなく）、何らかの罪で伊達氏から処罰された者の意であり、まさに不特定の罪の有罪者の総称である。だが、右の七三条・一八条は「盗人」・「殺害」の罪に主題を限定するから、不特定の罪の有罪者の総称にあえて言い換える必要はないはずである。些細な点への執着かもしれないが、あえて「とが人」と言い換えるべき何かの理由があるのではないか。以下、「塵芥集」中の「とが人」の語の性格・特徴からその理由をさぐることにする。

1　「とが人成敗」と「とが人を討つ」

「塵芥集」には「とが人（の在所）成敗」という語があらわれる。

［一五一条］

一　とかにんの在所せいは《成敗》いのとき、さいほう《財宝》・うし《牛》・むま《馬》・けんそく《眷属》以下、そのたとうにて候ハゝ、たいくわん《代官》のものうは《奪》ひとるとも、不レ及二是非一、其はをのかれてのち、人をあひたのミ《相憑》、あるひハはしり入と申、あるひハもとのしうにんにえたるよし申やから候とも、其地頭へかへし付へき也、さくもう《作毛》の事ハ、たいくわんしゅ《衆》

一かう《向》けいはう《競望》あるへからす、地頭之儘たるへき也、

［一五二条］

一　たてめくり《館廻》にてとかにんせいは《成敗》いのとき、かの在所放火あるへからす、仍らんはうしゆ《乱妨衆》その四壁之木竹をきりとり、いへかき《家垣》をやふる事、さいくわ《罪科》にしよすへきなり、とかにんのたすけにあらすといへとも、すてにはつと《法度》をそむくのうへ、さいくハ《罪科》かろからさる也、

右の一五一条は「とが人」（犯人）の検断による財産等の没収（「地頭」の権益との調整）が主題であり、一五二条は「館廻」の地での検断としての犯人住宅放火の禁止規定であるから、[8] この両条の「とが人（の在所）成敗」は、明らかに犯人の住宅や財産の検断である。その主体は、伊達氏の「代官」（一五一条）のみならず、「乱妨衆」（一五二条）と呼ばれる、私的検断の実行者も含むとみられ、しかも「館廻」以外での当該行為は禁止されていない。

ここで、犯人の住宅や財産に対する検断、特に住宅の検断の慣習について、主に勝俣鎮夫氏の研究[9]に依拠していくつかの点を確認しておく。犯人住宅や財産の検断は犯罪の種類を問わず行われ、とりわけ住宅検断は、その発生後できる限りすみやかに行われるべきものと考えられた（また実際にかく行われた）、当時の社会の習俗に根ざす慣習であった。特定の罪に限定されない「とが人」の語を用いた「とが人成敗」なる名称は、犯罪の種類を問わず行われる検

断を言いあらわすにふさわしいといえる。この「とが人成敗」も、私的検断行為として行われれば「私的成敗」といえるが、これを伊達氏が一般的には禁止せず容認したことは明らかである。

右にみた通り「とが人」は検断の対象であり、一義的には有罪が確定した者をさすはずである。その結果として「なんそとかにんにあたふる判形相立へけんや」（九八条）といった、いわば法的権利を喪失した存在との認識もみられる。こうした「とが人」の性格を端的に示すのが、次にみる「とが人」の殺害に関する規定である。

［二三条］

一　とかにんをうつ《討》のとき、ひゝきのやから《贔屓》、いかほとうちそへ《討添》候とも、うたれたる者のふうん《不運》たるへし、（下略）

［二六条］

一　たりやう《他領》にてとかにんをうつとき、そのところの者、いらん《違乱》にをよふ事あるへからさる也、

［三七条］

一　とかにんかくこ《格護》のさいしよ《在所》へ申とゝけすして、これをうつへからす、（下略）

右の三条が「とが人を討つ」主体として想定するのは、「とが人」による犯罪の被害者側の者である[10]。二三条は「とが人を討つ」際に「とが人」への加勢者が討たれても殺害罪は不成立とし、二六条は、伊達氏領国内の「他領」で「とが人を討つ」際の、その場所の住人による妨害を禁止する。また三七条は、「とが人」のかくまわれた「在所」（屋敷地）[11]の主に届け出て許可を得ずに、「とが人」を討つことの禁止である。いずれも、被害者側の者が「とが人を討つ」行為が容認され、その実行者が殺害罪に問われないことを前提とした規定である（なお、二三条・三七条の引用省略部分については第三節で言及する）。

右のように「塵芥集」では、「とが人」と認定された者に対する、私的検断の実行や私的復讐としての殺害などの「私的成敗」が事実上容認されている。ただ、「塵芥集」の「私的成敗禁止」の原則から、こうした「とが人」はあく

まで伊達氏が裁定・認定した者に限定されると考えられたのである。

2 「とが人」の認定

ここで、右のような性格をもつ「とが人」の認定のあり方が問題となる。前述の九八条のごとく、伊達氏が有罪と認定し処罰した者を「とが人」と呼ぶ場合もある。だが一五一条・一五二条の「とが人成敗」＝犯人の住宅や財産の検断は、一般には犯罪発生直後にも行われうることから、伊達氏による有罪認定後のみを想定したとは考え難い。さらに、以下にみるいくつかの条文は、伊達氏による認定をまだ受けていない者も「とが人」と呼ばれうることを示している。

［一四四条］

一　ひくわん《被官》・しもへ《下部》、よそへはしり入候とき、しうにん《主人》より申とゝけ《届》候処に、相かへさすして、よかた《余方》へこれをうり候事、ぬす人たるへし、然にかのはしり入のもの、もとのしうにんのかたへにけかへる《逃帰》事あり、仍いまかいとめ候つるしうにん、なにかし《某》のかたよりかいをくのよし申、とかにんのかたよりかいをくのうへハ、とうさい《同罪》たるへし、（下略）

本条は、逃亡被官や下人を本主人に返還せず売却すれば「盗人」の罪と定め、その買主が売買の正当性による下人の所有権を主張しても同罪とする。「とが人」（ここでも「盗人」ではなく「とが人」）からの購入がその理由であるが、この「とが人」は、実際に伊達氏から認定・処罰を受けたか否かにかかわらず、本条の規定に違反し逃亡下人を売却したために、当然有罪（盗犯罪）となる者をさすことは、文脈上明らかである。つまり、伊達氏の実際の認定以外の要件による「有罪確実者」も「とが人」と呼ばれうるのである。

右の一四四条では、法に対する違反が「とが人」認定の要件といえるが、その他の「とが人」認定に関わる要件を示すのが次の条文である。

［一二九条］

一　おなし国のもの、たこく《他国》にてしち《質》にか《拘》へられ候ハヽ、其根本のとかにんを尋さくり、せいはい《成敗》をくわふへきなり、たゝしくたんのとかにん、ふさた《無沙汰》のものにあひあたるほと、いましちにとられ候かたへ、こと〳〵くわきまへ《弁》すまし《済》、わひこと《侘言》いたし候ハヽ、いせん《以前》のとかをゆるすへきなり、

本条は、他国の債権者から、同国内の他人の債務不履行についての私的差押え行為（「質」取り）を受けた場合（いわゆる「国質」を取られた場合）についての規定である。(12) 本条はその本来の債務不履行者を「とが人」と呼び、「国質」の被害者が彼を探索し「成敗」することを認め、(13) 例外として、被害者への被害額弁償・謝罪により「とが人」は免責とする。この「とが人」も文脈上は前述の「有罪確実者」の意である。「国質」の被害者に「とが人」探索が委ねられた点、そして、債務不履行という「国質」の半ば民事的性格も加わってか、(14) 弁償による当事者間和解がむしろ推奨された点から、事件の当事者による実質的な「とが人」認定という構図がうかびあがる。(15)

さらに次の二つの条文をみてみる。

［一三三条］

一　たこく《他国》のあきんと《商人》・しゆきやうしや《修行者》ころさるゝ事あらは、さいくわ《罪科》にいたつてハ、そのむらさと《村里》にあひとまるへきなり、たゝしかのかうない《郷内》のひのもの一人なりとも、くたんのとかにんを申いて候ハヽ、そのむら中のあんと《安堵》たるへき也、

［六四条］

一　たこく《他国》のあき《商》人、其外わうふく《往復》のはんミん《万民》、あるいハ山たち《立》、あるいハ事をさう《左右》によせ、人のさいほう《財宝》をうはひとる事、あとさきのかうむら《郷村》のをつと《越度》たるへし、たゝしかのとかにん申いつるにおゐてハ、其とかをのか

れへきなり、

両条とも、他国の者（商人・修行者・往来人）が刑事事件の被害者となった場合（三三条は殺人、六四条は盗犯）の規定である。いずれも、事件現場や近辺の村里・郷村全体にその罪ありとし[16]、「件の（かの）とが人」を指名・告発すればその罪を免れると定める。両条で伊達氏がかかる姿勢をとるのは、他国の被害者は伊達氏領国内の裁判の訴権を有さず、伊達氏が職権を行使したためとされる[17]。この「とが人」も、指名後に伊達氏が殺害あるいは盗犯の犯人と認めるはずの「有罪確実者」の意であり、両条とも「とが人」の指名・告発を動詞「申出づ」で表現するが、この語は、「とりて《取手》をきぬし《置主》を申いては」（四三条）、「本しうにんのな《名》を申いつるのところに」（一四六条）と同じく、当事者しか知り得ない事実を暴露する意とみられる。この両条には、事件当事者（共犯者）とみなされた郷村が、当事者しか知り得ない「とが人」を指名・告発するという点で、事件当事者が「とが人」認定に大きな役割を果たす関係があらわれている。

右のように、実際にはまだ伊達氏から認定されてはいない「有罪確実者」の意で「とが人」の語が用いられ、その認定には、（第三者ではなく）事件当事者が実質的に関与するという構図が明らかとなったが、その認定のあり方をさらにみることにする。

まず注目されるのが、犯行事実発覚後に逃亡した「とが人」の存在である。さきの七三条の「とが人」は逃亡（「あひはつる」）しており、三七条の「とが人」も逃亡の結果他人の「在所」に避難したと理解しうる。また一九条が、「とかにん命をまぬかれんため、人の在所へはしりいらは」とするのも、被害者側の復讐からの逃亡を示唆する。逃亡は有罪性についての容疑者の抗弁の放棄でもあり、その点を争う相論は起こらないはずである。つまり、容疑者の逃亡が端的に示す、有罪性についての異論・抗弁の不在、ひいては相論の不発生が、「とが人」認定の一つの要件たりえたと予想される。この観点から、次の条文にあらわれた「とが人」をめぐる事件当事者・関係者の関わりをみることにする。

［一八条］

一　人のひくわんいけ人《被官以下》をころし、其則ちくてん《逐電》候ハヽ、しうにん《主人》にとかをかけへからす、たゝししうにん、せつかいにん《殺害人》をきよう《許容》におゐてハ、とうさい《同罪》たるへし、又くたんのとかにん、しうにんかくこ《格護》のよし、てきにん《敵人》あひさゝ《支》へる事あり、そのたうさ《当座》ならは、しうにんさい所をさかさせへし、然にのちの日これを聞、そのしう人きようのよし申いつるのとき、せうこ《証拠》まきれなくハ、まへにのするかことし、又敵人のさゝへ候せうこなくハ、しうにんのとかあるへからさる也、たゝし又しうにんのいこん《遺恨》あるのあひた、ひくわんそのいきとをり《憤》をとけんために、人をころしちくてんのうへ、しうにん相しらすといふとも、そのとかをのかれかたし、然にかのとかにんを、しうにんしやうかい《生害》させ、まかり《罷》い《出》て候ハヽ、いせん《以前》のとかをゆるすへきなり、

本条のテーマは、被官の殺害罪への主人の連座であり、まず冒頭に、①犯行直後に逃亡した被官の罪は主人にかからぬが、例外として、殺害犯の被官をかくまう主人は同罪、との原則を掲げる。また、②被害者側（「敵人」）が主人による当該被官（「とが人」）蔵匿を主張すれば、犯行直後の加害者追跡の場合には主人に被害者側への「在所」捜索許可を義務づけ、後日に訴訟となれば証拠の有無により判定とする。ただし例外として、③主人の遺恨を晴らすため、被官がその遺恨の相手を殺害した場合、被官が逃亡し主人は事件に直接関知せずとも有罪とし、逃亡した被官を主人が殺害（処刑）すれば無罪、と定めている。

本条②・③規定も犯行後逃亡した「とが人」を想定するが、特に②の犯行直後の追跡の場合は、実際にはまだ伊達氏から有罪と認定されていない状況を想定する可能性が高い。その状況での被害者側と加害者の主人との交渉において、被官を「とが人」と認め、彼を保護する意思なきことの表明として、主人に「在所」捜索許可を義務づけたとみられる。

また③の例外規定は、遺恨の存在による主人の連座という点も興味深いが、殺害犯の処刑を条件とする連座対象者の免責規定はおそらく、当時の集団間紛争の和解慣習を意識したものと思われる。つまり、殺害実行犯の被官のみならず主従集団全体が報復対象となる紛争への拡大を防ぐため、加害者側集団内部での犯人処刑による集団相互の間の和解の慣習「大法の成敗」[18]に通ずる規定を付加したとみられるのである。[19]この例外規定も、主人による被官の「とが人」認定をもって成り立つことは明らかである。

右のように、本条②の「その当座」の場合と、③の「大法の成敗」的な例外規定では、事件当事者の属する集団内部もしくは集団間の関係において事件を収拾解決（「とが人」保護の放棄やその集団内処刑）する方式が採られ、そこでは伊達氏の裁判によらず、集団内部、もしくは集団間による「とが人」の認定の了解・合意が前提とされている。本条の想定する、「とが人」の逃亡すなわち抗弁の放棄に加え、かかる所属集団や集団間の了解・合意が存在すれば、少なくとも「とが人」認定の是非をめぐる集団間紛争は発生しないはずである。伊達氏にとっても、集団間紛争の回避のために、当事者の所属集団内や相互間での「とが人」認定の了解・合意はむしろ望ましいことであったと推測される。

以上にみた条文から、「とが人」の認定には、容疑者の抗弁の不在、事件の当事者や関係者（所属集団）の間の了解・合意（その結果としての相論の不在）などの要件が存在したといえる。また、この事件関係者（所属集団）との関係から、復讐の対象として殺害の容認される「とが人」の性格も理解しうる。当時の社会では、所属集団の保護を全く失った者を、公権力が積極的に保護することはないといえるからである。[20]この点からみれば、逃亡した「とが人」は、集団の保護を喪失した者ともいえる。[21]これらのことから、さきの二三条・二六条・三七条の、被害者側による殺害の容認された「とが人」も、伊達氏の認定を受けた者のみならず、その所属集団から有罪認定され保護を喪失した者を含むと思われるのである。

3　伊達氏の刑事裁判との関係

ここで問題となるのが、右にみた事件の当事者や関係者（所属集団）による「とが人」認定と、伊達氏の刑事裁判との関係である。

さきにみた条文の「とが人」はいずれも、伊達氏も当然有罪と認定しうるという意味での「有罪確実者」であった。一八条の②後半規定は後日の伊達氏への提訴の場合も挙げるが、これは「とが人」を主人がかくまった容疑についての訴訟であり、「とが人」の認定は当然伊達氏も追認することが前提である。では、同条の②後半のように事件の当事者・関係者が認定した「とが人」に関連する争点の訴訟では、「とが人」認定の追認にプラスアルファの要素はないだろうか。次の条文はその要素を示すと思われる。

［五九条］

一　とかにんせいはい《成敗》のとき、さいほう《財宝》・さいし《妻子》・けんそくとう《眷属等》、えんしや《縁者》・しんるい《親類》はしり入きよう《許容》いたし候ハヽ、とうさい《同罪》たるへし、たゝしひろう《披露》のうへ、つミのかろきおもきに付てようしや《用捨》有へし、そのつミをなたむるともから《輩》におゐてハ、かくこ《格護》のにんたい《人躰》いくるしかるへからさる也、

本条の「とが人成敗」も、犯人（「とが人」）の財産や妻子等に対する検断である。前半では、検断の際に犯人の財産や妻子・眷属の避難を受け入れた（犯人の）親類縁者を盗人同罪とする。後半はその例外規定で、伊達氏への訴訟提起（「披露」）後、犯人の罪の軽重により避難受入の親類縁者の罪も斟酌（減免や宥免の可能性を）され、犯人が赦免されれば避難受入者も免罪と定める。この訴訟提起は、直接には避難受入者の「同罪」に関するものと思われる。また、本条が伊達氏への訴訟提起以前の「とが人成敗」を想定すること[22]は明らかで、伊達氏の検断役人（一五一条にみた「代官」）以外の、事件当事者・関係者による「とが人」認定と検断実行と考えざるをえない。

本条からは、事件当事者・関係者による「とが人」認定はひとまず既定事実とした上で、その罪の軽重（すなわち罪名）、あるいは「その罪を宥むる」（一六条・六〇条・六一条の「宥免」と同義）可能性を、伊達氏の刑事裁判で審理決定するという関係が浮かび上がる。つまりこの罪名の確定や減免・宥免の決定が、前述のプラスアルファの要素といえる。一方、「とが人」の住宅や財産の検断は、犯罪の種類を問わずその発生直後にも行われるため、伊達氏による罪名確定以前に当事者・関係者による「とが人」認定と検断が行われ、それが伊達氏に容認されても全く不自然ではない。ただし伊達氏からみれば、かかる有罪認定と検断をうけた者は、（むろん当事者たちは具体的罪名を意識したであろうが）まだ刑事裁判で罪名の確定しない有罪者の総称すなわち「とが人」でしかないことになる。

右のことから、本節の冒頭で注目した条文では、伊達氏がまだ正式に罪名（盗人や殺害人）を決していない、当事者・関係者間での「有罪確実者」であることの明示や強調のため「とが人」と言い換えたものと理解される。このうち一八条についてはすでに述べたため、七三条についても確認しておく。七三条の想定する「盗人の在所へ押しかけ」る場面とは、盗品捜索も行うことから、明らかに裁判による盗犯罪確定前の容疑者の逮捕・家宅捜索の場面であり、逃亡すなわち抗弁の放棄により有罪確実として「とが人」と呼んだとみられる。「塵芥集」の前提とする刑事訴訟制度はいわゆる当事者主義（被害者訴追主義）(23)であるため、容疑者特定や盗品指定について、被害者の関与の全くない「押しかけ」は考えがたく、七三条の「とが人」認定の成立にも、事件当事者（被害者）の関与を推定して誤りないと思われる。

なお、さきに掲げた七三条の引用省略部分には、

かの家ぬしも又にけ、ならひの在所へはしり入、其在所のぬしをたのミ、とかなきよし申事あり、はしり入候もの、かくこ《（格護）》いたし候もの、ともにさいくわ《（罪科）》たるへし、とかにんをたすけんと、とうしん《（同心）》するゆへなり、

とある。盗品所持の隣家の家主も逃亡、近隣の「在所」（屋敷地）の主を頼り無罪を主張・抗弁した場合、隣家の家

主・「在所」の主をともに盗人同罪とする規定である。本条では、隣家の家主は共犯者ではなく、盗品を所持する自身の逮捕をおそれて逃げ、庇護者を頼り自身の無実を主張した場合を想定するが、これを「とが人」（逃亡した本来の犯人）に対する同調や擁護に通じかねない（捜査と「とが人」認定に混乱を招く可能性のある）行為とみなしたものと思われる。この規定の趣旨は、認定された「とが人」に対する一切の地縁的擁護の禁止とみられ、これはさきにみた所属集団からの疎外という「とが人」認定の性格に通ずるといえる。[補注]

以上煩雑となったが、「塵芥集」の「とが人」の語についての検討の結果をまとめると、

（一）「とが人」の語は不特定の罪の有罪者の総称として用いられ、「とが人」と認定された者は検断の対象となり、被害者側の復讐からも保護されないなど、法的権利の喪失者として扱われている。

（二）「とが人」すなわち有罪者の認定は伊達氏のみが行うものではなく、容疑者の抗弁放棄、事件当事者や関係者（所属集団など）の間での有罪性についての了解・合意（逆からいえば相論の不在）といった要件によっても行われる。

（三）事件の当事者や関係者による「とが人」認定に関連して伊達氏の刑事裁判が行われた場合は、「とが人」認定は既定の前提とし、具体的な罪名や罪の減免・宥免決定の審理確定を行う。

となる。これらが示すように「とが人」の語のさす具体的内容に、条文の文脈による多少の幅があり、その幅が伊達氏による検断や刑事裁判制度の特徴をあらわすと思われるのである。

さて右の検討結果は、「とが人」を伊達氏が罪を確定した者とみる従来の説と、特に（二）（三）の点が大きく異なる。従来、「とが人」成敗の事実上の容認が「私的成敗の禁止」の原則と齟齬する例外とされたが、伊達氏の刑事裁判によらない、事件の当事者・関係者による「とが人」としての有罪認定と事件解決をも容認するならば、「私的成敗の禁止」のあり方そのものを再検討する必要があると思われる。そこで次節では、逆に、伊達氏の特に容認しえな

い「私的成敗」とは何であったかを検討したい。

二　二つの「私的成敗」禁止

本節では、従来「塵芥集」中の「私的成敗の禁止」の原則をあらわすとされた条文[25]を検討し、伊達氏が特に容認しえないと考えた「私的成敗」をさぐることにする。

1　「盗人を私に成敗」することの禁止（五四条）

最初に、次に掲げる五四条をみてみる。

［五四条］

一　ぬす人をわたくしにせいはい（成敗）する事、たとひまきれなきぬす人たりとも、せいはいせしむるかたのをつた（越度）るへし、たゝしそのしう（主）人へ申届のうへ、しうにんのせいはいにつゐてハ、是非にをよはす、

「盗人を私に成敗」すれば、たとえ証拠明白な盗人であっても、「成敗」した者の「越度」との本条前半規定は、「私的成敗の禁止」の端的な表現にみえる[26]。だが、この「盗人を私に成敗」は、従来必ずしも厳密に解釈されたとはいえず[27]、その解釈・理解を確定する必要がある。解釈の鍵となるのは、「成敗」の語意である。本条解釈の参考となる「成敗」の語意は、『日本国語大辞典　第二版』（小学館）の掲げる、

（三）さばくこと。裁決すること。さばき。裁断。

（四）こらしめること。処罰すること。しおき。特に罪人を斬罪に処すること。打ち首にすること。お手討。

や、『時代別国語大辞典　室町時代編』（三省堂）の掲げる、

（三）法や掟に照らして、事の是非を裁決し、罪科を裁定すること。またその罪科に応じて、処罰・処刑すること。特に、死刑に処すること。

であろう。『日本国語大辞典』の（三）の語意は（四）よりも古い用例が多く、またたしかに十六世紀の戦国時代には、（四）の「処罰」の意の「成敗」の用例が多いと思われる。だが、『時代別国語大辞典　室町時代編』は、「裁決」・「裁定」の語意（『日本国語大辞典』の（三））を「処罰」と併せて掲げる。当該期にも「裁決」・「裁定」の語意がみられ、さらにそれが「処罰」の語意と結びつくことを示唆する。「塵芥集」にも、「裁決」や「裁定」の意の「成敗」の存在は示唆されていたものの(28)、多くは、「裁定」・「処罰」のいずれかへの限定は困難であり、いずれにも、あるいは両者複合した意味にも解釈可能である(29)。

その中で、次の二四条の「成敗」は明らかに「処罰」の意ではない。

[二四条]

一　おやこ《親子》兄弟のかたき《敵》たりとも、ミたりにうつ《討》へからす、たゝしくたんのてきにん《敵人》、せいはい《成敗畢》をハつてのゝち、はいりやう《配領》中へはいくわひ《徘徊》のとき、むて人はしりあひ、おやのかたきといひ、このかたきといひ、うつ事をつと《越度》有へからさる也、

本条は、敵討を原則として禁止し、例外として「成敗畢（了、訖）つての後」の場合にはこれを容認する。問題は、「成敗畢（了、訖）つての後」の文言の解釈である。この「成敗」を追放刑とみて、その執行後、追放期間中にと解釈する説もあるが(30)、その意味での「成敗畢（了、訖）後」の文言の用例を、同時代の史料から他に挙げることができない。さらにいえば、当該期の武家関係の法制史料を網羅した『中世法制史料集』第三巻から第五巻(31)を通覧しても、「塵芥集」以外には、「成敗」を文の主語とした「成敗畢（了、訖）る」という文言・表現そのものをほぼ見出せないのである。

一方、例えば鎌倉時代の訴訟関係文書では、裁判でしかじかの判決（「裁決」や「裁定」）が出たことを示す「……由御成敗畢（了、訖）」の文言が散見される(32)。したがって、二四条の「成敗畢（了、訖）っての後」の文言は、より古い時代の文言・表現を借用した可能性が高いといえる。おそらく本条は、「御成敗式目」の七条、

次代々御成敗畢後擬二申乱一事(33)、

の「成敗畢後」の文言・表現を借用して書かれたとみられ(34)、この「成敗」も明らかに裁判の判決すなわち「裁決」や「裁定」の意である。本条では、この「御成敗式目」の文言・表現を借用し(35)、伊達氏による（敵討の相手の罪科に関する）「裁決」や「裁定」が下った後という敵討容認の条件を定めたのである。

同じく「御成敗式目」からの借用例とおぼしき文言が、「せいはい《成敗》をまつへきのところに」（三九条）、「しかるにせいはい《成敗》をまたす」（四〇条）にみられる「成敗を待つ（待たず）」である。この文言は「御成敗式目」三〇条の事書「一　遂二問注一輩、不レ相二待御成敗一、執二進権門書状一事」の文言からの借用によると思われ、「塵芥集」ではこの「成敗」も（罪科に関する）「裁決」・「裁定」の意で用いられている。

そのほか、「御成敗式目」からの借用ではないが、「其是非により（中略）ともにもつてせいはい《成敗》をくわふへきなり」（二七条）、「たかいのくちをきかせ、あやまりのかたせいはい《成敗》あるへきなり」（四一条）、「ぬす人に有なしの支証おちつきの是非により、其成敗をくわへへきなり」（四六条）といった、裁判における裁定の規準や審理手続規定を定立する条文で用いられる「成敗」も、文脈上、（罪科に関する）「裁決」・「裁定」プラス「処罰」の意をあらわすとみられる。

右のように、「塵芥集」条文の「成敗」には、明らかに（罪科に関する）「裁決」・「裁定」の意か、あるいはその意を含む用例がある。では、かかる「成敗」の語意は、五四条の「盗人を私に成敗」にもあてはまるだろうか。次にみる「盗人成敗」なる語が注目される。

[五五条]

一　ぬす人せいはい《成敗輩》をハってのち、くたんのぬす人かくこ《格護》いたし候ともから《輩》、とうさい《同罪》たるへし、同せいはいを申うけ、むて人うちは《内輪》にて相すます《済》事、りやうはう《両方》ともにさいくわ《罪科》にしよすへきなり、次ニぬす人さたなしに、
あひすますへからさるなり、

本条冒頭の「盗人成敗輩（了、訖）て後」の「成敗」も、二四条と同じ理由から（罪科に関する）「裁決」・「裁定」の意である。したがって「盗人成敗」とは、「盗犯罪の裁決や裁定」であり、この語を含む最初の段は、かかる裁決や裁定の下った者をかくまえば（盗犯の）同罪と定めたことになる。次の段の「成敗」も「盗犯罪の裁決や裁定」で、ここでは、伊達氏の盗犯罪の裁定を申し請けながら、被害者・容疑者間で内済（民事的和解）をした場合には被害者・容疑者の双方とも盗犯罪と定める。なお最後の段は、盗犯事件における伊達氏の「沙汰」（審理・裁判）を経ない内済を禁ずる規定である。[36]

このように、「盗人成敗」の語が「盗犯罪の裁決や裁定」の意であれば、

[六〇条]

一　せいはい《成敗》のぬす人とも、とうるい《同類》の中にて、其類人をうち《討》まかりい《罷出》て候ハヽ、ゆうめん《宥免》あるへきなり、

[六一条]

一　たうそく《盗賊》としてせいはい《成敗》ののち、くたんのぬす人とも、いかやうのちうせつ《忠節》なし候とも、つや〳〵ゆうめん《宥免》あるへからす、ならひにかのぬす人のしそん、ミたりにめしつかうへからす、又しなん《指南》有へからさる也、

にみえる、「成敗の盗人ども」、「盗賊として成敗の後」も、「伊達氏が裁決や裁定を下した盗人」、「伊達氏が盗犯罪の裁決や裁定を下した後」と解される。すなわち六〇条は、他の共犯者を討ち出頭した当該犯人および共犯者の赦免規定であり、六一条は、軍事的忠節を果たした当該犯人も赦免せず、またその子孫を被官・被指南者とすることも禁止する規定である。[37]

さて、右のように理解すれば、「盗人成敗」の際、容疑者の身柄は伊達氏に拘束されていないことになる。当時の伊達氏の盗犯罪に対する刑事訴訟手続の全体像は明らかにできないが、少なくとも、容疑者の逮捕勾留は訴追の必須条件ではない。例えば被害者による容疑者兼証人逮捕・提訴の「生口」訴訟手続[38]においても、四一条では、「しせう《支証》」（物的証拠）のない場合に「生口」逮捕による裁判・審理を行うと定めており、容疑者逮捕が提訴の必須条件とされたわけではない。また後にみる七〇条は、被害者に現行犯容疑者の捕縛・提訴を義務づけるが、これも、彼に対する生殺与奪の権を掌握した状況でも、なお捕縛にとどめ連行提訴せよとの趣旨であり、やはり容疑者逮捕が提訴の一般的な必須条件であることを意味しない。逆に、特に盗人の「とうるい《同類》」（共犯者）は、出廷なしに有罪判定されうるが、これに抗弁するために訴訟も提起しうる（四一条）ことから、容疑者の審理や罪科裁定を、彼の未勾留・不在の状態でも行いえたとみられる。これらのことから、「盗人成敗」を盗犯罪の裁決や裁定と解しても、「塵芥集」にみえる盗犯罪の刑事訴訟手続とは齟齬しないといえる。

以上の検討から、「盗人成敗」、「盗賊として成敗」および「成敗の盗人」とは、「盗犯罪の裁決や裁定」、「盗犯罪の裁決や裁定を受けた者」の意であり、その「成敗」の主体は原則として伊達氏とみられる。また、かかる盗犯罪の確定者として、五五条・六一条では「とが人」ではなく「件の盗人」と言いあらわしたことになる。したがって、五四条の「盗人を私に成敗する事」とは、伊達氏の裁決や裁定を経ない（被害者による）盗犯罪の私的認定ということになる。さらには、その私的認定と併せた私的処罰も含意するであろう。

では、伊達氏が私的認定を禁止するのは、盗犯罪に限定されるだろうか。前節にみた五九条の、伊達氏による「罪の軽き重き」の判定とは、盗犯罪のみならず一般的な罪名の決定と考えざるをえない。また、「塵芥集」には、規定の一つの結論を「罪科たるべし」や「同罪たるべし」で結ぶ条文が多く[39]、しかもその「罪科」「同罪」は、特に明示されない場合でも、条文配列などから、多くは殺人・盗みなど具体的な罪名を念頭に置いたとみられる[40]。かかる規範の定立は、盗犯罪に限らず、罪名の決定一般に対する「塵芥集」立法制定者の強い関心のあらわれといえる。

たしかに、「成敗」の語が特定の罪名を決する「裁決」・「裁定」の意で用いられるのは、盗犯罪に関する条文に多い。だがこのことは、殊に窃盗の場合、犯罪事実の立証が困難であり、相論となりやすい盗犯罪特有の性格(41)によるものであろう。そのため、私的な罪名認定の中でもとりわけ、盗犯罪の私的認定の禁止が強調されたものと思われる。

これらのことから、刑事事件において当事者による私的な罪名認定を禁じ、逆に伊達氏がこれを独占しようとする姿勢は、盗犯罪に限らず、罪名一般に及ぶと考えられるのである(42)。

2　「披露」なき私的処刑の禁止（三五条・七〇条）

次に掲げる三五条と七〇条も、「塵芥集」中の「私的成敗の禁止」の原則をあらわすとされる条文である。

[三五条]

一　人ちかい《違》いたしうち《討》候事、さいくわ《罪科》たるへし、しかるにもしうたれ候もの、あるひハぬす人と申いつハり、あるひハとかにんのよし申のかる、といふとも、そのものいきたるうちに、りひ《理非》をひろう《披露》いたさす、すてにせつかい《殺害》せしむるのうへハ、りひをたゝすにをよハす、せいはい《成敗》をくわふへきなり、

[七〇条]

一　ろし《路次》をとをる《通》やから《族》、あるいハさくもう《作毛》をとり、あるいはてん《店》屋のものをぬすむ事あらは、すなハち其身をからめ、ひろう《披露》すへきのところに、すてに人をころしての、ち、しにん《死人》のとかをひろういたすといふとも、りひ《理非》をたゝすにをよハす、せつかい《殺害》のちうくわ《重科》にしよすへきなり、しにんのあやまりしせう《支証》なきゆへなり、

三五条の立法趣旨は、誤殺に関する抗弁は一切認めず殺害罪とすることにあるが、その趣旨を補強するため、仮に「盗人」や「とが人」に対する処刑だと主張しても、事前の「理非」の「披露」を怠ったことを理由に、その主張の

「理非」は糺明せず殺害罪とするとの補足規定を置く。(43) また七〇条は、盗犯の現行犯の往来人は捕縛・提訴すべきところ、これを殺害し、仮にその後で「とがを披露」しても、「理非」は糺明せず殺害罪とすると定める。

この両条はいずれも、私刑により殺害された容疑者側の者からの抗議と訴訟提起を念頭に置き、直接には、その殺害行為の「理非」を争う裁判の規範として定立された規定といえる。このうち七〇条のテーマである、盗犯の現行犯に対する被害者の私的処刑は、当時の社会ではある程度容認されたとみられる。(44) それを殺害罪とする理由を、私的処刑後に提訴しても死者の犯罪事実は立証不可能だからと述べるのは、容疑者の有罪性についての「理非」判定こそが当該事件の最重要問題との立法制定者の認識を示している。この認識から、両条では伊達氏に「理非」の判定を委ねることを強制したと理解されるのである。

伊達氏に提訴し「理非」判定を委ねることの強制は、次に掲げる条文にもみられる。

[二〇条]

一　けんくわ《喧嘩》・こうろん《口論》・闘諍のうへ、りひひろう《理非披露》にあたハす、わたくしに人の在所へさしかくる《差懸》事、たとひしこく《至極》のたうり《道理》たりといふとも、さしかけ候かたのをつと《越度》たるへし、

[三九条]

一　人をきる《斬》とかの事、ひろう《披露》のうへ、せいはい《成敗》をまつへきのところに、其儀にをよ《及》はす、わたくしにきりかへしすへからす、かくのことくのともから《輩》、たといしこく《至極》のりうん《理運》たりとも、はつと《法度》をそむき候うへ、せいはい《成敗》をくわふへきなり、

右の二〇条（喧嘩・口論・闘諍）・三九条（刃傷）はともに、当該の紛争・事件では伊達氏へ提訴し、「理非」（二〇条）の裁定や「成敗」（三九条）を経べきところ「私に」実力行使や報復を行えば（「在所へ差懸く」、「斬り返し」）、仮に「道理」「理運」であってもその者は敗訴となり処罰されるとする。(45) これらの私的実力行使・私的復讐は、自らに「理」

ありとして、それを自らの実力で実現しようとする行為といえるから、[46] その禁止は、かかる行為をいわば「理非」の専断として禁じたものといえる。三五条・七〇条の容疑者私的処刑の禁止も、この「理非」の専断としての自力救済行為禁止の一つと理解される。[47]

ここで、「塵芥集」の中で「理非」の概念をあらわす語についてみておく。「塵芥集」では、「理非」の「理」は「理運」や「道理」の語で、「非」は「非分」や「越度」[48] の語であらわされる。「越度」については、これを軽い刑の他いくつかの意とみる理解[49] もあるが、後に全文を掲げる五〇条では、「とりてのをつと《越度》」と「とりてのりうん《理運》」が対比され、「理運」の反対語としてこの語が用いられている。また、刑事的処罰を含まない九四条・九六条の土地売買関係条文において「越度也」や「越度あるへからす」の用例のあることから、「理非」判定における「非」の意、あるいはそれに通ずる過失や落ち度の意で統一的に理解することが可能と思われる。

「塵芥集」の刑事法規には、規定の一つの結論部分を「越度たるべし」や「越度あるべからざる也」などの表現で終える条文が多くみられるが、[50] これらは、「理非」が争われた場合の判断基準たることを意識して（あるいは「理」の主張を予め封じる目的から）定立された法といえる。このことは「塵芥集」の刑事法規の大きな関心の一つが、刑事事件における当事者の「理非」判定にあることを示している。

以上、「塵芥集」の「私的成敗の禁止」の原則を示すとされる条文について検討した結果、立法制定者が特に容認しえないと認識したのは、事件被害者による、容疑者の罪名の専断、およびその有罪性についての「理非」の専断であることが明らかとなった。逆に、「盗人成敗」の後では、その盗人の保護が禁止され被害者による私刑も事実上容認されたに等しく（五五条）、また「理非」の判定を含む罪科裁定の後ならば敵討も容認された（二四条）と理解される。禁止の焦点は、私刑の行為よりも、行為の前提となる容疑者の罪名や「理非」の判断にあるといえる。逆にいえば伊達氏はこの二つを独占しようとしたのである。

ところで、「成敗」の語であらわされる罪名決定には「裁決」・「裁定」の意も含まれ、「理非」判定と親和性が高いといえる。そこでさらに「理非」判定と罪名決定との関係を、伊達氏の刑事裁判の審理・判決作成手続からみてみる。右に述べた刑事法規の「越度たるべし」を結論とする条文では、実際の刑事裁判におけるその次の段階を省略したとみられる。その点を示すのが次の条文、

〔六九条〕

（上略）もししせう《支証》なく、さうろん《相論》けつしかたきに付てハ、いまかいとめ《買留》ぬる人のをつと《越度》たるへし、ぬす人とうさい《同罪》たるへき也、

である。「理非」判定の結果容疑者を「非」（「越度」）とした後、罪名（本条では「盗人同罪」）を確定するのである。刑事裁判により有罪となる場合は当然、容疑者の罪名の確定が最終結論（判決）となるが、当事者（特に容疑者）が自らの「理」を主張する場合に、その前段階の審理として「理非」判定が不可欠という関係である。その意味では、この二つの重視と独占志向は伊達氏の刑事裁判において統合され、また最終的には罪名決定の重視と独占に収斂するといえるであろう。

ここで、以上の本節の検討結果と、前節にみた事件当事者・関係者による「とが人」認定とそれにもとづく私的検断・私的復讐（殺害）の容認との関係が問題となる。前節にみた事件当事者・関係者による「とが人」認定は、彼らの合意・了解により成立するのであるから「理非」の判定はそもそも不要であり、また伊達氏からみれば罪名未確定の「とが人」の認定にとどまるのであるから、本節にみた伊達氏の姿勢や志向性と矛盾しないことは明らかである。本節にみた伊達氏の姿勢は、「とが人」についての当事者・関係者の間での了解・合意が成立せず相論となる場合、伊達氏が「理非」判定と罪名確定の権限を発動し、事件・紛争を解決せんとするものといえる。逆にいえば、かかる

当事者・関係者間の了解・合意により刑事的に解決（民事的和解ではなく）しうる事件・紛争には、必要以上に干渉する意図を持たないと思われるのである。

もし右の理解に誤りなければ、「塵芥集」にみえる伊達氏の姿勢は「私的成敗」の「禁止」というより、むしろそれが望ましい形で行われることを目的とした「規制」ではなかろうか。そこで問題となるのは、「理非」判断や罪名決定に焦点を定めた「規制」によって伊達氏がめざしたものは何かである。その方向性の一面について、節を改めて考えたい。

三　「私的成敗」規制のめざすもの——むすびにかえて

本節では、「とが人」に対する私的検断・私的殺害と、盗犯事件被害者の犯人捜査を例に、「塵芥集」における「私的成敗」規制の一つの方向性をみることにする。

まず、私的検断としての「とが人」成敗に対しては、さきの五九条にみた、罪名の確定および赦免の可能性によって一般的に制約しえたと考えられる。むしろ注目されるのが特殊な場での規制である。さきにみた一五二条の「館廻」の地[51]での私的検断（犯人住宅の放火等）の禁止の趣旨は、検断実行に際し、その原因となった犯罪事件の直接の当事者ではないものの、同地に権益を有する「館」の主との間の紛争を防ぐ目的と理解され、かかる「私的成敗」の規制の一つの方向性を示唆する。

次に、「とが人」の私的殺害の実行に対しては以下のような規制がみられる。第一節に前半を掲げた二三条では、さらに続けて、

たゝしにんたい（人躰）ととうたう（同道）候ハゝ、そのは（場）をのかし、ひろう（披露）いたし、下知を相待へきなり、

と定め、「とが人」が「人躰」（身分の高い人）[52]と同道する場合には、即時殺害を止め、伊達氏に「披露」してその「下知」を得ることを義務づけている。この「人躰」は、当該の犯罪事件とは直接関係がなく、また「とが人」と同じ集団にも属さないが、逃亡した「とが人」が保護を求めた者を想定するとみられる。なおこの「下知」は、当該の「人躰」に対し当該「とが人」保護の禁止を命ずるものと思われる。

　同じく第一節にみた通り、「とが人」をかくまう「在所」（屋敷地）への届出を義務づけた三七条では、さらに続けて、

もし申とゝ《届》くるのうへ、せういん《承引》いたさす、しゐてかくこ《格護》候ハゝ、しさい《子細》をひろう《披露》せしめ、そのさいしよをさか《捜》すへきなり、

と、「在所」の主人がなお「とが人」をかくまえば、伊達氏への「披露」の上での「在所」捜索を義務づけている。この「在所」の主は、さきに一八条にみた犯人の主人ではなく、一九条に「とかにん命をまぬかれんかため、人の在所へはしりいらは」とある「人の在所」の主である。やはり事件の直接の当事者・関係者ではないが、逃亡した「とが人」が保護を求めた者とみられる。なおこの「披露」も「在所」の主の「とが人」保護禁止や捜索許可に関するものであろう。

　この両条の趣旨は、「とが人」殺害の強行による、事件の直接の当事者・関係者ではない「人躰」や「在所」の主との間の紛争発生の防止にあると理解される。またそのために、彼らとの関係調整を伊達氏に要請することが義務づけられたのである[53]。

　さて、右にみた「とが人」に対する私的な検断・殺害への規制に共通するのは、事件の直接の当事者・関係者以外の者を巻き込んだ、新たな紛争発生の防止の意図といえる。しかも、彼らは「館」の主、「人躰」、屋敷地の主といった一定の勢力を有する者であり、彼らを巻き込んだ場合の紛争の拡大・複雑化は容易に想像される。また、さきにみ

たように「とが人」は所属集団の保護を喪失した者であるから、「とが人」に対する検断や私刑の強行により、失われたはずの集団による保護の新たな形成を防ぐ意図ともいえよう。その点では、伊達氏の規制の一つの方向性は、「とが人」認定の場面にみられたのと同じく、「とが人」を保護しうる集団の力の発動を、専ら集団間の関係において抑止させるものといえる。

次に、「私的成敗」と関わりの深い、盗犯被害者による犯人捜査に対する「塵芥集」の姿勢についてみる。前述の当事者主義的訴訟制度のもとで伊達氏に刑事裁定を求めるには、被害者は自ら犯人を捜査・特定する必要があった。そのため、特に盗犯関係の条文に、被害者の自力での犯人捜査に関する規定がみられる。以下、それらの条文から、「盗人成敗」の刑事訴訟の前提として容認された、被害者の自力救済行為のあり方をみてみる。

次に掲げる四六条は、盗犯事件の被害者の自力での犯人捜査に対する「塵芥集」の姿勢を端的に示すと思われる。

[四六条]

一　ぬす人と申かけ《(懸)》候とき、其支証をこう《(乞)》のうへ、たかひ《(互)》にろん《(論)》にをよ《(及)》ひ、ておひしにん《(手負死人)》あり、ぬす人に有なしの支証おちつき《(落着)》の是非により、其成敗をくわへへきなり、

本条は、盗犯の被害者が容疑者に対し直接盗みの容疑を言い立て（「盗人と申懸け」）、容疑者側が証拠を求めて反論した結果、双方が実力行使に及び死者・負傷者の出た場合、その殺害や刃傷の罪については、発端となった盗犯の件の証拠の有無により裁定（し処罰）すると定めている。

ここで、盗犯被害者が「盗人と申懸け」る「場」が問題となる。伊達氏の裁判の場での闘諍は不自然であるから、本条は被害者による犯人捜査の過程での、容疑者との直接交渉の場を想定した規定と考えざるをえない(54)。すなわち、被害者が捜査・発見した容疑者に対する直接の「申懸け」を禁止せず、むしろ当然の前提としているのである。また本条の結論は、確かな証拠にもとづき「申懸け」た場合、その者の殺害・刃傷の罪が免責される可能性を示唆する。

この「申懸け」は犯人捜査活動の一環（私的尋問）とみなしうるが、本条には、確かな証拠にもとづく被害者の当該活動を容認し、むしろ一定の保護を加える姿勢があらわれている。

また、盗犯の被害者が容疑者兼証人たる「生口」を捕縛・提訴し、伊達氏がその「生口」を尋問審理する訴訟手続[55]についての、次の二つの条文も注目される。

[四九条]

一　いけくち《生口》をとるのとき、うち候《討》事、とりての《取手》をつと《越度》たるへし、たゝしかのるいにん《類人》をかさねてとり、いせん《以前》うち候をはくしやう《白状》にのするに付てハ、とりてあんと《安堵》たるへきなり、

[五〇条]

一　いけくち《生口》をとり、はたらかさる事、とりてのをつと《越度》たるへし、たゝしかのるいにん《類人》かさねて取、披露のところに、かうもん《拷問》にあはするのうへ、いせん《以前》はたらかさるいけくちとうるい《同類》のよし、はくしやう《白状》いたさは、とりてのりうん《理運》たるへきなり、

右の両条は、「生口」捕縛による提訴の不成功に関する規定である。四九条は、「生口」捕縛の際の殺害は「越度」（殺害罪の結論を示唆）とするが[56]、別の「生口」の捕縛・提訴によりさきの「生口」が共犯者と証明されれば免れる（「安堵」）とする[57]。また五〇条は、「生口」が捕縛者の意図通りに自供しない場合は捕縛者を敗訴とするが、改めて別の「生口」を捕縛・提訴し、伊達氏の尋問によりさきの「生口」が共犯者と証明されれば逆転勝訴とする[58]。いずれも、「生口」の捕縛・提訴に過誤や失策があっても、その「やり直し」により再審が可能との規定といえ、犯人捜査の続行と再審の機会を認める点に、被害者に犯人捜査・逮捕の遂行を促しあるいは強制する意図がうかがえる。

さて右にみたのは、盗犯の被害者による犯人捜査の過程でのトラブルに関する規定といえ、特に四六条・四九条は、死者・負傷者の出た場合についての規定である。かかるケースでも、確実な証拠や「生口」の再捕縛により免責され

うるのは、被害者による犯人捜査を基本的に容認し、むしろそれによる犯人の特定・逮捕の完遂が望ましいとの認識や態度を示すといえる。その目的は、かかる被害者の犯人捜査に領国内の治安維持の一端を担わせることにあるのではないか。同時に、伊達氏の刑事裁判における「理非」判定と罪名決定により、自力救済にもとづく治安維持活動に一定の規制を加え統御することを志向したと思われるのである。

さらに、事件当事者・関係者による「とが人」認定とそれによる検断や私刑を容認する理由の一つも、それらが果たす犯罪事件の解決や治安維持の機能に求められるのではないか。かかる「とが人」認定と検断・私刑の利点は、「とが人」認定の合意が形成されれば、犯罪事件の迅速な解決や処理が可能な点にあると思われる。こうした迅速性や機動性が、伊達氏の警察的機関には欠けていたと推測される(59)。この点から、かかる「とが人」認定と私的検断・私刑を容認しつつ規制して、警察的治安維持機能の一翼を担わせることを意図したのではないか。

ただ、そうした「とが人」認定による犯罪事件解決は、当事者の自力救済行為や関係者の「集団の力」に依存するがゆえに不安定でもあり、常に「とが人」認定の合意が形成されるとは限らない。伊達氏はおそらくこの不安定さの制御のため、刑事裁判における「理非」の判定や罪名の決定を重視し、これを独占するとともに、当事者や関係者が専断することを禁じたものと思われる。また前述のごとく、「とが人」への検断や殺害に際して、事件と直接関係のない者による「とが人」保護の「集団の力」が形成されぬよう規制したのである。

右に述べたことは、阿波三好氏の分国法「新加制式」の検断法についてみた本書第三部第一章に一つの見通しとして述べたことの繰り返しにすぎないが、当該期の少なくとも一部の公権力にみられた、司法警察権の掌握・拡大のあり方の一つのパターンを示すと思われるのである。

以上、本章では「塵芥集」にみられる「私的成敗」に対する姿勢を、ギャップや矛盾のないものと仮定し、その整合的な理解を試みた。その結果得られたのは以下のごとき理解である。すなわち、容疑者の有罪性をめぐる相論に至らぬ限りは、刑事事件の当事者・関係者による自力救済行為や慣習的事件解決・処理（「私的成敗」）を容認し、むしろそれを領国内の司法警察制度の一前提としていた。一方、相論となりうる場合の事件当事者の「理非」の専断や罪名決定の専断は厳しく禁じ、そのことにより「私的成敗」を統御して国内の治安維持を図ろうとしたというものである。もちろん、出発点となる仮定が誤りならばこの理解は成立しないが、それでも、本章の検討の結果から何らかの「副産物」が得られたならば望外の幸いというべきであろうか。

最後に蛇足ながら、本章で述べた「とが人」をめぐる問題に関連する今後の一つの課題を掲げてむすびとしたい。五九条にみられた、「とが人成敗」と伊達氏による罪名確定との関係と相似性があると思われるのが、中世後期に法隆寺や薬師寺が支配下の門前・寺辺郷に対し行った検断の構造である。それは、

①　犯罪の関係者の住宅放火・住宅検断

②　寺僧の「蜂起」や貝吹（法螺貝を吹く）といった呪術的儀式作法を伴う「罪科」や「罪名付」（犯人の罪名宣告）

の二つの組み合わせであり、①が②に先行する事例の散見から、①は、犯罪の発生後すみやかな実行が必要と当時の人々に認識されていた(60)。

この検断の構造と「塵芥集」の検断・刑事裁判とを比較すれば、第一節にみた通り、①の住宅放火や住宅検断はまさしく「とが人成敗」である。これは伊達氏の刑事裁判に先立って私的検断として行うことも容認されていた。また、②の「罪科」や「罪名付」も、「塵芥集」の刑事裁判での罪名確定に対応するといえる。もっとも、「とが人」認定により事件が完全に解決し、当事者から訴訟が提起されない場合でも、罪名決定を必ず伊達氏が行うべき（例えば犯罪事実の「注進」の義務づけなどにより）とされたかは、「塵芥集」からは判然としない。

さて、右の①・②の組み合わせの検断構造は、検断に関する当時の社会の基層的な観念や構造を反映したものと推測され、「塵芥集」の前提であった伊達氏の検断・刑事裁判にも通底するのではないか。当事者・関係者による「と

が人」認定とすみやかな検断を容認する反面、罪名決定に伊達氏が固執したのは、あるいは検断に対する基層的な観念や構造に由来するのであろうか。こうした、検断・刑事裁判の基層にある観念や構造との関係、また、法隆寺・薬師寺とは異なり世俗の権力であることなどに由来すると思われる差異（例えば「理非」判定の重視）の究明が、今後の一つの課題となると思われる。

（1）「塵芥集」に関する二〇一四年までの主な研究は、桜井英治・清水克行『戦国法の読み方――伊達稙宗と塵芥集の世界』（高志書院、二〇一四年）に挙げられているが、ここではひとまず「塵芥集」に関する校訂・解題、総合的な研究として、佐藤進一・池内義資・百瀬今朝雄編『中世法制史料集　第三巻　武家家法Ⅰ』（岩波書店、一九六五年）、小林宏『伊達家塵芥集の研究』（創文社、一九七〇年）、石井進・石母田正・笠松宏至・勝俣鎮夫・佐藤進一校注『日本思想大系二一　中世政治社会思想　上』（岩波書店、一九七二年）を挙げておく。また本章の扱う刑事法規については、勝俣鎮夫「塵芥集に見られる伊達氏の司法警察権についての一二の問題」（『中世の窓』一〇号、一九六二年）がある。その他の関連する先行研究には適宜言及する。

（2）前掲注（1）勝俣氏論文。

（3）この学説は前掲注（1）小林氏著書にも受け継がれている。勝俣氏・小林氏によれば、「私的成敗」とは、概念としては、事件被害者などの自力救済による事件解決（復讐・私刑など）のみならず、主人の被官に対する処罰、「地頭」など領主の「百姓」に対する処罰も含み、「塵芥集」も主人・領主の支配下での一般的な「成敗」を容認している。だが「塵芥集」立法者が主たる関心を寄せ、研究史上も取り上げられるのは、主人・領主の支配の枠に完全には収まらない刑事事件での、被害者側の者の自力救済の事件解決といえる。本章も特に断らない限り、「私的成敗」を主に刑事事件被害者や関係者（事件当事者の所属集団など）による事件解決として扱う。

（4）この刑の執行としての私的成敗容認の理解についても、前掲注（1）小林氏著書に受け継がれている。ただ小林氏は同時に、伊達氏家臣が任命される「惣成敗」の刑事裁判権や刑罰権を重視されている。

（5）勝俣鎮夫『戦国法成立史論』（東京大学出版会、一九七九年）、『一揆』（岩波新書、一九八二年）、『戦国時代論』（岩波書店、一九九六年）、『中世社会の基層をさぐる』（山川出版社、二〇一一年）などに、その成果が収められている。

（6）前掲注（1）『中世政治社会思想　上』「塵芥集」一三条補注（勝俣鎮夫氏による）。以下、本章では同書の「塵芥集」頭注ないし補注の引用や言及は原則として「「塵芥集」〇〇条頭注（ないし補注）」と略記する。

（7）本章に引用する「塵芥集」のテキストはすべて、前掲注(1)『中世法制史料集　第三巻』による。ただし変体仮名は便宜的に片仮名に置き換えた。また、同一条文からの二回目以降の部分引用では、便宜的に仮名を漢字に置き換え濁点等を付すことがある。

（8）一五二条の解釈については、「塵芥集」一五二条頭注、および勝俣鎮夫「中世の家と住宅検断」（前掲注(5)『中世社会の基層をさぐる』所収）を参照。

（9）前掲注(8)勝俣氏「中世の家と住宅検断」、および勝俣鎮夫「家を焼く」（網野善彦・石井進・笠松宏至・勝俣鎮夫『中世の罪と罰』東京大学出版会、一九八三年、二〇一九年に講談社学術文庫）を参照。

（10）この点の理解については、「塵芥集」一三三条補注、および前掲注(1)勝俣氏論文も参照。

（11）「在所」の語については、「塵芥集」一八条補注を参照。

（12）「国質」については、勝俣鎮夫「国質・郷質についての考察」（前掲注(5)『戦国法成立史論』所収）を参照。

（13）この解釈は前掲注(12)勝俣氏論文による。

（14）「塵芥集」では、無担保の債務の不履行者は、「ぬす人のさいくわ《（罪科）》にひとし」いとされ（一一三条）、債務不履行を刑事的に処理せんとする考えもみられる。

（15）本条に続く一三〇条は、一二九条と同じ関係において、同国内の他人による殺害・刃傷への報復として、他国の被害者側の者から拉致・殺害された場合の規定である。同条では本来の犯人を「とが人」ではなく「根本おかし候つミのやから」と呼び、被害者への弁償による「成敗」免除の規定はない。一二九条の「とが人」の理解に示唆的である。

（16）山賊・海賊などの犯罪の発生地に罪科をかける論理については、桜井英治「山賊・海賊と関の起源」（『日本中世の経済構造』岩波書店、一九九六年）を参照。

（17）「塵芥集」三三条頭注を参照。

（18）「大法の成敗」については、勝俣鎮夫「戦国法」（前掲注(5)『戦国法成立史論』所収）、清水克行「室町殿の紛争解決法――紛争解決の法慣習」（『室町社会の騒擾と秩序』吉川弘文館、二〇〇四年、二〇二二年に講談社学術文庫）、および本書第二部第二章を参照。

（19）なお、他の分国法の主従間の連座に関する規定（「今川仮名目録」一〇条、「甲州法度之次第」〈五十五箇条本〉一八条、「新加制式」一一・一二条）と比較すると、「塵芥集」が主人による被官処刑の強制を最も強く掲げているといえる。

（20）前掲注(12)勝俣氏論文を参照。

（21）この点は藤木久志「逐電と放状」（『戦国の作法——村の紛争解決』平凡社、一九八七年、のち増補版が平凡社ライブラリー、講談社学術文庫として刊行）も参照。
（22）前掲注（1）桜井・清水氏著書一〇八—一一〇頁もこの点を指摘している。
（23）前掲注（1）勝俣氏論文および小林氏著書一二三頁などを参照。
（24）この理解は「塵芥集」七三条頭注に従う。
（25）「塵芥集」三五条補注による。
（26）なお本条後半は、被害者が盗人の容疑者の主人に届け出て、主人が被官人を盗人として「成敗」することを容認する例外規定である。
（27）例えば前掲注（1）小林氏著書一二七頁では「伊達氏以外の者の自救的行為」と広く解釈する。
（28）「塵芥集」三五条補注において、五五条の解釈にこの語意が示唆されている。
（29）なお、前掲注（1）桜井・清水氏著書一〇五—一一〇頁は、「塵芥集」の「成敗」には判決・追放・死罪・逮捕の四つの語意があるとする。
（30）前掲注（1）桜井・清水氏著書九一頁、および清水克行『戦国大名と分国法』（岩波新書、二〇一八年）五二頁など。
（31）前掲注（1）の第三巻に加え、佐藤進一・百瀬今朝雄編『中世法制史料集　第四巻　武家家法Ⅱ』（岩波書店、一九九八年）、同編『中世法制史料集　第五巻　武家家法Ⅲ』（岩波書店、二〇〇一年）。
（32）例えば、天福元年（一二三三）九月十七日六波羅下知状案（「神護寺文書」、『鎌倉遺文』四五六三号）の「任二両方申請一守二東保之例一、可レ致二沙汰一之由、去年九月御成敗畢」など。
（33）「御成敗式目」七条（佐藤進一・池内義資編『中世法制史料集　第一巻　鎌倉幕府法』岩波書店、一九五五年）。以下本章に引用する「御成敗式目」のテキストはすべて同書による。
（34）「塵芥集」の法文に「御成敗式目」のフレーズや文言の利用が多いことは、「塵芥集」一条補注などを参照。
（35）ただし、「御成敗式目」の文言・表現は借用するものの、法の内容・趣旨は異なる。なお、「御成敗式目」から借用した文言・表現そのものを「塵芥集」が全く異なる意味で使用する例はみられない。
（36）前掲注（1）桜井・清水氏著書九三—一〇四頁は、本条の「成敗」も追放刑とみ、追放刑執行の請負人の存在を想定し解釈する。だが、「成敗畢つて後」の解釈のほか、後述のように、身柄の拘束後の追放という、「塵芥集」において一般的といえない容疑者・犯人の追放形態を想定する点でも、難があると思われる。
（37）なおこの両条の「成敗」については、前掲注（1）桜井・清水氏著書は本章に比較的近い解釈・理解である（一〇五—一〇六頁)。
(38)　前掲注(1)勝俣氏論文、および「塵芥集」四九条補注を参照。
(39)　一六条から七五条までの一連の刑事法規に限定しても、一六・一八・二一・二五・三二・三五・四五・四八・五二・五五・五七・五九・六二・六三・六五―六七・六九・七一―七五条にみられる。
(40)　例えば、前掲五九条の「同罪」は、この条文が四一―七五条の「盗人」の罪に関する規定の中の一条であることから「盗人同罪」とわかる。この点は「塵芥集」五九条頭注を参照。
(41)　この点は前掲注(1)勝俣氏論文に指摘されている。
(42)　なお、右にみた「裁定」・「裁決」の意味、ないしはその意味を強く含む「成敗」とは異なり、明らかに、「処罰」の意を強く含むか、もしくはそれに近い「成敗」も存在する。前節にみた、犯人の住宅・財産の検断としての「とが人成敗」もその一例である。また、さきの二四条や五五条の「成敗」は、「御成敗式目」の「成敗」の表現・語意を受け継いだものであるが、二五条は、一部の語句を除いて、「御成敗式目」一〇条を直訳ないしそのまま読み下した文章である。その中で、「御成敗式目」の「其身被ㇾ行二死罪一、幷被ㇾ処二流刑一」を「その身をせいはいをくわへ」と言い換えており、この「成敗」の語は、「御成敗式目」の死罪・流刑を一括した「処罰」の意に解するほかない。なお、前掲注(1)小林氏著書一〇九―一一一頁は、二五条のこの点などから「裁判官の擅断主義」的傾向を指摘する。
(43)　以上の理解は「塵芥集」三五条補注による。
(44)　この点は「塵芥集」七〇条頭注を参照。
(45)　なお、打擲に関する四〇条の後半も、「理非」や「道理」などの語はみえないものの基本的には同じ趣旨の規定である。
(46)　かかる実力行使や私的復讐を権利実現の手段として正当とする観念については、特に前掲注(18)勝俣氏論文を参照。
(47)　「塵芥集」に即したものではないが、「理非」の専断の禁止については、高木昭作「「秀吉の平和」と武士の変質――中世的自律性の解体過程」(『日本近世国家史の研究』岩波書店、一九九〇年)が、近世社会における個人・集団の自律性の変質という、本章とはやや異なる観点から注目している。
(48)　「塵芥集」中の「越度」の語意については、「塵芥集」二〇条頭注を参照。
(49)　前掲注(1)小林氏著書一一〇頁など。
(50)　一六条から七五条までの一連の刑事法規に限定しても、二〇・二四・二八・三〇・三六・三八・四二―四四・四九・五〇・五四・六二・六四・六八・六九条にみられる。
(51)　「館廻」の地の性格については、「塵芥集」一五二条頭注および前掲注(8)勝俣氏「中世の家と住宅検断」を参照。

(52)「人躰」の語については「塵芥集」一二三条頭注を参照。

(53) なお「塵芥集」では、「殺害人」(一八条)や「盗人」(五五条)の「許容」「格護」は「同罪」とするが、「とが人」の「格護」は、三七条・一九条にも罪科規定そのものがない。伊達氏ではなく事件当事者・関係者により認定された「とが人」であれば、この点もより整合的に理解できると思われる。

(54)「塵芥集」ではほかに六二条・六九条・七八条に「申懸く」の語が用いられるが、いずれも訴訟提起前の当事者間の関係で行われる行為である。六九条については本書第三部第四章も参照。なお六二条の当該語は、前掲注(1)『中世法制史料集第三巻』の初刷で「申かへる」とされ、「塵芥集」六二条頭注も「申かへる」で解釈するが、一九八七年の六刷で「申かくる」に訂正されている。管見の限りの諸写本も「申かくる」である。

(55) 前掲注(1)勝俣氏論文および「塵芥集」四九条補注参照。

(56) 当該期の他の大名法などが、捕縛の際に犯人が抵抗すれば殺害も容認するのと比較すれば、本条では、未だ伊達氏の審理・裁定を経ない容疑者として、その捕縛厳守を規定したといえる。本書第三部第一章を参照。

(57)「安堵」は二二条では殺害の容疑を免れたことを意味するため、四九条の「越度」は「生口」殺害罪の結論を言外に示唆する。

(58) 本条の「越度」は、「理運」に対する語として、最初の「生口」は「盗人」や「同類」と認定せず、捕縛した被害者の敗訴とするとの意と思われる。

(59) この点は前掲注(1)勝俣氏論文にその可能性が指摘されている。

(60) 前掲注(8)勝俣氏「中世の家と住宅検断」参照。

[補注]　本章脱稿後、桜井英治「「塵芥集」の性格と成立過程について」(『史学雑誌』一三二編七号、二〇二三年)が発表され、本章にみた七三条の挙げるケースについて、「このような複雑な構図がもう一度立ちあらわれる可能性は皆無」な事例とされ、かかる事例は「一般化、抽象化」されずに、裁判における「似たようなケースに出くわしたとき」の参考として「塵芥集」に収められたものとの理解が示されている。本章の七三条の理解の当否は別として、「もう一度立ちあらわれる可能性は皆無」な「複雑な構図」の事例は、同様の訴訟案件への適用の意図よりも、直接には当該条文の立法の結論や趣旨を導き出す好例として挙げられることが多いと思われる。この点、本書第三部第三章も参照されたい。

第三章　「塵芥集」法文の立法論理の一事例

はじめに

中世の制定法の法文の中には、固有名詞こそないが、かなり具体的な紛争事例を挙げるものがある。それらは、現代の我々の目には随分まわりくどくみえる上、解釈に苦労するものも少なくない。本章は、戦国大名伊達氏の分国法「塵芥集」の条文中の具体的で難解な紛争事例を、それが法文の論理構成上果たす役割という観点から読み解こうとする、ささやかな試みの一つである。

一　一〇八条の中の紛争事例

次に掲げるのは、「塵芥集」の一〇八条である。

一　月日をかきり《限》、しち《質》にをき候所帯なかる丶のとき、かのしよたいをねんき《年紀》にうり、しやくせん《借銭》をすまし《済》、しちのふミ《文》とりかへさす、しせん《自然》にすこし《過》きたるところに、しろ《代》かし候にんたい《人躰》しきよ《死去》してのち、一人の子ハしちにとりなかす《取流》のふミをもつ、一人の子ハねんきのふミをもち、二人たかひ《互》にゆつりえ《譲得》たるのよし、もんとう《問答》

にをよふ《（及）》、しちのふミ、ねんきのふミ、さうろん《（相論）》けつしかたきに付てハ、せうにん《（証人）》まかせたるへし、せうにんなくハ、二のふミをひきあハせ、もんこん《（文言）》の是非により、其沙汰有へき也、[1]

本条の紛争事例は、質流れ期限を迎えた質入地（「質に置き候所帯」であるからこれは占有質である[2]）を、改めて債務者が債権者に「年紀に売り」、「借銭を済まし」た後も質券を取り返さなかった結果、債権者の死後の財産相続の際、二人の子がそれぞれ質券と「年紀」売券を根拠に、権利の相続を主張し争うものである。

この事例の解釈の分岐点となるのは、「かの所帯を年紀に売り、借銭を済まし」であろう。「年紀に売る」と「借銭を済まし」をイコールの関係で捉え、前者が後者（債務の清算）を意味するとの解釈もなされているが[3]、このように併記された行為は、まずは別のものと考えるのが自然であるから、「年紀に売」った（債務元本を代価として質入地を債権者に有期売却）後、別途、債務を弁済したと解する方がよいと思われる。

この「年紀に売り」について少し詳しくみておく。まず、これが、無期限の権利移転となる永代売ではなく、年限を定めた有期の売却を意味することは確かである。前述のように本条の質入地は占有質であるから、質入れと期限付き売買という違いはあるものの、実態としては、債権者による質入地の占有が、定められた年限の間なお継続するわけである。

ところで、中世の有期売却といえば、いわゆる年紀売がただちに想起されよう[4]。しかし、いわゆる年紀売では、一定期間（売却地からの収益による債務消却期間）の経過後、売主は売却の際に受け取った代価を返さずに土地を請け戻せるが、本条の事例では、後の債務（すなわち土地売却の代価）弁済について述べている。この点からはむしろ、買戻し特約付きの売買契約たる、本銭返（本物返とも）の一種である可能性が浮上する[5]。

本銭返には、随時売主が対象物件を買い戻せる特約（無年季有合次第請戻特約）付き契約の他に、買戻しに年限を設けた契約がある[6]。一定期間の経過後売主の買戻しが可能という「年季明請戻特約」付き契約と、一定期間内に売主が買い戻さねば売却物件は買主の所有に帰すという「年季明流（永領）文言」付きの本銭返契約である。これらも年限を定めた売却という意味では「年紀に売る」契約といえる。このうち、本条事例での「年紀」売券の相続者に都合のよいのは、後者のタイプの契約であろう。例えば、「但三ケ年之内有二所用一者、以二右本銭一、其歳之所務以後可二請返申一、若過二約年一者、永代御知行不レ可レ有二相違一候」[7]のような特約文言をもつ本銭返なら、事実上、質入地の質流れ期限の延長契約に等しい[8]。

　また、質流れ地に対しなお本銭返契約を締結し、債務者の買戻し権を留保した事例の存在すること[9]からみても、質流れ時に更改する契約としては、いわゆる年紀売よりも本銭返の方がふさわしい。逆に、本条事例をいわゆる年紀売契約の締結をもって債務を清算したものと考えれば、「債務者にとってこれほど虫のいい契約があるだろうか[10]」との疑問がつきまとう。

　もっとも、本銭返には、有期売却地からの収益で債務の元利を消却する、いわゆる年紀売と区別しがたい契約も存在するとされ[11]、有期の本銭返と年紀売との、実態上の境界の不明確さを示している。「塵芥集」一〇〇条は、有期売却の年限明けの際、年紀売か本銭返（年季明請戻特約付）かが当事者間で争われるケースについて規定するが、同条ではいわゆる年紀売のことを、本銭返と区別して「ひら（平）年記（紀）」（普通の年紀売）とも呼んでいる。「塵芥集」の「年紀に売る」が、有期の本銭返といわゆる年紀売の両方を含む、有期の売却全般も意味することを示唆する事例といえよう。本条の「年紀に売り」も、いわゆる年紀売を含む可能性は残るが、その場合でも、「借銭を済まし」とある以上、「年紀に売」った後、債務消却期間の終了した状態を述べたと考えるのが自然である。

　以上、やや煩雑となったが、本条の「かの所帯を年紀に売り、借銭を済まし」について検討した結果をまとめておく。まず「年紀に売り」とは、永代売ではない、売主の取戻しの権利を留保した年限付きの売却という程度の意で、いわゆる年紀売と本銭返との分かれ目となる、売却地の取戻し方の差異まで含意した表現ではないとみられる。したがって、いわゆる年紀売には限定できず、文脈からいえばむしろ有期の本銭返を想定している可能性が高い。また、年紀売または有期の本銭返のいずれにせよ、有期売却契約の締結後に「借銭を済まし」た、すなわち債務が完済された状態を述べたものとみるべきである。

さて、右の理解に誤りがなければ、この紛争事例は一見奇妙なものとなる。「借銭を済まし」たのであるから、質券と「年紀」売券それぞれの相続者の争う、債権もしくは有期売却地の所有権が、すでに消滅していることになる。同時に、債権者＝買主による質入地＝有期売却地の占有は終わり、すでに債務者＝売主に返還されているはずである。つまりこの事例は、質券と「年紀」売券とをそれぞれ根拠とした、すでに消滅した権利の相続をめぐる紛争を意味するのである。仮に当初からこの事実が判明していれば、そもそも訴訟事案として成立しないはずである(12)。かような紛争事例を挙げて一条の規定を設けるのは、現代の我々の感覚からすれば、無意味な立法行為にさえ感ぜられよう。

しかし、この一見奇妙な紛争事例は、本条の論理構成の中ではいかなる意味をもつのであろうか。本条のテーマは、権利の消滅という点を脇に置くと、同一の債権および担保（有期売却）物件の所有権を証明する証文としての、質券と「年紀」売券との間の優劣である。だが本条の結論は、優劣の判定基準に関して、①契約や債務弁済等の事情・状況を知る証人の証言にもとづき判定、②証人がいない場合、質券と「年紀」売券の文言を比較精査して審理と、証人の証言の証拠価値を、証文と同等かそれ以上に重視するものである。つまり結論からみれば、本条立法の関心の焦点は、当該紛争における証拠法の問題にあるといえる。

ここで、本条結論の、中世の証拠法上の位置を確認しておく。嘉禎四年（一二三八）八月五日の鎌倉幕府追加法「諸人相論事」が、「証文顕然之時者、不レ及二子細一、若証文不二分明一者、可レ被レ叙二用証人申状一也、又証文顕然之時者、証人申状不レ能二叙用一歟(13)」とするように、鎌倉幕府の証拠法では、証文（文書）を最重視し、証人の証言はその次位に置かれていた。「塵芥集」の売買・貸借関係の紛争に関する規定でも、基本的には証文を証拠として採用している。

証人に関しては、前述の一〇〇条が、「かの証文う《(失)》するのうへ《(上)》、（中略）さうろん《(相論)》の時は、せうにん《(証人)》まかせたるへし」と、証文紛失の場合には証人の証言を採用すると定めており、証人の証拠価値は証文に劣るという、証文第一の原則の存在を示唆する。こうした証拠法上のいわば「文書第一主義」の原則からみれば、証人を重視し、証人不在の場合に証文を比較精査するという一〇八条の結論は、明らかに例外の部類に属する。

さて、この例外的な証人重視という本条の結論と立法趣旨にとって、挙げられた一見奇妙な紛争事例は、むしろ誂え向きのものといえる。本条のように年月が経過し本来の債権者も死去した紛争では、大前提としてまずその債権の有効性が確認されて然るべきである。しかし、債務の完済後、債務者に返却されるはずの証文が偶然残る事例は、証文が債権の有効性の根拠として必ずしも十分ではないことを端的に示している。証文よりも、契約や弁済、さらには質入地＝有期売却地の占有状況などを知る証人の証言の方が、確実で有効な証拠となるとの判断は、法の受け手にも至極当然のことと了解されよう。一般に中世法の法文には、立法措置の必要性を示すため、何らかの「問題のある」事例を挙げるものが散見されるが、本条の一見奇妙な紛争事例も、通常の「文書第一主義」では「問題のある」事例として、立法の必要性や結論・趣旨の妥当性を裏づける役割を果たしているかにみえる。

なお、本条のテーマに関していえば、一般的に、中世における土地の質入れ（特に占有質）と有期売却とは、契約の概念としては区別されるものの、現実にはよく混同されるという[14]。したがって、質券と「年紀」売券という二つの文書の優劣を一律に規定することは、立法者にとって大変な難問であったと思われる。この点、本条の結論のごとく、証文の証拠法上の価値の相対化とともに、個別の文書の比較精査によるケースバイケースの判断とするのが、おそらくは現実的で妥当な一つの方策であったとみられるのである。

二　一七条の中の紛争事例

前節にみた一〇八条の紛争事例の特徴は、権利そのものの消滅の結果、両当事者とも「理」がない、逆にいえば「双方とも非」という点にある。次の「塵芥集」一七条も、そうした「双方とも非」の紛争事例を挙げるようである。

一　かけむかい《（掛向）》にて、人をまち《（待）》、うたれ《（討）》たるやから《（族）》、またれてうたる〻といひ、人をまちたるもの《（者）》くちなしにうち、またれたるにしふん《（自分）》のはたらきをもつて、まちてをうつなといひ、もんたう《（問答）》に及候ハ、、相たかい《（互）》のししやう《（支証）》を尋へし、ししやうなくハ、うたれ候かたのりうん《（理運）》たるへきなり、

本条の事例は、「掛向」（一対一の差向）で相手を待ち伏せし殺害を企てたが、逆に討たれた（殺害された）事件での、討たれた被害者の関係者（例えば遺族）と、討った加害者との間の紛争である。両当事者の実際の行動と訴訟での主張は、

・被害者の関係者は、実際には被害者が待ち伏せしたのに、待ち伏せされて討たれたと主張

・加害者は、実際には相手の待ち伏せを察知し「くちなしに討」った（声もかけず黙って不意討ちした）にもかかわらず、待ち伏せを受けたが正当に防戦して討ったと主張[15]

というものである。「掛向」のため基本的には目撃者不在の事件であるから、当事者双方、都合の悪い実際の行動を隠し、都合のよい主張を展開しうることは想像に難くない。しかし、待ち伏せを察知して逆に不意討ちとは、実際に起こりうることではあろうが、かなり稀なケースと思われる。あえてこのような事例を挙げた意図はいかなるものであろうか。

そこでこの事例の意味を、本条の論理構成から考えてみる。本条の結論は、かかる紛争では当事者双方に確実な証

拠を提出させ、証拠がなければ被害者側を「理運」（「非」はない、逆にいえば加害者側が「非」）とするものであるが、この結論には、法文にあらわれない暗黙の前提がある。それは、私戦や私闘においては先に実力行使をした（「故戦」）側に「非」があり、攻撃を受け「防戦」した側には少なくとも全面的な「非」はないとする、故戦防戦法の法理である。(16) この法理は南北朝時代以来の室町幕府法にみられるが、戦国時代には「防戦」側も「故戦」側より軽罪ながらも処罰される傾向が強まり、この時代に定着をみた喧嘩両成敗法の法理に近づいてゆくとされる。

「塵芥集」には、三八条に、

一　けんくわこうろん（喧嘩口論）により人をきる（斬）事ハ、（中略）たゝしておいしにん（手負死人）おほく（多）とも、かゝり（懸）候ハゝ、かゝりてのをつとたる（越度）へき也、

と、喧嘩口論における刃傷では「懸かり手」（先に攻撃した側）が「越度」（「非」）という、故戦防戦法の法理にもとづく規定がある。おそらく、私戦・私闘の紛争の裁定は故戦防戦法に則るというのが、「塵芥集」制定当時の伊達氏の基本姿勢と考えられ、一七条の暗黙の前提でもあったとみられる。(17)

この故戦防戦法によれば、相手を待ち伏せして逆に殺害された被害者側は「故戦」、待ち伏せされた加害者側は「防戦」となり、「故戦」の被害者側に「非」があるはずである。しかし、「掛向」での殺害の場合は、確かな証拠がない限り被害者に「非」はないとして、故戦防戦法の適用から除外する規定の定立が、本条立法の趣旨である。

さて、本条の事例は、故戦防戦法にあてはめれば、待ち伏せした被害者側のみならず、不意討ちした加害者側も、「故戦」とみなしうる点に最大の特徴がある。当事者双方が「故戦の非」を隠し、訴訟で「防戦の理」を主張するという、さきの一〇八条と同じ「双方とも非」の関係がみられるのである。だが、当事者双方が「故戦」であれば、故戦防戦法にもとづき一方を「理」、他方を「非」とする判決を下すことは、論理的に不可能なはずである。つまり、故戦防戦法を裁判規範とすることが適切でない紛争の事例といえる。

このように、実は双方が「故戦」という、稀とも思われる本条の紛争事例は、故戦防戦法の例外規定の定立という結論や立法趣旨には誂え向きであり、その妥当性を裏づける根拠となりうるものと思われる。

ところで、以上にみたように、一〇八条と一七条の挙げる一見奇妙な紛争事例の間には、

一　前提として、当事者の主張の根拠でもあり裁判規範ともなる法や一般原則（証拠法上の「文書第一主義」の原則や故戦防戦法）が存在する。

二　当該事例には、重大な事実が隠れやすい条件（質券と「年紀」売券の優劣をめぐる紛争での年月経過と本来の債権者の死去、殺害事件での目撃者不在）が存在する。実は当事者の「双方とも非」という一見奇妙な点が、その重大事実である。

三　二の点が、一の法や一般原則の例外規定の定立という当該条文の結論・立法趣旨にとってむしろ誂え向きで、立法の妥当性を裏づける根拠となりうる。

といった共通点がある。このうち三は、逆にいえば、立法の必要性や妥当性を示すために挙げられた事例であろうとの推定に導く。それは立法の理由の明言ではなく、具体的事例による示唆ではあるが、かような示唆も立法を正当化する論理の一つとみなしうるなら、「双方とも非」という紛争事例を挙げるのは、「塵芥集」法文における立法論理の一つに位置づけてよいと思われるのである。

三　「双方とも非」事例を挙げる立法論理――むすびにかえて

今のところ、「塵芥集」には、右の両条以外に「双方とも非」の紛争事例を挙げたと確言できる条文は見当たらない。その意味では、この一見奇妙な事例を挙げる立法論理は、「塵芥集」における主流とはいえない。しかしその性

格がいまだ不明であるため、「塵芥集」の中の他の立法の論理と比較することにより、いま少し、その性格を明らかにすることを試みたい。

「塵芥集」には、「……ゆへ《故》なり」という文言を用いて立法の理由を説明する条文の存在が知られており、「常識的な考えを破って強行しようとする際の理屈として使用されている」と指摘されている。例えば六三条の後半、

又たうそく《盗賊》のとりたくミたんかう《談合》の人しゆ《数》、（中略）はくしやう《白状》にのする《載》にいたつてハ、さいくわ《罪科》たるへし、
ぬす《盗》人にくミ《与》するのゆへなり、

では、おそらく当時「常識」として定着していた、「御成敗式目」四条の「兼又同類事、縦雖レ載二白状一、無二贓物一者更非二沙汰之限一」[18]を破る立法を強行する際の理由づけに用いられている。[19]

これと比較すれば、当事者の「双方とも非」の紛争事例を挙げた立法では、一七条の故戦防戦法も、一〇八条の証拠法における「文書第一主義」も、決して完全に破られたわけではなく、いわば「限界」的なケースにおける例外規定を定めただけである。「故なり」が強い理由づけで常識や法を破るのに比べると、「双方とも非」の挙例は控えめで、あくまで既存の法や原則の例外規定の定立にとどまるといえる。

さらに、「故なり」と「双方とも非」の事例との間にはもう一つ大きな違いがある。「故なり」文言は、七〇条の「りひ《理非》をた、すにをよハす、せつかい《殺害》のちうくわ《重科》にしよすへきなり、しにん《死人》のあやまり《誤》しせう《支証》なきゆへなり」が端的に示すように、刑事的訴訟において、抗弁を一切認めずに被告（容疑者）を有罪とする際の理由を示すものである。この、刑事的訴訟における有罪認定の強い理由づけという点は、「故なり」文言の用いられた条文（既述の六三条・七〇条の他に、三二条・七三条・八二条）に共通する。

これに対し、「双方とも非」の紛争事例の訴訟は、刑事的訴訟といえる一七条でも、双方が「防戦の理」を主張し対等な原告・被告として弁論を行うことを認めている。また「討たれ候方の理運」の結論が象徴するように、「理非」

を超える法の定立ではなく、あくまで公正な「理非」の判定の追求を目指すものといえる。

右のように、「故なり」文言の用いられた立法論理と、「双方とも非」事例の立法論理とは、当該立法の性格や方向性を異にしている。立法論理の提示方法を、当該立法のもつ性格や方向性に合わせて選択した結果、このような違いがあらわれたと考えてよいと思われる。「双方とも非」の事例の場合、当該立法は、法や一般原則の例外規定の定立という性格をもつから、例外の条件は具体的事例として示される傾向が強いであろうが、その事例の中に、立法の妥当性を示す要素を盛り込む方法がとられたものと想像される。

また、実は当事者の「双方とも非」という要素は、裁判における公正な「理非」の判定の追求という立法の方向性と関わるように思われる。「双方とも非」の訴訟当事者の「理非」を判定するというのは全くの論理的矛盾であり、大げさにいえば裁判そのものの破綻を招きかねない事案である。ある条件のもとでは、そのような訴訟事案が通常の法や原則に依拠して生起しうるから、かような事案による裁判の混乱を防ぐため、通常の法や原則は適用されるべきでない、という立法の裏づけの理路ではなかろうか。

以上の検討から、「塵芥集」の一〇八条と一七条にみえる当事者の「双方とも非」という一見奇妙な紛争事例が、前提となる法や一般原則の例外規定の立法を裏づける、いわば「立法事実」に似た位置にあることを、不十分ながら明らかにしえたと考える。この立法論理は、戦国大名の法の特徴として従来から指摘される、既存の慣習や常識を破る立法の論理と比べれば、いささか地味である。だが、それだけにかえって、よるべき法や一般原則の「限界」状況[20]で立法者が直面した問題の機微を、現代の我々に伝えてくれるようにも思われる。一七条では、故戦防戦法の強い影響から伊達氏が一歩外に踏み出したことがみてとれ、また一〇八条からは、土地の質入れと有期売却を判別し優劣をつけることの難しさに、伊達氏もまた苦心していた痕跡が浮かび上がるからである[21]。

中世法の法文にみえる具体的な紛争事例は、その豊かな具体性ゆえに現代の研究者の関心を引きつけるが、当然のことながらそれは、当該法文の立法の論理の中で、ある役割を担わされて挙げられたものである。[22] その論理には現代の我々には容易に理解できないものもあるが、急がず根気よくその理解に努めれば、論理と事例は、ささやかであれ思いがけない事実を語ってくれるかもしれない。本章はそうした試みの報告の一つである。

（1）本章に引用する「塵芥集」のテキストは、すべて佐藤進一・池内義資・百瀬今朝雄編『中世法制史料集　第三巻　武家家法Ｉ』（岩波書店、一九六五年）による。ただし変体仮名は便宜的に片仮名に置き換えた。

（2）「塵芥集」では、無占有質（抵当）の不動産は「しち《質》にかき《書》入れ候しよたい《所帯》」（九五条、一〇七条）と表現されている。

（3）桜井英治「中世における債権の性質をめぐって」（『交換・権力・文化――ひとつの日本中世社会論』みすず書房、二〇一七年）二八八頁。

（4）前掲注(3)桜井氏論文は本条の「年紀に売り」をいわゆる年紀売と解釈している。

（5）石井進・石母田正・笠松宏至・勝俣鎮夫・佐藤進一校注『日本思想大系二一　中世政治社会思想　上』（岩波書店、一九七二年）の勝俣鎮夫氏による「塵芥集」一〇八条頭注（二二八頁）も、「質入れした同一人に年紀売（本銭返）で売った」と、本条の「年紀に売り」に本銭返が含まれうると解釈している。なお、以下、本章では同書の「塵芥集」頭注は同様に「「塵芥集」〇〇条頭注（△△頁）」と略記する。

（6）以下、本銭返といわゆる年紀売については、主に中田薫「日本中世の不動産質」（『法制史論集　第二巻　物権法』岩波書店、一九三八年、初出は一九一七年）を参照。なお「年季」は同書の原表記のままとした。

（7）永享三年（一四三一）十一月城了田地売券（東京大学史料編纂所架蔵影写本「勧修寺文書」九）。

（8）「塵芥集」一〇八条頭注（二二九頁）が述べる、買主の子の一人による土地の所有権主張の根拠となる「期限の切れた年紀売証文」としては、このような「年季明流（永領）文言」付きの本銭返売券が最もふさわしいと思われる。

（9）小早川欣吾『日本担保法史序説』（寶文館、一九三三年、法政大学出版局より一九七九年に組替再版）は、「土地が流地となった場合、此れを流地とはせずして、更に本物返契約を其の土地上に、締結した例」を紹介している（再版二二八頁）。

（10）前掲注(3)桜井氏論文二八九頁。

（11）前掲注(6)中田氏論文。

（12）「塵芥集」一〇八条頭注（二二八頁）が、この紛争事例を「たとえばこのようなケースでという一例をあげているのであって、もしこのような事柄が明確ならば、以下の紛争は問題とならない」とするのは、あるいは本章の理解と近いものかもしれない。

(13)　鎌倉幕府追加法九三（佐藤進一・池内義資編『中世法制史料集　第一巻　鎌倉幕府法』岩波書店、一九五五年）。

(14)　前掲注(6)中田氏論文がつとに指摘している。

(15)　「塵芥集」一七条頭注（二二二頁）が「くちなしに討ち」を「不意討に討ち」と解釈するのに従う。なお、桜井英治・清水克行『戦国法の読み方――伊達稙宗と塵芥集の世界』（高志書院、二〇一四年）では、「くちなしに討ち」を待ち伏せした側の行為（待ち伏せが成功した場合）と解釈する（八二―八三頁）が、賛成できない。当該部分にみえる、「Aといひ（またはAのよし申、以下同じ）、Bといひ、問答（相論）」という文章表現の型は、「塵芥集」では、ある一つの紛争（「問答」「相論」）のケースにおける両当事者の主張をあらわすものであり、八四条・九五条・一〇〇条にも用いられている（一一九・一二三条もほぼ同じ表現）。同書は、Aは待ち伏せが失敗した場合、Bは成功した場合と、異なる二つの紛争のケースでの主張と解釈するが、これでは、右の表現の型から逸脱する。右の型に忠実に解釈すれば、「人を待ちたるものくちなしに討ち」は、その前と同じ待ち伏せ失敗のケースとして、待ち伏せされた者を、待ち伏せされた者が「くちなしに討つ」と解するほかない。「塵芥集」頭注もおそらく同様の理解にもとづき、待ち伏せされた側の「不意討ち」と解釈したと推察する。

(16)　故戦防戦法については、勝俣鎮夫「戦国法」（『戦国法成立史論』東京大学出版会、一九七九年）、羽下徳彦「故戦防戦をめぐって」（『中世の窓』同人編『論集　中世の窓』吉川弘文館、一九七七年）、藤木久志「村の故戦防戦法」（『戦国の作法――村の紛争解決』平凡社ライブラリー、一九九八年、二〇〇八年に講談社学術文庫）などを参照。

(17)　この点は「塵芥集」一七条頭注（二二二頁）がすでに指摘している。

(18)　『中世法制史料集　第一巻』。

(19)　以上は「塵芥集」六三条頭注（二三〇頁）による。

(20)　勝俣鎮夫「武家家法解題」（前掲注(5)『中世政治社会思想　上』）。

(21)　前掲注(3)桜井氏論文は、中世の債権譲渡の問題という点から一〇八条に光を当てている。本条の主題は債権譲渡ではないが、例えば、譲渡証文さえあれば他人への債権譲渡も認められるとする「結城氏新法度」四四条と比べると、「塵芥集」本条は、裁判における債権（証文）譲渡事案の扱いに懐疑的で慎重な態度をとるといえる。

(22)　前掲注(3)桜井氏論文および前掲注(15)桜井・清水氏書は、一〇八条などの条文の挙げる非常に具体的で「再現性の乏しい」紛争事例から、「塵芥集」の「判例集」的性格を強調する。「塵芥集」が現実に存在した紛争や裁判の判例にもとづいて編まれた可能性は否定しないが、「判例集」という性格規定にはやや違和感を覚える。例えば、判例や紛争事例を立法者がどのように利用し、それぞれの条文における立法論理を組み立てたかという点についての分析と理解がさらに進むまでは、「判例集」的か否かという問題は一旦棚上げにしておくのがよいように思われる。

第四章　中世から近世初期における盗品法の展開

はじめに

本章の目的は、中世から近世初期にかけての、盗品（中世の史料語としては「贓物」「盗物」「失物」など）に関する公権力の制定法の分析を通して、法にあらわれた社会状況の一面とその変化をさぐることにある。

中世から近世初期までの公権力の盗品法についての専論は管見の限りまだないが、盗品（特に「贓物」）に対する中世人の観念については、笠松宏至氏[1]と上杉和彦氏[2]が興味深い事実を明らかにされている。笠松氏は、中世人にとって盗品は、（盗犯被害者からみれば）「失われたもの」、あるいは、盗人の占有によって「盗人の「たましひ」の一部を含み込んだ」ものと認識されて、犯人を検断した検断権者による盗品没収を当然とする観念が存在するとともに、その返還・回復をあえて望まない考え方さえみられることを明らかにされた。また上杉氏は、主に中世前期の検断において、盗品（「贓物」）と盗犯者を一体として把握し検断の対象とする観念の存在などを指摘されている。

これらの先学の研究に学びつつ、本章が問題とするのは次の点である。すなわち、盗品を「失われた」ものとみる観念が存在し、検断権者による没収が当然視される中でなお、盗難事件の被害者（本章では、盗品の本来の所有者の意味の「本主」の語で表記する）が盗品の回復に執着する場合、その要求や行動への対応が公権力の制定法にいかにあらわれたかである。以下本章では、主にこの盗品を回復せんとする本主の行動や主張への対応という観点から、当該期のいくつかの盗品法を取り上げて考察したい。

一 「手継を引かせる」法

1 本主の犯人捜査と盗品の回復

本節ではまず、中世社会において盗品の本主がその回復を求めた場合、いかなる手段や論理が存在したかという点から考察を始めることとする。

すでに笠松氏が指摘されたように[3]、十六世紀に日本を訪れたイエズス会宣教師ルイス・フロイスは、彼らの慣習と対比して、当時の日本社会の盗品をめぐる法慣習を、

　われわれの間では見付かった盗品は裁判所によって、その所有主の手に戻される。日本では見付かったこのような盗品は遺失物として裁判所が没収する。[4]

と記し、「裁判所」すなわち検断権者による盗品の没収ないし押収の慣習を伝えている。この検断権者による盗品の没収を定めた中世の制定法として、例えば笠松氏も指摘された永享四年（一四三二）の河内観心寺の寺法では、

　於二盗人贓物一者、不レ依二大小一、可レ為二惣寺之科〔料〕一者也、但、失手有二執心之儀一者、寺中之事者、不レ依二上下一、如レ形有二請料之沙汰一、可レ被レ返二付本主一者也、[5]

とあるように、検断権者である観心寺による盗品没収（「惣寺之科〔料〕」とすること）が明文化されている。ただ同法では、「失手」すなわち盗品本主の「執心」があれば有償返還（「請料」にて）するとの例外規定がある。寺院法ではこのほかに、永禄八年（一五六五）の東福寺の寺法が「一　贓物者、失却之主江可レ被二返付一事[6]」との一条

を立て、本主への盗品返還を定めている。

また、荘郷の現地の検断権者あるいは検断の執行者の「非法」を禁ずる幕府や本所の法令の中にも、本主への盗品返還規定がみられる。例えば、建長五年（一二五三）の「諸国郡郷庄園地頭代」に対する一三箇条の鎌倉幕府追加法の第三条が、三百文以上五百文以下の窃盗事件での「被レ盗之主」への贓物返還を定め(7)、弘長三年（一二六三）の広田社内検断式条々の第三条も、「本物」（盗品）は本主に返還すべしとし(8)、正慶元年（一三三二）の紀伊荒川庄庄官等請文の第六条でも、強盗・窃盗事件の際、庄官に「任二山上例一」せて本主への贓物返還を義務づける(9)。これらは、彼ら下級の検断権者・検断執行者に対し、「撫民」のため検断権濫用を規制する文脈での盗品返還規定と位置づけることができる(10)。

右にみた本主への盗品返還規定は、基本的には検断権者・執行者が、その権限行使の結果盗品を没収しうることを前提として、その自己規制の規定、あるいは下級の執行者によるその濫用の禁止令と理解される。一方、返還を望む本主の側からその実現を担保しうる条件や手段は、右にみた法の中では、観心寺の寺法の「請料」以外にはみられない。

では、本主が能動的に盗品回復を実現しうる手段、あるいは本主側の武器となる論理は存在しなかったのだろうか。右のような盗品返還とはやや異なる様相を呈するのが、次に掲げる戦国大名今川氏の分国法「今川仮名目録追加」の条文である。

一　小身の者、盗人にあひ取るゝ所の財宝、纔の事たりと云共、其身にをいてハ進退つゝかさる由を存、彼盗人尋出す所に、目代之手へわたるか、或ハ不入之地たる間、雑物出間敷由先規より申と云共、無力の者にをいてハ、不便の儀たる間、贓物一色悪党に付置、其外ハ本主に可二還附一也(11)、

右の法では、盗品の本主がその回復を図り犯人を捜査し発見（「尋出」）した場合、検断権を有する今川氏の代官

（「目代」）や不入地の領主も、犯人の身柄とともに盗品一品のみを押収し[12]、それ以外の盗品は本主に返還すべきことを定めている。すなわち本法は、一方では「目代」や不入地の領主による盗品押収や没収を前提としつつ、本主の盗品回復を認めているのである。

本法では、本主への盗品返還の直接の理由は、「小身」「無力」の本主の「不便」というものであるが、本主自身による犯人の捜査・特定という前提の存在が注目される。検断権者の盗品没収の根拠が犯人に対する検断の事実ならば、それに先んじた本主の自力での犯人捜査・特定・逮捕は、当然、それに対抗しうる事実や論理となることが予想されるからである。つまり、本法立法の趣旨は、「目代」や不入地領主の検断の統制とともに、本主の自力救済による盗品回復の容認・保障にもあったと思われるのである。

さて、自力救済行為が社会的にある程度容認された中世社会では、本主が自力で犯人を捜査・特定して逮捕し盗品を奪還するケースは、特に現行犯の場合、ある程度広範に存在したと予想される。だが、中世の公権力の法が直接、そうした本主の自力の盗品回復と検断権者の盗品没収との関係に言及することは多くない。検討を進めるのは一見困難にみえる。

2　本主の犯人捜査と「手継法」

だが少し視点を変えれば、公権力の制定法の中に、本主による犯人捜査・特定・逮捕や盗品の回復に関する材料を見出すことができる。それは、盗品が売買・質入れされた場合の、盗品の現所有者や占有者（本章ではこれらを「現主」の語で表記する）との関係についてのいくつかの法である。

中世社会では、盗品は盗犯の第一の物的証拠とされ[13]、その所持者は盗犯の容疑者となった。そのため盗品の現主には、その容疑を晴らす義務が課されたのである。その手段に関する法が、盗品の現主に「「手継」（「手次」とも）を引かせる」法である。この法は、盗品を購入、あるいは担保として占有する現主に、その前所有者や質置人の指名を義務づけ、それができない（あるいはしない）場合は盗犯者とみなすという法である。この場合の「手継を引く」とは、盗品の前所有者の指名・開示をさす。以下本章ではこの法を「手継法」と呼ぶことにする。

まず、中世の公権力の法における最初の「手継法」とおぼしき建長七年（一二五五）の鎌倉幕府追加法（以下本章では建長七年令と呼ぶ）をみてみる。

一　鎌倉中挙銭、近年号二無尽銭一、不レ入二置質物一之外、依レ不レ許二借用一、甲乙人等以二衣裳物具一、置二其質一、盗人亦令レ売二買贓物一者、所犯忽可レ令二露顕一之間、窃以二贓物一入二質物一、令二借用一之処、被レ盗主見二付質物一之時、銭主等称二世間之通例一、不レ知二其仁幷在所一之由申レ之云々、所存之旨、甚以不当、於二自今以後一者、入二置質物一之日、可レ令レ尋二知負人交名・在所一、若沙汰出来之時、至レ不レ引二手次一者、可レ被レ処二盗人一也、以二此旨一面々可レ相二触奉行保内一之状、依レ仰執達如レ件、

建長七年八月十二日　　相模守（北条時頼）　判
　　　　　　　　　　　陸奥守（北条重時）　判

伊勢前司（二階堂行綱）殿[14]

この法令は、鎌倉の質屋業者（「無尽銭」）が、質物が盗品と発覚した際、「世間之通例」と称して質置人の名・住所を明かさないのは「甚以不当」として、今後は質置人の名と住所の把握を質屋業者に義務づけ、盗品に関する訴訟が提起された場合に「手次」を引かない質屋は盗犯罪とすると定めている。注目されるのは、立法の前提となる状況を述べた前半の「被レ盗主見二付質物一之時、銭主等（中略）之由申」である。「被レ盗主」すなわち本主による盗品発見からは、彼による盗品や犯人の捜索の事実が推測される。また「銭主」すなわち盗品現主たる質屋業者が「世間之通例」を主張し質置人を秘匿するのは、後半の「沙汰出来之時」との対比から、裁判の場ではなく、盗品発見後の本主

との交渉の場であろう。さらに本主が現主に質置人を尋ねる目的は、質置人＝犯人の捜索のためとみるのが最も自然ではなかろうか。つまり、本主による盗品捜索と、発見の際の質置人＝犯人の捜索が、ごく当たり前のこととして、本法立法の前提となった現状の説明の中にあらわれたものとみられる。

もちろん本法の立法趣旨は、一義的には鎌倉中の質屋業者の統制（治安・防犯上の理由からの質置人の把握の質屋業者への強制）にあり、「手継」の尋問は、直接には訴訟提起後の幕府の審理の一環としてのみ立法されている。その意味では本法は、おそらく立法の前提にあるはずの本主の盗品・犯人捜索活動の一部分を、立法者の関心から切り取って成立したものといえる。直接の関心対象ではない本主の犯人捜査、またその手段と予想される現主への「手継」の尋問については、残念ながら本法からは右の推定以上には明らかにしえない。

だが、本主の犯人捜査手段としての現主への「手継」の尋問については、近世初期の寛永九年（一六三二）に下っても、次のような事例がみられる。

一　正洞院茶引座等〔頭〕ノ子仁蔵、後藤孫右衛門下之者之所へ、去月廿四日ノ夜、盗ニ入、とうふく・帷ぬすみ、通町三助と申者ニ売候を、又、三助新堂〔藤〕田百性〔姓〕ニ売候、百性〔姓〕き候て町立致候を、孫右衛門下之者見付、たん〳〵に売本を引、仁蔵搦候而参候、（下略）[15]

この盗犯事件では、被害者（後藤孫右衛門下之者）が盗品の衣服を着た者（新藤田百姓）を発見し、その者から「たん〳〵に売本を引」き、すなわち順次前の売主を遡って犯人を突きとめ（前主〈通町三助〉→犯人〈仁蔵〉）、これを捕縛している。まさに「手継」の尋問とその遡及により、本主が犯人捜索・特定・逮捕を成し遂げた事例である[16]。

売買・質入れされた盗品の入手元を遡っての捜査は、普遍的に有効な盗犯捜査の手段と思われるが、盗犯被害者がその捜査主体となる現象は、国家的権力の司法警察権独占が不徹底で、逆に自力救済行為が許容される社会ほど広くみられるであろう。ただ、特にさきの「今川仮名目録追加」のいう「小身」「無力」の本主によるその実行事実は、時代を遡るほど史料に残り難いはずである。したがって、右の近世初期の一事例から、少なくともある程度までは、中世社会における本主の「手継」尋問による犯人捜査の一般的存在を推定してよいと思われる。

また、例えば鎌倉幕府の刑事訴訟制度では、特に私的財産の盗犯事件については基本的に当事者主義（被害者訴追主義）がとられ(17)、刑事訴訟の提起のためには、被害者による容疑者特定が必須条件であった。建長七年令にその片鱗をみせた本主の犯人捜査活動は、刑事訴訟提起の前提としても、事実上容認された可能性が高いといえる。

3　戦国大名の「手継法」

さて、建長七年令として立法された「手継法」は室町幕府法に受け継がれ(18)、戦国大名のいわゆる分国法の中にもその法理が定着している。そこで以下、分国法の中の「手継法」とその関係法から、本主による盗品・犯人の捜査、そして盗品回復の問題をさぐることにする。

本主の犯人捜査と「手継」尋問

まず、天文五年（一五三六）制定の伊達氏の分国法「塵芥集」の四一・四二・六九・一七〇条をみてみる。

A
一　ぬすむところのさうもつ《贓物》・けにん《下人》・うし《牛》・むま《馬》等の事、てつき《手継》をひくへし、もし又たこく《他国》の者・な《名》をしらさる人・しにん《死人》なとひき候ハゝ、其身のをつと《越度》たるへきなり、（四一条）

一　くらやく《倉役》をせすして、ぬすミものしち《質》にとるともから《輩》、ぬす人とうるい《同類》のよし申、しかるにとりて《取手》をきぬし《置主》を申いては、とかあるへからす、たゝししちとり候もの、をきぬしをしらすハ、とりてのをつとたるへき也、（四二条）

一　ふたい《譜代》の下人、あるいはにけはしり、あるいハ人にかとはれ、うられ、ものゆくまゝに、しせんほんこく《本国》にかいとめられ、人にめしつかハるゝのとき、ほんのしう《主》人、かれハすてにとかにんたり、しかるにめしつかハるゝ事、ぬす人のよし申か《懸》くる、いまめしつかふところのしうにん、かのものハなにかし《某》のかたより、しろくかいとるのよし、てつき《手継》をひく、しろくろいまたさたまらす、とかくのもんたう《問答》に月日をうつすのうへ、かのけにん《下人》なすところのつみ《罪》をおそれ、かさねてにけうするのとき、まへにてつきをひき候うりて、うらさるよしもんたうにをよふ、相たかいにしせう《支証》まかせたるへし、もしせうなく、さうろん《相論》けつしかたきに付てハ、いまかいとめぬる人のをつとたるへし、ぬす人とうさい《同罪》たるへき也、（六九条）

一　市町におゐて、ぬすミ物をかふのところに、本主、くたんのかいて《買手》をぬす人のよし申、しかるにかいて、うりぬし《売主》をひき付候ハヽ、かいてをつと有へからさる也、（一七〇条）[19]

右に掲げたAの四箇条の規定の概要を簡単に整理、確認しておく。四二条は、盗みの容疑をかけられた盗品現主の「手継を引く」義務と、「手継」の要件を満たさない具体例を掲げた規定であり、四三条は盗品の現主が「倉役」を負担しない「倉」（質屋）である場合の「手継を引く」義務の規定である。[20]また六九条は、盗品に準ずる扱いの逃亡下人を購入した現主と本主との間の紛争での「手継」のみえる規定であり、一七〇条は「市町」で盗品を購入した現主の「手継を引く」義務の規定である。

まず六九条は、本主が「ぬす人のよし申か」けたのに対し現主が「手継を引く」場面を述べるが、本書第三部第二章にみた通り、「塵芥集」にみえる「申懸け」は、訴訟の場ではなく当事者相対の関係での行為をさし、その典型例の四六条では、確かな証拠にもとづく本主の盗犯容疑者への「申懸け」を容認、むしろ保護している。六九条でも、本主が逃亡下人の現主に対し直接「申懸」け、両者の直接交渉において現主から本主に「手継」の示される場面を想定するとみるべきである。[21]

次に四三条・一七〇条では、本主が、現主は「盗人（ないし同類）」であると主張する（「申」）が、「塵芥集」の刑事法規には事件の当事者間の交渉を想定する条文があり、その交渉での主張・発言を引用する「申」の用例もみられる。[22] 両条の「申」も、まずはそうした当事者間交渉の場での本主の主張・発言とみることが可能である。[23]

また、「塵芥集」の刑事法規、特に盗犯関係法は、いわゆる当事者主義（被害者訴追主義）を基調とし、伊達氏による職権的な犯人捜査は例外的にしかみられない。[24] この点からも、犯人捜査により盗品と現主を発見した本主が、現主に直接「申」して「手継」を引かせる場面を想定する立法はむしろ自然といえる。さらに、前述の四六条にみえる「塵芥集」刑事法規の基本姿勢から、盗品という確かな証拠があれば、本主の犯人捜査における現主への「手継」の尋問はなおさら容認されたとみられる。

もっとも、盗犯の容疑を受けた現主が「手継を引く」義務を規定する四二条などは、その場面が当事者の直接交渉か伊達氏の刑事裁判かを、一見して判別確定できないことも確かである。ただ、本書第三部第二章にみたように、「塵芥集」の盗犯関係法は、本主の犯人捜査を容認する一方、盗犯罪の罪名確定は伊達氏の刑事裁判に委ねることを義務づけている。これを「手継」に即していえば、盗品現主（もしくはその前の所有者）が本主に対し「手継」を引かない場合、本主は彼を「盗人」として訴訟提起し、伊達氏の刑事裁判で重ねて「手継」を尋問し審理するという流れを想定したとみてよいであろう。つまり、「塵芥集」の「手継法」は、全体として、当事者間の直接交渉、伊達氏の刑事裁判のいずれの場面も想定すると思われる。少なくとも、本主による現主への「手継」尋問を禁止・否定せず、事実上容認することは疑いない。

右にみた「手継」尋問の主体については、次に掲げる肥後相良氏の「相良氏法度」の「手継法」にさらに明確にあらわれている。

B

一　盗たる物をしら《知》す候て買置候より、六ケ敷子細あり、所詮売主をみしら《見知》さる物ならハ、能々決候て、売主をしらさるよしあらハ、其科たるへし、[25]

本法の、「売主をみしらさる物ならハ」、「売主をしらさるよし」とは、盗犯の容疑を受けた現主が「手継」を引けない（もしくは引かない）状態をあらわすとみられ、本法が「手継法」を前提とすることを示す。問題は、「手継」尋問とその結果が殊更に二度記される点の理解である。本法は、盗犯をめぐり「六ケ敷子細」すなわち紛争となった場合の刑事裁判の規範であることから、その提訴以前に行われた現主への「手継」尋問の結果を「売主をみしらさる物ならハ」、裁判での審理における「手継」尋問の結果を「能々決候て、売主をしらさるよしあらハ[26]」と述べたと思われる。つまり、裁判以前の「手継」尋問の結果が裁判で争点となった場合、改めて「手継」尋問による審理を行うべきことを定めたと理解される。この、裁判以前に「手継」尋問を行う主体には当然、訴訟当事者となる盗品本主が含まれるはずである。Aの「塵芥集」の規定が想定する、本主の現主への「手継」尋問→刑事裁判における「手継」尋問、という流れを明確に示す規定といえる。

なお、勝俣鎮夫氏は相良氏の支配領域の裁判構造を明らかにされ、「相良氏法度」が、大名相良氏の裁判以前の、「所衆談合」の在地裁判の規範としても制定されたことを指摘された[27]。この指摘をふまえれば、本法の想定する裁判も、在地裁判である可能性が考えられる。またそれに先立ち「手継」尋問を行う主体には、本主のほか紛争調停者（中人）も含まれるかもしれない。その点でも本法は、戦国大名が「手継」尋問の独占を志向しないことを示す事例といえよう。

ところで、本法でもう一つ注目されるのは、「盗たる物をしらす候て買置」く、すなわち現主が盗品と知らず（現代法にいう「善意」で）購入した場合の紛争という点である。この「善意」の購入という点が現主側の主張の正当性の根拠とされて両当事者の主張が拮抗し、ついには裁判による解決が求められるケースを想定した立法とみられる。本法では、「手継法」の法理を「善意」の購入事実に優越させるが、現主側のこの対抗論理が、本主の犯人捜査や盗品回復をめぐる法に及ぼす影響を示唆している。

本主の盗品回復

次に、本主の盗品回復についてうかがえる「手継法」を検討する。まずは「大内氏掟書」の寛正二年（一四六一）の単行法令である（この法の性格については第二節で後述する）。

C

又盗物事、雑賀飛騨入道妙金当所在国之時、御尋被レ申分聞書、

一　ぬす人のとる物之事、とゝまる《（留）》所よりいたす《（出）》へし、

一　罪科の事ハ、本々へたゝして、売主をひき付さる仁を、ぬす人の准拠に罪科あるへし、

一　失物質物にをく《（置）》とき、その盗人倉へ持来てをく事ハ不レ能二左右一、若人をやとひ《（雇）》てをかは、その人躰を倉へめしく《（召具）》して申時、質物をいたす請銭不レ可レ入レ之、

寛正二年七月八日(28)

本法には、第二条の典型的な「手継法」と並んで、第一条・第三条に盗品回復に関する規定がみえる。やや難解であるが、両条にみえる「出す」の語は、本主への盗品返還もしくは本主の盗品取戻しの意に解される。まず第三条は、質入れされた盗品は、犯人本人が質置きした場合はもちろん、犯人に雇われた者が質置きした場合でも、本主がその者を連行して現主（「倉」）に返還を要求すれば、無償（「請銭」不要）の取戻しを認めるとの規定とみられる。また特に条件を付さない第一条も、売買された盗品を本主が現主（「とゝまる所」）から直接（しかも無償で）取り戻すことを認めた規定と理解される。つまり本法には「手継法」と並び、売買・質入れされた盗品の本主による無償回復規定が

置かれているのである。

さて本法でも、第二条の、「本々へた、こ」す主体、すなわち「手継」を遡及し犯人を捜査・特定する主体は一見判然としない。だが、第一条・第三条から、本法が、本主・現主の直接交渉の場面を想定することは明らかである。また第三条にいう雇われた質置人の本主による連行とは、犯人の逮捕連行の代替といえるから、本主による犯人捜査は、本法の前提として当然容認されたとみられる。しかも、本主による「手継」尋問は、当該質置人連行のための有力な一手段ともなりうるであろう。これらのことから、本法でも、本主による「手継」尋問とその遡及による捜査を排除したとは考え難く、第二条は、むしろ本主の当該捜査により特定された「犯人」の罪科を、検断権者が確定・処罰すると述べたものとみられる。

このように、本法でも本主の犯人捜査における「手継」尋問が前提とされ、また本主の盗品取戻し規定と並置されていることが明らかとなった。二つの規定の並置は、両者の間の論理的連関の存在を予想させる。第三条後半にみえる無償取戻しの条件が示唆的であるが、ここではまだその指摘にとどめておく。

次に阿波三好氏の「新加制式」の「手継法」についてみる。

D

一　失物随二見出一、可レ返二本主一事

右、件失物、為二本主一至レ令二取返一者、有二何妨一乎、先可レ尋二究出所一、若其人或令二死去一、或令二他出一者、縦雖レ為二不レ知身之過一、聊盗類難レ遁之条、相二計売之員数一、可レ出二一倍贖銅一、若於二遠国他境土倉等一買得之段分明者、可レ有二差別一乎、但、難〔雖カ〕レ及二盗賊之沙汰一、於二其人躰一者、非二制之限一、(29)

本法の解釈と理解、「手継法」の法理については本書第三部第一章に述べたので、ここでは以下の二点を確認しておくにとどめる。

第一に、無償とは明言しないが、事書と事実書の冒頭とに、盗品の本主への返還の原則を掲げる点である。事実書冒頭では、本主による盗品取戻しの正当性さえ述べている。

第二に、「新加制式」の検断法の一つのテーマが当事者の自力救済行為や私的成敗の規制であることから、本法の盗品発見（「見出」）の主体も、やはり本主とみられる点である。また現主への「手継」尋問（「尋二究出所一」）も、このテーマから、盗品・犯人を捜査する本主にむしろ義務づけたものとみられ、「手継」の引けない現主を逮捕連行もしくは告訴し、三好氏が処罰する（三好氏が「贖銅」を科す）と定めたものと理解される。(30)

以上にみた、戦国大名の「手継法」およびその関係法における、本主の犯人捜査・特定・逮捕と、本主の盗品取戻しについては、以下のようにまとめうる。

① 法制定および裁判主体の行う職権的「手継」尋問のみを想定する規定とはいえず、本主の犯人捜査における現主への直接の「手継」尋問をも想定・容認する規定である。

② 「手継法」規定と売買・質入れ盗品の本主への返還規定の並置されることがあり、両者の間に論理的連関の存在が予想される。

③ 「手継法」は「善意」の入手という現主側の主張と対立するも、これに優越する関係にある。

このように本節では、中世法にみえる本主の盗品回復の手段・論理をさぐる観点から、幕府や大名の「手継法」に着目・検討したのであるが、右の検討結果の通り、特に戦国大名の「手継法」において、本主の犯人捜査とその手段としての「手継」尋問の容認（①）、本主への盗品返還規定との並置（②）という手がかりを見出した。

さて、ここで確認しておきたいのは、本主の犯人捜査の手段として「手継」尋問が行われた際に予想される「手継法」の効果である。盗品の前所有者（入手先）を指名できない者は盗人とみなすという「手継法」の法理に依拠すれば、「手継」尋問を行う本主は、必ず真犯人もしくは「見なし」犯人を特定できるはずである。犯人捜査の遂行、盗品現主やその前の所有者を提訴する訴訟のいずれにおいても、この法理が本主にきわめて有利にはたらくことは疑いない。この法による本主の犯人捜査の容認は、事実上、強力な捜査手段の行使を本主に認めたに等しいといえる。

しかしながら、右にみたように、戦国大名の「手継法」においても①の本主の犯人捜査のあらわれ方は一見不明瞭で、当該大名の刑事法規の一般的性格や他の条文との比較から、ようやくその存在を明らかにしうるものである。このことは、本主の犯人捜査を事実上容認ないし黙認する態度ゆえに、いわば暗黙の前提としてその片鱗のみがあらわれたものと理解される。またさらにいえば、「手継法」による本主の犯人捜査活動の容認が戦国大名の盗品法のすべてとはいえないようである。「手継法」にあらわれた本主の犯人捜査容認の態度をさらに検討するためにも、節を改めて別の盗品法を検討したい。

二　「盗人を引付くる」法の出現

1　本主の犯人捜査の制限

本節では、本主の犯人捜査について、前節の「手継法」とは異なる態度を示す法をみることにする。次に掲げるのは「大内氏掟書」に収める長享三年（一四八九）の大内氏の単行法令である。

E

一　盗物御定法之事

右、彼盗物之事、或持二出市町一、或出二置店屋一之時、号二盗物一依二押取一、有下及二喧嘩一事上、剰売主者、不レ知二盗物一之間、買置而又売之由申事毎度也、然者両方於二其場一理不尽之口論也、所詮彼盗物之事、預二置其所之役人一可二批判一、若有下背二此旨一族上者、可レ被レ処二厳科一也、仍執達如レ件、

長享三年五月　日
左衛門尉
大蔵少輔（問田弘胤）[31]

本法は、「市町」や「店屋」で「盗物と号」しこれを奪取する者と、「盗物と知ら」ざる商いだと反論する現主との間に喧嘩・口論の発生する状況に鑑み、盗品を大内氏の役人に預け[32]、その審理・裁定（「批判」[33]）に解決を委ねるべきことを定める。「盗物と号」する主体にはむろん真の本主も含まれるとみられ、本主による盗品・犯人捜査を前提として、盗品の発見現場でのトラブルを念頭に置いた規定といえる。盗品の奪還のみならず「口論」を招くはずの「申懸け」など、本主の現主への直接のはたらきかけを禁ずる趣旨と理解される。

このEと同趣旨の法が、天正九年（一五八一）の柴田勝家の越前三国湊定書の第六条、

F

一　不レ知二盗物一、諸色物買置之処、為二本主一理不尽仁不レ可レ有二違乱一、代官江相届、北庄如二法度一可二申付一事[34]、

である。本法も、本主の盗品・犯人捜査と盗品の発見現場でのトラブルを念頭に置き、「盗物と知らず」購入した現主に対する本主の直接のはたらきかけ（おそらく盗品の奪還や「申懸け」）を「理不尽」な「違乱」として禁じ、三国湊の代官による、北庄の（城下町の、か）「法度」に依拠した裁定を受けることを強制する。

さて、右のE・Fの法の共通点は、

①「手継法」が容認しかつ前提とした、犯人を捜査する本主の現主への直接のはたらきかけ（「申懸け」）を禁じ、「役人」や「代官」の裁定に解決を委ねることを強制する。

②①の反面として、盗品と知らずに（いわゆる「善意」で）購入した現主を、本主の直接のはたらきかけから保護する。

③前節にみた「手継法」の法理がみられない。

の三点である。①・②は、盗品現主の保護とともに、公権力の法や裁判による解決の強制を含む点で本主の自力救済行為の制限といえる。これらにより本主の犯人捜査における「手継法」使用が制約を受けることは明らかで、そのあらわれが③であることを予想させる。

G

2 「盗人引付法」

次にみる二つの法にも、右の①・②・③の性格がみられるとともに、もう一つの別の法があらわれる。まずは永禄一〇年（一五六六）制定の「六角氏式目」四三条である。

一　盗物贓物事、或置レ質、或令レ売之間、公文所・市町等仁在レ之時、彼主其所江預置旨相届段、可レ為二勿論一、雖レ然、盗人搦二捕之一、不レ渡レ之者、諸色物不レ可レ返二遣之一、然而件盗人尋捜処、雖レ令二逐電一、於二盗物一者可レ返二付之一、於二贓物返付上一者、其代銭買主損失、可レ為二勿論一、又盗人者雖下不レ知二其者一、不上知二其行末一、為二贓物所持之主一之旨無レ隠、証拠為二分明一者、同可二返付一事、[35]

本法はやや複雑な構成であるため、これを整理して以下に大意を示す。

（一）　売買・質入れされた盗品を、本主が「公文所・市町等」で発見した場合、

a　本主はひとまず盗品をその場へ預置く形にする旨を（おそらくは発見場所の役人・代官などの裁判・検断権者に）届出ることは当然として、

b　（従来は）本主による犯人逮捕とその身柄引渡しが盗品返還の条件とされるが、

c　本主が捜査・特定した犯人が逃亡し逮捕できない場合でも、犯人特定により盗品と証明しうる以上は本主に返還されるべきである。

d　盗品と証明された物品は本主に無償で返還するのが当然である。

(二)（公文所・市町等以外では）本主が盗人を特定・逮捕できずとも、盗品所持の事実が明るみに出、またその証拠もあれば、盗品を本主に返還すべきである。(36)

さて、本法の（一）aはE・Fの法の①と同趣旨といえるが、b以下は、E・Fにはみられない規定である。本法がaを当然（「勿論」）と述べるのは、本法定立以前に定着していた、同じ方向性をもつ法や慣習を意識したとみられる。以下に本法が「勿論」とするのも同じであろう。しかし盗品返還の条件b（犯人逮捕と身柄引渡）は立法者には「勿論」と認識されず、c（犯人の特定）に改め、dではcの条件でも当然に無償返還と定めたことになる。

つまり本法の前提として、ここでは改変されたbの返還条件とa・dとを組み合わせた、「盗品は一旦その場に預置きの届出をし、本主による犯人逮捕・引渡しを条件として無償返還する」との法が、すでに存在していたのである。同時に本法（一）の立法趣旨は、この先行法の返還条件bのcへの緩和による、本主の盗品回復の保護にあることも明白である。(37)なお、（二）の「公文所・市町等」以外で本主が発見した盗品は、犯人特定の必要もなく本主に返還との規定も、本主保護をその趣旨とすると思われる。

このGの（一）と同趣旨とみられる盗品法が、天正五年の、織田信長のいわゆる近江安土城下町楽市令(38)の第七条にもあらわれる。

H

一　諸色買物之儀、縦雖レ為二盗物一、買主不レ知レ之者、不レ可レ有二罪科一、次彼盗賊人於二引付一者、任二古法一贓物可二返付一之事、(39)

本法の理解の前提として、同じ安土城下町楽市令の第一一条に、

一　至二町中一譴責使、同打入等之儀、福富（秀勝）平左衛門尉・木村次郎左衛門尉両人仁相二届之一、以二糺明之上一可二申

付ㇾ事、

との規定がある。当事者の自力救済行為（「譴責」「打入」）を規制し、福富・木村の二人の町奉行[40]への提訴を強制する点、E・Fの①と同じ方向性をもち、本法の前提となるとみられる。

本法の前半は、盗品と知らず購入した買主は盗犯罪に問われないという、「善意」の盗品購入者の明確な保護規定であり、E・Fの②をさらに明確化し徹底したものといえる。この規定のもとでは、現主に容疑をかける「手継」尋問が成立しないから、「手継法」に依拠した本主の犯人捜査は禁止されたに等しい。

一方後半では、本主が盗犯の犯人を「引付」ければ、「古法に任せ」て盗品は（無償）返還と定める。動詞「引付く」は引合わせ照合の意[41]であり、この場合、Gにみた犯人の逮捕・特定による盗品との照合、ひいては盗品たることの証明を意味すると考えられる。すなわちこの「古法」とは、さきのGの（一）のbまたはcの条件での、本主への盗品無償返還の法とみられるのである。

ところで、本法の後半規定は「次」で始まり、法文構成上は前半とは別の規定である[42]。右に掲げた安土城下町楽市令第一一条は、この城下町が不入権を付与されたことを示す[43]が、前節の「今川仮名目録追加」にみた、不入権を根拠とする盗品返還拒否を念頭に置き、その対策として後半では盗品返還の法慣習「古法」を掲げたとみられる。つまり本法の後半規定は、前半の盗品現主保護に付した留保、逆にいえば「古法」としての本主の盗品回復権の保障を趣旨とすると理解される。

さて、このG・Hにみえる「本主が犯人を逮捕ないし特定し盗品であることを証明（「盗人を引付く」）すれば、売買・質入れされた盗品は本主に無償返還される」との法を、以下本章では「盗人引付法」と呼ぶことにする。この法は、自力で犯人を捜査・特定・逮捕する本主の、現主への強い盗品回復請求権を明確に承認・保障する法と理解される。しかもこの法は、Hでは「古法」とされ、またHより古いGにも先行して、基本的には同じ法理を含む法が存在したとみられる。だが、現存の中世の制定法には直接該当ないし関係する法を見出せない。むしろ、本主の自力救済行為に根ざす慣習として形成された法が、公権力の法の中に出現した可能性が高いと思われる。

ここで改めて注目されるのが、前節にみた、本主の犯人捜査手段となる「手継法」と、本主の盗品無償回復規定とを並置する法、特にC「大内氏掟書」である。Cの第三条には、「若人をやと《雇》ひてをかは、その人躰を倉へめしく《召具》して申時、質物をいた《出》す請銭不レ可レ入レ之」との、雇われ質置き人の連行を盗品無償取戻しの条件とする規定があった。この規定の趣旨は、無償返還のためには本来は犯人本人を特定ないし逮捕連行すべきところ、代わりに雇われ質置き人の連行でよいとする点にあるとみられる。すなわちCの前提として、「盗人引付法」と実質的に同じ法理がすでに存在していたことが、この規定から明らかとなる。

すると、Cの第一条の本主の盗品無償回復規定と第二条の「手継法」とは、第三条にみえるこの「盗人引付法」と同じ法理のもとで論理的に結びつき並置されたものと思われる。これまでの検討から、「手継法」が一つの犯人捜査手段として、「盗人引付法」における犯人の「引付け」すなわち特定・逮捕という盗品返還の条件と関わることは明らかである。前述の通り、「手継法」の法理から本主は必ず「見なし」を含む「犯人」を特定しうるから、この法に依拠して捜査する本主は、盗品所持者を発見すれば必ず「犯人の引付」の条件を満たすことになる。そのため、Cは「盗人引付法」と同じ法理を暗黙裏に念頭に置き、第一条に述べる本主の盗品回復の条件は、第二条にいう「手継法」による本主の犯人捜査の結果必然的にクリアされるはず（その特定された犯人を理念的には大名大内氏が「罪科」ありと認定・処罰する）として、両条が並置される論理構成と理解されるのである。Dの「手継法」と盗品無償返還規定の組合せにも、右の論理はあてはまるであろう。[44]

このように、「手継法」と盗品無償返還規定との組合せも、実質的には「盗人引付法」と同じく、自力で犯人を捜査・特定・逮捕した本主の有する強い盗品回復権を承認する法とみられる。またその前提として、かかる条件での本主の盗品回復を認める法慣習が、Cの成立した十五世紀中頃にはすでに存在したのである。「雑賀飛驒入道妙金当所在国之時、御尋被」申分聞書」とあることから、Cは元来、室町幕府の検断や裁判における（雑賀妙金は室町幕府奉行人）「手継法」に関する「聞書」であったとおぼしい。そのためCの法理は、大内氏領国にとどまらず、ある程度の地域的広がりをもって流布・定着していたと推定される。その前提となる、本主の自力の犯人捜査にもとづく盗品回復の法あるいは慣習も、やはり一定の地域的広がりをもち存在していたと推定されよう。

では逆に、自力で犯人を捜査・逮捕・特定した本主に売買・質入れ盗品の無償回復を認める法が、C・Dとは姿の異なる「盗人引付法」として姿をあらわすのはなぜだろうか。その理由は、①・②の本主の犯人捜査の一部制限の流れの中で、逆にG・Hのごとく本主の盗品回復を保護（Hではむしろ現主の保護の留保といえるが）する性格の法を定立したためと思われる。すなわち前述の通り、C・Dでは「手継法」に依拠し犯人を捜査する本主による「犯人」特定は必至であるから、「盗人の引付」という盗品回復の条件を殊更に法文中に記す必要はない。だが①・②の方向性のもとでは本主は「手継法」により犯人を捜査できないため、G・Hが本主の保護として彼の盗品回復を認めるには、「盗人の引付」という一般的条件（むろん盗品現主は対象から外れるが）を省略せず記す必要があったのである。本主の犯人捜査の制限（現主の保護）と、本主の盗品回復権の保護という、相反する二つの力のはたらく中で、盗品回復の慣習法がその姿をあらわしたといえる。

3　「善意」の現主の保護される場

ここで問題となるのは、本主が犯人捜査・盗品回復の武器として「手継法」を用いることを制約する①・②の方向性の由来である。注目されるのは、EからHの法はすべて、立法制定者の支配領域全体ではなく、限定された特定の場での盗品を対象とする点である。その特定の場とは、Eでは「市町」、Fでは三国湊、G（一）では「公文所・市町等」、Hでは安土城下町である。この点、AからDの「手継法」とその関係法が、対象とする地域や場を特に限定しないことと対照的である。つまり、AからDの法が基本的に領国内全域を対象とする一般法であるのに対し、EからHは対象領域を限定した特別法という関係である。大内氏におけるCとE、あるいは六角氏のG法の中の（二）と（一）の関係はまさにそのように理解されよう(45)。

では右のような場で、本主の犯人捜査が制限（裏返せば「善意」の現主が保護）されるのはなぜか。その手がかりを示すと思われるのが次の「盗品」法である。前節でみたA「塵芥集」の六九条には、盗品売買に準じた扱いの逃亡下人売買について、本主に「盗人の由申懸け」られた現主が「手継」を引く場面があらわれた。しかし、同じく逃亡下人売買に関する「塵芥集」一四六条は、

一　にけはしり《逃走》のしもへ《下部》、たこく《他国》にて、おなしくに《同国》のものかいとり、かへる《帰》のとき、もとのしうにん《主人》いらん《違乱》にをよふへからす、しかるにもとのしうにんふたい《譜代》のもの、よし申、ほんしろ《本代》をたて、かいかへし候ハんよしのそミ候ハヽ、かヽへとヽむへからす、若又かの下人うりかいのとき、本しうにんのな《名》を申いつるのところに、かいてほんしうにんのかたへとヽけすして、をしかくし、別人にうる事、ぬす人とうさい《同罪》たるへきなり、

との規定である。すなわち、

・「他国」で売買された逃亡下人をめぐる本主の現主への「違乱」の禁止（さきの①の方向性）。
・本主が「本代」（現主の下人購入代金と同額）の支払いにより現主から買い戻すことの容認。

の二点において、六九条とは異なり、本主による逃亡下人の回復が規制・制限されている。この差異の生じた理由は、逃亡下人売買の場が「他国」という点以外には考え難い。「塵芥集」では、譜代相伝の逃亡下人を発見次第本主が取り戻すことを容認する（一五〇条）など、主人の逃亡下人に対する強い回復権を認めている。一四六条の本主の回復権の制限はおそらく、「他国」に逃亡した下人は、主人との関係が切れると認識されたためと思われる(46)。

右の法を手がかりとすれば、EからHの法の対象とする場には、「公文所」などただちにその性格を明らかにしえない場もあるが、その多くには都市的空間という共通点がある。しかも、市町・楽市など、主人と下人の関係のみならず、人と人あるいは人と物との関係（盗品と本主・盗人との関係も）が切れると当時の人々に認識された場、すなわち先学が「無縁の原理」[47]がはたらくと指摘された場が多く含まれる。この「無縁の原理」のはたらく場という学説の援用が許されるなら、

・かかる場の一属性である不入地（アジール＝平和領域）として、本主の現主への直接のはたらきかけが禁止される。

・盗品と本主・盗人との関係が切れると認識されるため、現主のいわゆる「善意」の購入という主張が強い正当性をもち、また所有の移転を証明する「手継」も成立しない。

と、EからHの法にみえる①・②の方向性を、その対象とする場の性格から整合的に理解できる。また、かかる方向性が特に十五世紀後半以降の公権力の法にあらわれるのも、この時期以降、それまでは支配の及ばなかったかかる場を、公権力が安堵や保護を通じて掌握しようとする動き[48]の一環と把握しうるであろう。

もっとも、右にみた本主の犯人捜査の制限は、特定の場において現主を容疑・捜査対象とすることの禁止にとどまり、本主の捜査活動一般が禁止されたわけではない。逆にいえば、特定の場では制約を受けながらも、本主の自力救済としての犯人捜査や盗品回復は、幕府・大名などの中世の公権力に事実上容認されたのである。その理由・事情として、ひとまず以下の二点を挙げることができると思われる。

第一に、特に中世前期の公権力の法や裁判が、かかる場合の当事者の自力救済行為の世界とあまり接点をもたなかったことにある。それゆえ、鎌倉幕府法としての「手継法」は、鎌倉中の質屋業者の統制という立法者の関心から、本主の犯人捜査の一部分を切り取って成立したものの、本主の犯人捜査や盗品回復については、むしろ放任に近い容認の態度がとられたと思われる。

第二に、中世の公権力の検断や刑事訴訟における当事者主義（被害者訴追主義）的傾向である。この傾向のもと、幕府・大名などの検断・裁判権力に盗犯罪の認定や犯人の処罰などを委ねる限りにおいて、「手継法」による本主の犯人捜査、容疑者への直接の「手継」尋問は禁止されず容認されたと理解される。

以上、本節にみた「盗人引付法」の性格とその出現の経緯、また前節にみた「手継法」との関係から、中世後期の公権力の盗品法の前提に、本主の自力での犯人捜査・特定・逮捕にもとづく売買・質入れ盗品の無償回復権を承認する法慣習が存在したことを、不十分ながら明らかにしえたと考える。一方、特定の場では、現主を容疑・捜査対象から外し保護するという点で、本主の自力での犯人捜査・特定・逮捕が一部制限されたのであるが、この方向性は、本主の自力救済にもとづく盗品回復権にさらに影響を及ぼすのであろうか。節を改めて検討したい。

三　近世初期の盗品法

本節では、「盗人引付法」を一つの典型とする、本主の犯人捜査・特定・逮捕による売買・質入れ盗品の無償回復を認める法の、近世初期における展開の見通しを述べたい。

前節にみたHを含む、織田信長の安土城下町楽市令の諸規定は、①天正十年の蒲生賦秀（氏郷）の近江日野町定書[49]、②天正十一年の羽柴秀吉（浅野長吉奉）の近江坂本町中定書[50]、③天正十四年の羽柴秀次近江八幡山下町定書および文禄三年（一五九四）の京極高次近江八幡町中定書[51]などに受け継がれ、盗品法も、②・③ではHと同趣旨の規定である。その中で、次に掲げる①の第七条の盗品法のみがHの法理を改変している。

I

一　盗物売買之儀、買主不㆑知者、不㆑可㆑有㆓其科㆒、但、彼盗人於㆓引付㆒者、以㆓本銭㆒可㆓買返㆒事[52]、

本法の前半はHの前半と同趣旨の、盗品と知らず（「善意」で）購入した者の保護規定であるが、「但」以下の後半は、本主が犯人を特定・逮捕しても、「本銭」（現主の盗品購入代金と同額）での「買返し」と定める。Hでは「盗人引付法」を置き現主保護に留保を付したが、Iではその留保を外し、前半規定の「善意」の盗品現主保護の姿勢をさらに強化徹底したものと理解される。

この、盗品と知らず購入した現主から、本主がその購入代金の支払いにより買い戻すことを義務づけた盗品法を、以下本章では「買戻し法」と呼ぶことにする。未だ見通しの域を出ないが、近世初期、盗品の「買戻し法」がいくつかの大名法（藩法）に定着してゆくように思われる。以下この法のいくつかの例を挙げると、まずIと同じく蒲生氏郷が天正十六年に伊勢松坂町中に出した掟書の第七条にも、

J

一　盗物之義、不レ知二其旨趣一、如何様のもの買取といふとも、買主不レ存レ之は其科在へからす、万一彼盗人於二引付一は、右（ママ）之本銭可二返付一事、[53]

との、「買戻し法」とみられる規定がある。

他の大名法でも、慶長八年（一六〇三）の播磨池田氏の掟書の第一〇条、

K

一　ぬすミ物町中ニ買置、又者質ニ取候共、本主於二見出一者、売主をあらハすへし、但売主不レ存旨慥ニ申分ニをひてハ、買ねニ取もとすへき事、[54]

の規定や、慶長十七年の土佐山内氏の法度条々の第六一条、

L

一　ぬすみものをうりかふ事

右、ぬすみ物共不レ知してかい取事、非二曲言一、うりて於レ有レ之ハ、其主を引付相あきらむへし、若うりていつくのもの共不レ知して、可レ明様無レ之ハ、以二起請文一可二申分一、然上ハかい取候雑物、本銭を以可二買返一事、[55]

などの規定がある。Kの「買ねニ取もとすへき事」、Lの「本銭を以可二買返一事」は、いずれも「買戻し法」の法理とみられる。

ところで、Kの「売主をあらハす」、Lの「其主（うりて）を引付相あきらむ」とは、第一節にみた、盗品の現主が「手継を引く」ことと同義であろう。しかし、Kに「売主不レ存」、Lに「うりていつくのもの共不レ知して、可レ明様無レ之」とあるごとく、それが不可能な場合、現主がその旨を釈明（「申し分け」）すればよいとされ（Lではさらに起請文による誓約をもって釈明）、現主は盗犯罪に問われていない。この点で、中世の「手継法」は形骸化したといえる。「盗人引付法」では、本主による犯人の特定・逮捕が盗品返還の条件であったが、「買戻し」法の定着は、本主の盗品回復の問題を刑事的問題から切り離し、民事的に解決・処理しようとする傾向の定着でもあったといえる。

また、次にみる盗品法も、「買戻し法」の定着を逆の面から示すと思われる。元和四年（一六一八）の阿波蜂須賀氏の定書の第七条は、

M

一　万盗物之族、若本主其色於二見出一は、何時も所持候方え申懸、道具取戻、可レ有二穿鑿一、於レ然は盗人可二相顕一、万一於レ無二其義一は、当時之主縦雖二買置一、其代可レ為二失墜一事、[56]

との規定である。盗品を発見した本主は、現主から盗品を取戻すとともに、現主に対し犯人の「穿鑿」すなわち「手継」尋問を行うものとし、現主が売主を明かさなければ本主への無償返還とするとの大意と思われる。この理解に誤りなければ、本法MはK・Lとは異なり、「手継」を引けないことを現主の瑕疵として無償返還とするが、逆にいえば、その瑕疵がなければ「買戻し」が一般的であることを示し、「買戻し法」の定着を示す事例といえる。また、こ

こでも「手継」を引けない現主は盗犯罪には問われていない(57)。

以上のように、未だ不十分な見通しにすぎないが、十六世紀末から十七世紀初頭にかけての、「買戻し法」の大名法における定着の傾向を指摘しうる。

さて、「買戻し法」により「善意」の盗品現主の保護が強化されたことの反面として、I・Jの法が示すように、犯人を「引付」けた本主の盗品無償回復権は失われることになる。では、「盗人引付法」を一つの典型とする、自力で犯人を捜査・特定・逮捕した本主の盗品無償回復を認める法は消滅したのだろうか。次の「吉川氏法度」の規定は、当該期の「盗人引付法」の法理の一つのあり方を示すとみられる。

N

一　盗人懸落仕候ハ、、随分可二相尋一、自然他所之者成共、盗人之証拠明白にて、於二搦来一者、贓物之内三分一、其搦来者ニ可二充行一、残分損失之主ニ可レ返レ之、若又主一人以二才覚一からめ候ハ、、贓物無レ残主ニ可二相渡一、然ハ贓物之内、盗人令二沽却一歟、預ケ置かの段、遂二撰作一、預候者勿論損之主ニ可レ返之、致二沽却一ハ、其売候代半分、損主より出候而可二買戻一、此段無益と存せハ、可レ任二主之心一、同贓物借物之質ニ遣置候者、質之代半分主より出レ之、可二請取一、是又主之心次第之事(58)、

周知のように、「吉川氏法度」には「板倉氏新式目」の条文に酷似する条文がみられ、「板倉氏新式目」からの継受関係が指摘されている(59)。本法も、「板倉氏新式目」の異本「京都所司代板倉氏父子公事扱掟条々(60)」の第六条に酷似し、本来、吉川氏領内にのみ通用した法ではないとみられる。その点をふまえ、まず犯人が逮捕された際の本法規定を整理して大意を示すと、

（一）他所の者でも、明白な証拠をもって犯人を（検断権者のもとに）逮捕連行すれば、その者に盗品の三分の一を与え、残り三分の二は本主に返還する。

（二）本主が独力で犯人を逮捕連行した場合、（検断権者は）本主に全盗品を返還。なお、犯人が盗品を預置き・売却・質入れした場合には、

①預置きの場合はもちろん本主に返還。

②売却の場合、現主の購入代金の半額を本主が現主に支払っての買戻しとする。ただし、本主が代金半額でも買戻しは無益と主張すれば、返還の有無は本主の意思に委ねる。

③質入れの場合、貸借金の半額を本主が現主に支払っての請出しとする。この場合も、返還有無は本主の意思に委ねる。

と規定したものとみられる。

さて、本法の（二）は、本主の自力での犯人捜査・特定・逮捕にもとづく盗品回復権を、検断権者との関係から承認している。「吉川氏法度」の母法「板倉氏新式目」には、中世の古い法慣習、特に被害者側の自力救済行為を是とする法慣習の残存することが明らかにされている[61]。本法規定もその一つといえ、また第一節にみた「今川仮名目録追加」の規定と基本的に同趣旨といえる。（一）の規定と合わせ、犯人を逮捕した者が盗品取得の権利を有するという観念の存在をうかがわせるが、この観念が、検断権者に対しても本主の盗品回復を認めさせる根拠となりえたことを示唆する。本主の自力による盗品回復権の由来をさぐる上でも貴重な材料である。

だが、売買・質入れされた盗品の現主との関係では、（二）の②・③の通り、本法は本銭の半額での「買戻し」と定めている。これは、検断権者との関係での本主の回復権承認を受けた、半額への減免による優遇とみられるが、「盗人引付法」に比べ本主の回復権容認の姿勢は明らかに後退したといわざるをえない。その一方、これまで本節でみた法と合わせても、本主の自力による犯人捜査・特定・逮捕の活動そのものを禁止・否定する姿勢のみられないことも確かである。

さて以上の通り、近世初期の大名の盗品法には「買戻し法」が定着し、またこの法を基軸として法が定立されたとの見通しを立てうるが、その中に、従来みられなかった要素を含む新しい法があらわれる。最後にその法をみることにする。

次に掲げるのは、陸奥若松城下町を対象としたとみられる、文禄四年の浅野長吉の掟書の第八条である。

O

一　けんかく《（懸隔）》にやすき売物於レ有レ之ハ、両隣とむかいの家主と三間へ相届、是を買へし、左候ハヽ、ぬすミ物に候共、町人其科有間敷候、盗人於二引付一者、以二本銭一可レ請レ之事、[62]

本法の最後は「買戻し法」であるが、その前に、極端に安価で盗品の疑いのある品物を購入する際、両隣と向かいの三軒（いわゆる「隣三軒」）の住人への届出を義務づけ、これを履行すれば購入後に盗品と判明しても罪に問わないとする規定がみられる。

Oの前半規定と同趣旨の規定は、豊前小倉城下町に対する寛永三年（一六二六）の細川忠利の法令にもみられる。

P

覚

一　不レ応二其身一物幷安き売物を買候時、となり三軒ニ届候而かひ可レ申候、若盗物にて其主見相候時、本主取返し度と申候ハヽ、かひとり候程の代銀を出させ、右かひ物可二相渡一事、

一　隣三軒に不レ届かひ置候時、其主見相証拠於レ有レ之は、代銀不レ取可レ返事、右之分ニ可二申付一也、

寛永三年閏四月十二日

町奉行中[63]

本法の第一条でも、盗品の疑いある品物の購入の際に「となり三軒ニ届」けることを義務づけ、この義務を履行す

れば、盗品と判明した場合も「買戻し法」による本主への返還と定める。第二条では逆に、この義務を怠った場合には無償返還と定めるように、「となり三軒」への届出義務履行が、盗品と発覚した際の「買戻し法」適用の条件とされているのである。

このO・Pの法にみられる、盗品の疑いある物品購入前の「隣三軒への届出義務」は、これまでにみた盗品法にない規定であるが、その趣旨は、盗品購入の未然防止や犯人検挙のためのチェックと理解してよいであろう。盗品購入未然防止の注意義務という概念は、「公事方御定書」の、現主の不注意により購入した盗品は本主に無償返還とする規定にも受け継がれてゆくが、この「隣三軒への届出義務」規定はいかなる経緯で成立したのであろうか。[64]

「買戻し法」I・Jと「隣三軒への届出義務」の規定のみえるOは、いずれも蒲生氏郷の城下町（日野・松阪・若松）を対象とする定書・掟書の中の一条である。これらをI・J・Oと年代順にみれば、蒲生領の城下町の盗品法では、まず「盗人引付法」が改変されて「買戻し法」が採用、継承され、さらに「隣三軒への届出義務」規定が付加されるという流れである。この流れから、「隣三軒への届出義務」規定は、「買戻し法」の採用の結果欠落した要素を補うために付加されたと推測できる。前述の通り、「買戻し法」は本主の盗品回復の問題を刑事的問題から切り離したのであるから、刑事的、すなわち防犯や治安維持上の問題が、その欠落した要素ではないか。つまり、「盗人引付法」では、盗品無償回復を図る本主が盗犯事件の解決に重要な役割を担うが、「買戻し法」では本主がその役割を果たす必要はない。この法の施行の結果生じた未解決の盗犯事件の増加、もしくはその可能性の懸念から、いわばその代替として、盗品購入の未然防止と犯人検挙による治安維持機能を都市住民に担わせるべく、「隣三軒への届出義務」規定が付加されたのではなかろうか。[65]

以上本節では、不十分な見通しながら、「買戻し法」を軸とした近世初期のいくつかの大名法における盗品法の展開をみたが、その結果は以下のようにまとめうる。

1　当該期の盗品法では「買戻し法」が定着すると同時に、本主の盗品回復と、犯人の特定・逮捕という刑事的問題とを切り離す傾向がみられる。

2　「盗人引付法」を典型とする、自力で犯人を捜査し特定・逮捕した本主の盗品回復を認める法は、検断権者との関係ではその効力を発揮しえたものの、盗品現主に対しては、「買戻し法」の定着により効力が後退している。

3　おそらく、1・2の帰結として、治安維持上の目的から、盗品の疑いある商品購入時の「隣三軒への届出義務」規定が盗品法の中に生み出されたとみられる。

この中で、最後にあらわれた「隣三軒への届出義務」規定は、「隣三軒」という都市住民共同体のいわば最小単位に、防犯・治安維持上のチェック機能をもたせた点、村・町という共同体を基礎とする近世の社会構造の反映とみられて興味深い。さらに、江戸・大坂などの幕領都市に典型的にみられた、盗品の「品触」制度[66]が、「町触」の形態をとり、町共同体や関係する同業者団体の治安維持機能を前提としていたことを想起すれば、「隣三軒への届出義務」規定の出現は、盗犯に関する近世都市の治安維持制度の一つの出発点と位置づけうるようにも思われる。ただ、以上はまだ不十分な検討による仮説・見通しの域を出ず、今後のさらなる検証が必要であることはいうまでもない。

おわりに

以上、中世から近世初期にかけての主に売買・質入れされた盗品をめぐる公権力の制定法についての検討の結果は、以下のようにまとめることができる。

（一）　十五世紀後半以降の中世の盗品法には、基本的には、自力で犯人を捜査・逮捕・特定した本主の慣習的な当該盗品回復権を事実上容認する公権力の姿勢があらわれている。

（二）一方、盗品の現主が保護される特定の場、特に都市的空間では、本主の自力の犯人捜査が制限され、その過程で逆に右の自力救済にもとづく本主の盗品回復権が明確化される。

（三）近世初頭に至って、本主の自力救済にもとづく盗品回復権は、完全に否定されることはないものの後退する。また、本主の自力救済行為が果たした盗犯事件解決機能の代替を都市民の共同体に担わせるという、新たな傾向があらわれる。

このような売買・質入れ盗品の無償回復権の根拠となる本主の自力の犯人捜査・特定・逮捕は、本章の考察の出発点となった、検断・裁判権者による盗品の押収・没収に対しても一定の対抗論理となりえたことが予想される。この点のさらなる追究を今後の課題としたい。

さらに、中世から近世初期にかけての盗品法の変化には、基本的には盗品の回復を自力救済によらざるをえない中世の社会から、都市民の共同体のもつ治安維持機能にもとづいた司法警察制度を頼ることが可能な、近世の社会への変化があらわれていないだろうか。この理解に大過なければ、中世から近世初頭にかけての盗品法の展開は、この時代の社会の変化を映し出す一つの鏡といえるかもしれない。

最後に蛇足ながらいくつかの見通しと展望を述べてむすびとしたい。

まず、本主の犯人捜査・特定・逮捕が本主の盗品無償回復権の根拠となるのは、犯人を逮捕し検断や裁判を行う検断権者の盗品没収権と、同じ観念に由来するのではないか。すなわち、笠松氏の指摘された、盗品は「盗人の「たましひ」」をも含むとみる観念にもとづき、犯人を特定・逮捕し検断することにより、その「たましひ」を盗品から除去することが、盗品の取得ないし回復に必要と認識されたのではなかろうか。また、中世から近世にかけて、かかる本主の犯人特定・逮捕と盗品の回復とが切り離されてゆくのは、盗品という「もの」をめぐる観念の変化を示すのかもしれない。ただちには検証できないが、一つの仮説として提示したい。

また、比較法史的な観点から少しだけ付言すれば、盗犯事件の被害者が犯人を追跡して盗品を奪還し、また訴訟で争うことについての法や慣習が、世界各地の古法にみられるようである。[67]中でも本章の関心から興味深く思われるのは、犯人追跡による奪還すなわち自力救済行為と、裁判との境界線上にあるかと思われる法や慣習である。例えばゲルマン法には、犯人を追跡する被害者が三夜の間に盗品を発見すればただちに盗品を奪取でき、三夜の後は、発見盗品の上に手を置き自己の所有を主張して占有者に答弁を求め、占有者が弁明（取得原因を開陳）すれば両者宣誓し裁判所に起訴するという法が存在したという。[68]まだ多くの課題が残されているが、いつの日かこうした世界各地の法や慣習との比較法的研究に歩を進めることを願いつつ筆をおくことにしたい。

（1）笠松宏至「盗み」（網野善彦・石井進・笠松宏至・勝俣鎮夫『中世の罪と罰』東京大学出版会、一九八三年、二〇一九年に講談社学術文庫）。
（2）上杉和彦「中世の贓物について」（『日本中世法体系成立史論』校倉書房、一九九六年）。
（3）前掲注（1）笠松氏論文。
（4）ルイス・フロイス著、岡田章雄訳注『ヨーロッパ文化と日本文化』（岩波文庫、一九九一年）第十四章十二。
（5）永享四年八月七日観心寺贓物定書（『大日本古文書　観心寺文書』四六七号、佐藤進一・百瀬今朝雄・笠松宏至編『中世法制史料集　第六巻　公家法・公家家法・寺社法』〈岩波書店、二〇〇五年〉寺社法一三二）。
（6）永禄八年十二月十五日東福寺盗賊人定書（『東福寺文書』、『中世法制史料集　第六巻』寺社法二〇二）。
（7）鎌倉幕府追加法二八四（佐藤進一・池内義資編『中世法制史料集　第一巻　鎌倉幕府法』岩波書店、一九五五年）。
（8）弘長三年四月卅日広田社内検断式条々（『狩野亭吉氏蒐集文書』、『中世法制史料集　第六巻』公家法法規二一九）。
（9）正慶元年七月十二日紀伊荒川庄庄官等請文（『大日本古文書　高野山文書之七』一五四六号、『中世法制史料集　第六巻』寺社法七〇）。
（10）「撫民」としての検断規制については、笠松宏至「鎌倉後期の公家法について」（笠松宏至・佐藤進一・百瀬今朝雄校注『日本思想大系二二　中世政治社会思想　下』岩波書店、一九八一年）、『徳政令——中世の法と慣習』（岩波新書、一九八三年、二〇二二年に講談社学術文庫）を参照。
(11)「今川仮名目録追加」一六条（佐藤進一・池内義資・百瀬今朝雄編『中世法制史料集　第三巻　武家家法Ⅰ』岩波書店、一九六五年）。
(12) この盗品と盗犯者との一体把握の観念については、前掲注(2)上杉氏論文を参照。なお、本法にみえる不入地に対する今川氏の姿勢については、有光友學『戦国大名今川氏の研究』（吉川弘文館、一九九四年）の第四章、久保健一郎『戦国大名と公儀』（校倉書房、二〇〇一年）の第七章なども参照。
(13) 前掲注(2)上杉氏論文を参照。
(14) 鎌倉幕府追加法三〇五（『中世法制史料集　第一巻』）。
(15)『梅津政景日記』寛永九年七月十二日条。
(16) この事件は、当時出羽久保田城下の町奉行であった記主梅津政景が取調べ犯人を「籠者」（入牢）とした。「後藤孫右衛門」は佐竹氏の家臣であるが、『梅津政景日記』中の記事をみる限り検断関係の役職にはなく、その「下之者」（被官人）は、事件の被害者の立場で犯人を捜査し捕縛したとみられる。
(17) 本章の扱う刑事事件に対する鎌倉幕府の刑事訴訟制度「検断沙汰」については、羽下徳彦「「検断沙汰」おぼえがき（一）—（四）」（『中世の窓』四—七号、一九六〇年）を参照。
(18)（明応七年）七月五日室町幕府政所執事代諏方貞通書状（『大日本古文書　蜷川家文書之二』三三四号、『中世法制史料集第一巻』鎌倉幕府法参考資料六）は、建長七年令は「古今御用候」と述べ、同令が室町幕府法としても通用していたことを示す。
(19)「塵芥集」四一・四三・六九・一七〇条（『中世法制史料集　第三巻』）。以下本章で引用する「塵芥集」のテキストはすべて同書による。ただし変体仮名は便宜的に片仮名に置き換えた。
(20) ただし倉役を負担する倉の場合、伊達氏「蔵方之掟」七条（『中世法制史料集　第三巻』）に定めるように一切咎はかからず「手継」を引く義務がない。
(21) 六九条が「とかくの問答に月日を移す」と述べる点も、この段階の「問答」が裁判ではなく当事者間交渉であればより辻褄が合う。なお「塵芥集」中の「問答」の語は、裁判に限らず広く紛争・相論の意味で用いられている。
(22) 一八・一九・二七・三七・四六・四七・四八・六二・六九・七一・一七一条などに当事者間の直接交渉がみえ、六二条の「さかさせましきのよし申」は明らかにその交渉の場での当事者の主張・発言をあらわす。
(23) なお、桜井英治・清水克行『戦国法の読み方——伊達稙宗と塵芥集の世界』（高志書院、二〇一四年）一八九—一九〇頁では、四三条の「申」の主体を土倉の同業者団体とする。だが、盗品の特定が可能な主体という点と、「塵芥集」の盗犯関係条文の多くは被害者の行動や提訴を想定する点とから、本条の「申」の主体も被害者＝本主とみるのが自然である。逆に、この主体を土倉の同業者団体と解すべき積極的理由はないと思われる。

(24) 勝俣鎮夫「塵芥集に見られる伊達氏の司法警察権についての一二の問題」（『中世の窓』一〇号、一九六二年）、および石井進・石母田正・笠松宏至・勝俣鎮夫・佐藤進一校注『日本思想大系二一　中世政治社会思想　上』（岩波書店、一九七二年）の「塵芥集」四九条補注（勝俣鎮夫氏による）などを参照。

(25)「相良氏法度」一一条（『中世法制史料集　第三巻』）。

(26) 文中の動詞「決む」（「決める」）には、「強くとがめる。しかる。また、詰問する。きめつける」（『日本国語大辞典　第二版』小学館）の意があり、ここでは糺問の意で用いられたとみられる。

(27) 勝俣鎮夫「相良氏法度の一考察」（『戦国法成立史論』東京大学出版会、一九七九年）。

(28)「大内氏掟書」一一一―一一三（『中世法制史料集　第三巻』）。以下、本章で引用する「大内氏掟書」のテキストはすべて同書による。

(29)「新加制式」九条（『中世法制史料集　第三巻』）。

(30) この点、本書第三部第一章の旧稿の解釈・理解をやや改めた。

(31)「大内氏掟書」一三二。

(32)「大内氏掟書」中の法令での「役人」の語は、「右奉行人之外、諸役人幷申次之人」（八四）などの大内氏の役人をさす場合と、「在々所々住持役人」（一六六）、「氷上山大頭役人」（一七五）など、寺社などの「役」を務める者をさす場合がある。本条の「役人」は、前者の大内氏の役人と解すべきである。

(33)「大内氏掟書」中の法令では、「奉行所においてひはん《（批判）》のところに」（一四〇）など、大内氏の奉行や役人による審理の意味で「批判」の語が用いられる。

(34) 天正九年十一月十六日柴田勝家越前三国湊定書（「森田正治氏所蔵文書」、佐藤進一・百瀬今朝雄編『中世法制史料集　第五巻　武家家法Ⅲ』〈岩波書店、二〇〇一年〉一〇二五）。

(35)「六角氏式目」四三条（『中世法制史料集　第三巻』）。

(36)「又」以下の（二）の規定は難解であるが、ひとまずここでは、（一）の規定以外の場の（売買・質入れによらない入手の場合か）盗品所持者に対し、ほぼ無条件での本主への盗品返還を命ずる規定と解釈しておく。

(37) 清水克行「戦国の法と習俗」（『室町社会史論——中世的世界の自律性』岩波書店、二〇二一年）および『戦国大名と分国法』（岩波新書、二〇一八年）は、本法を盗品の本主に挙証責任を課し現主を保護する規定とみるが、本法の趣旨は明らかに本主の保護にある。
(38)　この安土城下町の楽市令に関する研究は多いが、第七条の盗品法の性格について言及するのは、勝俣鎮夫「楽市場と楽市令」（前掲注(27)勝俣氏著書所収）、前掲注(37)清水氏論文および著書など少ない。
(39)　天正五年六月日織田信長近江安土山下町中定書（「近江八幡市所蔵文書」、『中世法制史料集　第五巻』八八五）。以下本章に引用する同定書のテキストはすべて同書による。
(40)　小島道裕「「安土町奉行」木村次郎左衛門尉」（『城と城下　近江戦国誌』新人物往来社、一九九七年、二〇一八年に吉川弘文館より再刊）は、木村次郎左衛門尉の実名を「高重」とする。
(41)　動詞「引付く」の原義については、佐藤進一「中世史料論」（『日本中世史論集』岩波書店、一九九〇年）を参照。
(42)　一般に中世法の法文構成では、「次」は、一条文中で内容の区切りをつけ、その前とは別内容の規定を置く場合に用いられることが多い。
(43)　前掲注(38)勝俣氏論文を参照。
(44)　前掲注(37)清水氏論文および著書は、裁判における挙証責任の所在という点から「手継法」と「盗人引付法」を対立する法理とみるが、この二つの法の背後に、挙証責任を訴訟当事者のいずれに負わせるかという考え方は見出せないと思われる。
(45)　もっとも「塵芥集」では、「市町」で売買された盗品について別に一条を立てながらも「手継法」を適用する（一七〇条）。盗品の現主が保護される場については、法制定権力により多少認識が異なると思われる。
(46)　「塵芥集」四二条は「手継」と認められない前所有者の例として「たこく《他国》の者」を挙げる。また、「新加制式」九条も「遠国他境土倉等」で盗品を購入した場合は別扱いとする。
(47)　網野善彦『増補　無縁・公界・楽――日本中世の自由と平和』（平凡社、一九八七年、のち『網野善彦著作集　第十二巻　無縁・公界・楽』岩波書店、二〇〇七年）。また、前掲注(38)勝俣氏論文、および勝俣鎮夫「交換と所有の観念」（『戦国時代論』岩波書店、一九九六年）も参照。
(48)　前掲注(38)勝俣氏論文などを参照。
(49)　天正十年十二月廿九日蒲生賦秀近江日野町定書写（「馬見岡綿向神社文書」、『近江日野の歴史　第八巻　史料編』所収、『中世法制史料集　第五巻』一〇八〇）。
(50)　天正拾壱年十二月十四日羽柴秀吉（浅野長吉奉）近江坂本町中定書（「永田文書」、『大日本史料　第十一編之五』天正十一年十二月十二日条）。

(51) 天正拾四年六月日羽柴秀次近江八幡山下町定書、および文禄三年八月二日京極高次近江八幡町中定条々（ともに「近江八幡市所蔵文書」）。

(52) 前掲注(49)に同じ。なお、この蒲生賦秀日野町定書の史料としての扱いについては、牧原成征「都市の建設と再編」（『日本近世の秩序形成——村落・都市・身分』東京大学出版会、二〇二二年）などが慎重な見解を示すが、少なくとも第七条についてては問題はないと思われる。

(53) 天正十六年十一月晦日蒲生氏郷伊勢松坂町中掟書（「松坂権輿雑集」、『松阪市史　第九巻　史料篇　地誌(2)』所収）。

(54) 慶長八年六月十六日池田輝政掟書（東京大学史料編纂所架蔵写本「池田利隆法令」）。なお、池田氏の法令の同趣旨の規定は、慶長六年三月廿三日池田輝政条目の第一三条（姫路市立城内図書館所蔵「村翁夜話集　附録雑聞書」、『兵庫県史　史料編　近世二』所収）、および寛永九年霜月六日掟書第八条の前半（「町方御法度」一、藩法研究会編『藩法集二　鳥取藩』創文社、一九六一年）にもみられる。

(55) 慶長拾七年閏十月廿二日山内忠義法度条々（「慶長十七年御法度書」、山内家史料刊行委員会編『山内家史料　第二代忠義公紀二』慶長十七年閏十月廿二日条）。

(56) 「元居書抜」一（藩法研究会編『藩法集三　徳島藩』創文社、一九六二年）。

(57) 盗品故買ではない「善意」の現主の罪は問わないとの観念は後述する「公事方御定書」にもみられ、江戸幕府法に継承されたとみられる。

(58) 「吉川氏法度」三三条（『中世法制史料集　第三巻』）。

(59) 『中世法制史料集　第三巻』の「吉川氏法度」解題は、「板倉氏新式目」（およびその異本）の条文の間に「文章の酷似するもの及び規定内容の一致するもの一八ヵ条を数えることができる」（四七六頁）と指摘する。またそれらの条文は、「大よその印象としては、吉川氏法度（中略）が板倉氏新式目を模したと見られる」（四七七頁）とする。

(60) 法制史学会編・石井良助校訂『徳川禁令考　前集第六』（創文社、一九五九年）所収。

(61) 例えば、喧嘩処理法の「決闘型処理法」の採用（勝俣鎮夫「戦国法」〈前掲注(27)勝俣氏著書所収〉）、および密懐法における、姦通現場では本夫は姦夫のみを殺害してよいとの法の採用（勝俣鎮夫「中世武家密懐法の展開」〈前掲注(27)勝俣氏著書所収〉）など。

(62) 文禄四年七月廿一日浅野長吉掟書（「簗田文書」、『会津若松史　第八巻　史料編Ⅰ』所収）。

(63) 『綿考輯録』寛永三年閏四月十二日条。また、「井田衍義」一二三六（藩法研究会編『藩法集七　熊本藩』創文社、一九六六年）としても伝わる。

(64)「棠蔭秘鑑」亨（御定書下巻五十七）盗物質ニ取又ハ買取候もの御仕置之事（法制史学会編・石井良助校訂『徳川禁令考別巻』創文社、一九六一年）。

(65) 浅野長吉は、文禄四年二月に死去した蒲生氏郷の嗣子鶴千代（のち秀行）とともに会津に入り、蒲生家中領内の仕置につき一七箇条の「条々」を指令している（文禄四年七月廿一日浅野長吉条々〈「簗田文書」〉）。同日付の０を含む掟書は、この仕置の一環として「当町」（若松城下町であろう）を対象としたものである。

(66) 平松義郎『近世刑事訴訟法の研究』（創文社、一九六〇年）六六五—六六八頁参照。

(67) 例えばドイツ（ゲルマン）法については、ハインリッヒ・ミッタイス、世良晃志郎・廣中俊雄共訳『ドイツ私法概説』（創文社、一九六一年）二二七—二三〇頁参照。

(68) 中田薫「法制史に於ける手の働き」（『法制史論集　第三巻下　債権法及雑著』岩波書店、一九四三年、初出は一九一二年）。

おわりに

以上、三部構成九編の論文からなる本書は、やはり全体の統一性・整合性を欠くと思われる。そこで最後に、各部各章で論じたことを現在の筆者の関心や視点から簡潔にまとめ、なおかつ若干の見通し・展望を付して、少しでもその欠を補うことを試みたい。

第一部「室町幕府法と社会」では、室町幕府の徳政令と撰銭令を対象として、室町幕府とその膝下の支配領域たる京都およびその周辺地域の社会との関係をみた。

第一章では、室町幕府徳政令における壁書と高札という二つの法令の「かたち」の併用の事実を明らかにした。また壁書・高札それぞれの機能の差異を明らかにし、それを端的にあらわす「十分の一」規定の差異から、両者の併用が当時の社会の「徳政」の二重構造（端的には幕府の「分一徳政」と、私徳政や当事者相対の関係での徳政）に対応することを指摘した。

第二章では、「徳政」の二重構造とその変化を三つの視点からみた。第一は壁書・高札の受容であり、特に高札の象徴的な次元での受容を指摘した。第二は、壁書・高札の対応する二つの徳政との関係であり、幕府「分一徳政」が本来限られた階層を主対象とし、一方では私徳政の慣習を取り込んだことを指摘した。第三は、十六世紀の「分一徳政」の変化であり、本来主対象ではない階層や係争物の下知申請の存在について、法的制度的要因および当事者間交渉との関係を検討し、公権力と社会との間の法の相互浸透現象を指摘した。

第三章では、室町幕府撰銭令の法形式・伝達施行と発布時期の徳政令との差異を明らかにし、過度の撰銭行為を刑事的問題として規制する意図を指摘した。その上で、撰銭令のもとでの取引契約秩序の保障申請に、徳政令における徳政免除申請との共通点を見出し、自律的秩序の安堵・承認という戦国期の権力と社会との新たな関係を展望した。

以上の第一部の検討を通して、特に十六世紀、権力の衰退期に入ったとみられる室町幕府で「さえ」、京都とその周辺地域の社会から、秩序を保障する公権力として期待され存続しえたという関係が浮かび上がると思われる。この関係が他の地域における権力と社会にもあてはまりうるかは、今後の検討課題となろう。

第二部「検断と室町・戦国の社会」では、当該期の領主の検断に対する姿勢と、集団間紛争における当該期の刑事的法慣習をみた。

第一章では、戦国時代の薬師寺が、支配下の寺辺郷に対する厳正な検断実行を、領主支配の正当性の理念としたことを明らかにした。また、その背後にあった、当該地域で新たな支配領域を形成する筒井氏の干渉の論理について、他の戦国大名が不入地領主に対し、厳正な検断執行の義務づけとセットで不入権を保障する論理との共通性を指摘した。

第二章では、中世後期の集団間紛争の当事者間和解における、加害者側集団による検断行為（住宅破却・焼却）に着目し、所属集団からの排除の有無という点に、「下手人と煙」の和解慣習との差異を指摘した。また、紛争の当事者間和解にみえる刑事的要素が、戦国大名の紛争解決の法へと展開してゆく道筋を推定した。

第二部の検討は以上にとどまるが、不入地領主への厳正な検断の義務づけや、紛争和解慣習における検断的要素への着目は、第三部に受け継がれたともいえる。

第三部「検断と戦国法」では、戦国大名のいわゆる分国法の中の刑事法規を対象に、被害者などの自力救済行為に対する当時の公権力の姿勢とその志向性をみた。

第一章では、阿波三好氏の分国法「新加制式」の検断法に、「罪の認定」権独占を核とした領国内司法警察権独占の志向がみられることを指摘した。その一方、三好氏による「罪の認定」に反しない、被害者の犯人捜査・逮捕や、犯人の主人による処罰、犯罪発生の際の近隣住民の自衛的行動などは容認し、むしろそれらを「罪の認定」権により統御する意図の存在を推定した。

第二章では、従来、伊達氏の分国法「塵芥集」の検断法の基本姿勢とされた「私的成敗の禁止」の原則を再検討し、その矛盾ともみえる条文の整合的理解を試みた。事件当事者・関係者による有罪認定と検断・私的復讐（「私的成敗」）の容認の態度を明らかにし、伊達氏はかかる「私的成敗」を、罪名決定と「理非」判断の独占により統御し、むしろ治安維持の一端を担わせる志向性を有したことを指摘した。これは第一章にみた三好氏の志向に通ずる。

第三章では、「塵芥集」法文に、「双方とも非」という紛争事例を挙げ、既存の法や一般原則の例外規定を定立する立法論理の存在することを明らかにした。故戦防戦法の例外規定や検断法の立法論理との関係などは、第二章の補論といえる。

第四章では、中世後期の公権力の盗品法の前提として、自力で犯人を捜査・特定・逮捕した盗犯被害者に、売買・質入れされた盗品の無償回復を認める慣習法が存在したことを明らかにした。また当該期には、特定の場では公権力が被害者の自力の犯人捜査を制限する一方、右の慣習法が明文化されることも明らかにした。近世初期には、犯人を特定・逮捕した本主も有償での回復とする法が定着するとの見通しを立て、さらに、都市住民の共同体に盗品購入の未然防止を義務づける法があらわれることから、被害者の自力救済にかわり都市共同体の治安維持機能を基礎とする新たな法と制度が成立するとの展望も述べた。

第三部を通して、戦国大名による領国内の司法警察権の独占の志向という従来の理解によりつつ、事件当事者や関係者の自力救済行為のある部分を容認しつつ、それを統御しようとするもう一つの志向を発見・提示したといえる。

右のように、あくまで現在の筆者の視点からごく大まかに本書の考察・検討をまとめたが、特に第一部と第二部・

第三部との間には、やはり問題関心や所論にズレのあることは否めない。強いてこじつければ、法を通してみた当該期の公権力と社会の関係とその変化という問題関心は共通するといえる。第一部の検討の中から浮かび上がった一つの問題、すなわち検断や自力救済行為の問題を第二部・第三部で対象を広げ検討したといえるかもしれない。そこで、特に三部で扱った、当事者の自力救済行為をめぐる公権力の法について、本書の検討・考察の結果の近年の学説との関係と、若干の見通し・展望を述べておきたい。

近年の学説では、大まかにいえば、戦国大名などの当該期の公権力は、裁判権ないし司法警察権の強化による自力救済行為の否定を志向するものの、結局は不徹底に終わり、自律的な社会集団の法との「棲み分け」に至ったとの理解が示されている。[1] この学説は、公権力のかかる志向性を職権主義的法体制（特に裁判制度において）として措定し、それに対する当事者主義的姿勢の根強い残存という点から、かかる理解を導き出したといえる。

本書の検討にこの学説と少しでも関わるところがあるとすれば、次のような点であろうか。第三部第一章・第二章にみたように、子細にみれば、公権力の一見当事者主義的とされる姿勢の中にも、自力救済行為をある方向に規制・統御せんとする意図を見出せる。逆に、右の学説では職権主義的法制度とされるものの中に、意外にも自力救済行為と完全には相反しない要素が含まれるといえる。

また第三部第四章にみた盗品法は、そもそも公権力の裁判以前の、盗品本主の犯人捜査と当事者間の直接交渉の場面をも想定した法であり、これをアプリオリに裁判の場に限定して解釈・考察すれば、まず法の趣旨を誤解することになる。盗品法に限らず、裁判以前の当事者間交渉の場面を想定し、それを禁止・否定はせずに一定の規制を加えるという当該期の法は案外多いと思われる。自力救済の制限・否定イコール公権力の（職権的）裁判の強制という図式にとらわれすぎず、いま少し考えを広げる必要があるのかもしれない。本書の検討からは、当該期の自力救済行為の制限・否定の志向として、裁判以前の自力救済行為を一定程度容認しながら制限・規制を加えるという、もう一つの方向性が浮かび上がると思われる。今後、そのもう一つの方向性をさらに解明するとともに、従来明らかにされた方向性と併せて総合的・立体的に把握することが求められるのではないか。

以上のような牽強付会の本書のまとめと展望の後で、最後に改めて気になる点について述べてむすびとしたい。先学の指摘されたように、近江菅浦惣の室町時代の紛争の記録には、権利実現の手段として、合戦と訴訟を同じ自力救済の次元においてとらえる認識が存在した[(2)]。この認識のもと、当事者主義的性格の強い当時の公権力の訴訟制度の中で、紛争解決手段としての実力行使と訴訟のいずれにも、一方の中に他方の要素が入り込んだと思われる。つまり、実力行使の中に、例えば裁判を意識して実力行使を自己抑制する意識が入り込み、訴訟の中に、本来手元に残らないはずの関係文書の「自力」での獲得という行動が入り込んだのである[(3)]。当時の人々には、現代の我々が考えるほどには、自力救済行為と公権力の裁判との間の垣根は高くなかったのであろうか。そのような彼らの考えを前提に、むしろ現代の我々の方が考えを改めて理論を再構築しなければならないかもしれない。

（1）　清水克行「戦国の法と習俗」（『室町社会史論――中世的世界の自律性』岩波書店、二〇二一年、初出は二〇一五年）、『戦国大名と分国法』（岩波新書、二〇一八年）など。
（2）　勝俣鎮夫「惣村菅浦の成立」（『戦国時代論』岩波書店、一九九六年）。
（3）　この事実関係は、田中克行「村の紛争解決と共有文書――文安年間、菅浦・大浦の相論」（『中世の惣村と文書』山川出版社、一九九八年、初出は一九九六年）が詳細に明らかにしている。

あとがき

日本中世史の研究者の出される最初の論文集のあとがきでは、そのかたご自身の歴史、特に歴史に興味を持ち、研究を志すに至った歴史を回顧されるのを、よく見かける気がする。そのご著書の本文はもちろんのこと、そうしたあとがきもまた味わい深い。いざ自分が出し遅れの拙い論文集のあとがきを書く段となると、この一つの「定跡」に思い至る。だが本文もただ「定跡」から外れるのみの、浅学菲才の身の悲しさ。思い出されるのは、歴史に興味を持つずっと前の、まだ三歳前後の頃のことである。

その頃の私は、頻繁に高熱を出して寝込む、とても病弱な子どもであった。子ども心にはまだ死の意識や恐怖はなかったと思う。だが後から思えば、まず読み書きのできる年齢まで生かしてもらえたのは、生まれ育った時代や社会・環境も含め、多くの幸運に恵まれたおかげであったと、ただただ感謝のほかかない。

長じてからも、大病こそしないものの基本的に虚弱である私が、単身上京し、曲がりなりにも歴史の研究者の端くれとなって、拙いながらも一書をまとめることができたのは、多くの方々から、ご指導とお教えと励ましを頂く幸運に恵まれたからとしか思えない。

とりわけ感謝を申し上げたいのは、大学で直接お教えとご指導を頂いた先生方である。勝俣鎮夫先生には、教養課程の選択科目のゼミ以来、大学院のゼミ、さらにご定年後の先生を囲んだ研究会でと、最も長い間、最も多くのことを教えて頂いた。笠松宏至先生には、ご定年前の最後の一年だけであったが、大学院のゼミでお教えを頂いた。お二人の先生の高度な史料解釈や深いお考えにじかに接したことは、何よりも幸せな経験であり、研究を続ける上での大きな心の支えであった。しかし私はその幸運を自身の研究に活かすことができず、またあまりにも遅い歩みで、ご専門の近い勝俣先生に本書をご覧頂くこともできなかった。お二人の先生への感謝と慚愧の念は、より一層募るばかりである。

また、文学部国史（日本史）学科とその大学院では、石井進先生、五味文彦先生、村井章介先生の三人の中世史の先生に、史料読解の初歩の手ほどきからはじまり、多くのお教えとご指導を頂いた。本来ならば、二十年以上前に博士論文を提出していなければならなかった。研究上の関心の変化・多様化などと称して、多くの年月をかけながら、質量ともに全くお恥ずかしい本書の内容を思うと、亡くなられた石井先生をはじめ、ご指導を頂いた先生方に、お礼とともにお詫びを申し上げなければならない。

さらに、学部・大学院以来の先輩や研究仲間、そして勤務先の東京大学史料編纂所の先輩・同僚をはじめ多くの方々に、ご指導とお教えと励ましを頂き、またたいへんお世話になった。私が何とか仕事と研究を続けてこられたのは、本当に多くのみなさまのおかげである。お名前を挙げずにお礼を申し上げる非礼をどうかお許し頂きたい。

さて最後となったが、昨今の特に厳しい出版事情の中、本書の刊行をご了承下さり、また、ひどい遅筆の私を見限ることなく待って頂き、さらに編集・校閲において綿密周到なご配慮を頂いた、東京大学出版会の山本徹氏にも心よりお礼とお詫びを申し上げたい。生来虚弱の身にも思いがけない心身の不調から、刊行の延期までお願いすることになってしまった。年老いてようやくの論文集刊行の時に、ごく幼少の頃を思い出すような病弱に陥るめぐりあわせを、山本氏により一層申し訳なく思う次第である。

二〇二五年一月

前川祐一郎

〔付記〕
本書は日本学術振興会科学研究費補助金（研究成果公開促進費 JP 23HP5066）の助成を受けて刊行するものである。また、同科学研究費 JP 20K00956 の成果を含んでいる。

初出一覧

第一部

第一章　「壁書・高札と室町幕府徳政令――形式からみた中世法の機能」（『史学雑誌』一〇四編一号、一九九五年）

第二章　「室町幕府法の蓄積と公布・受容」（『歴史学研究』七二九号、一九九九年）の「Ⅲ　室町幕府法の受容」を増補改稿

第三章　「戦国期京都における室町幕府法と訴訟――撰銭令と徳政令を中心に」（勝俣鎮夫編『中世人の生活世界』山川出版社、一九九六年）を改稿

第二部

第一章　「戦国時代における領主検断をめぐる論理――薬師寺『中下﨟検断之引付』を通して」（勝俣鎮夫編『寺院・検断・徳政――戦国時代の寺院史料を読む』山川出版社、二〇〇四年）

第二章　「中世後期の集団間紛争の解決における「罪科の成敗」――住宅破却・焼却の「成敗」を中心に」（『史学雑誌』一一九編三号、二〇一〇年）

第三部

第一章　「三好氏「新加制式」の検断立法について」（東京大学日本史学研究室紀要　別冊『中世政治社会論叢』、二〇一三年）

第二章　新稿

第三章　「「塵芥集」法文の立法論理の一事例」（『日本歴史』八八五号、二〇二二年）

第四章　新稿

法令索引

(1) 本書中に引用した『中世法制史料集』(佐藤進一・池内義資・百瀬今朝雄・笠松宏至編，岩波書店) 第一巻～第六巻所収の鎌倉・室町両幕府法，武家家法，公家法，寺社法を対象とし，その条・号の番号のみを掲げた．

(2) 鎌倉・室町両幕府の追加法・参考資料および武家家法基本法規の大内氏掟書では，複数条文からなる法令に，その全ての条文番号を例えば1—5条のごとく掲げたものがある．

〔鎌倉幕府法〕

〔室町幕府法〕

〔武家家法基本法規〕

新加制式

長宗我部氏掟書

〔武家家法法令法規〕

〔公家法・寺社法〕

著者略歴
1969年　滋賀県に生まれる
1991年　東京大学文学部卒業
1997年　東京大学大学院人文社会系研究科博士課程単位取得退学
　東京大学史料編纂所助手・助教をへて
現　在　東京大学史料編纂所准教授

主要論文
「日本中世の幕府「追加法」生成と伝達の構造」（林信夫・新田一郎編『法が生まれるとき』創文社、2008年）
「「塵芥集」第六五条にみる伊達氏と山の民」（『日本歴史』809号、2015年）
「徳政と徳政令」（高橋典幸編『日本史の現在3　中世』山川出版社、2024年）

室町戦国法史論

2025年3月25日　初　版

［検印廃止］

著　者　前川祐一郎《まえがわゆういちろう》

発行所　一般財団法人　東京大学出版会
代表者　中島隆博
153-0041 東京都目黒区駒場4-5-29
https://www.utp.or.jp/
電話 03-6407-1069　Fax 03-6407-1991
振替 00160-6-59964

組　版　有限会社プログレス
印刷所　株式会社ヒライ
製本所　誠製本株式会社

ISBN 978-4-13-026614-7　Printed in Japan